会報
研究
第56号

山口昌男の歴史人類学

石《いし》瀧《たき》豊《とよ》美《み》

山口昌男『内田魯庵山脈』(下)（岩波現代文庫）によると、雑誌『同人』によって頭山満が同人会の会員だと判明する（三五頁）。調べてみると、大正六年六月現在の同人名簿に一七六人の名があり、新渡戸稲造・鶴見祐輔・内田貢・黒板勝美・柳田国男ら著名人が並ぶ。内田貢が魯庵である。頭山の名は翌年八月の追録七人の中に確かにあった。魯庵ばかりか、柳田国男までが頭山と名を連ねていたのだから、山口昌男ならずとも興味を抱くことにちがいない。

ところが山口をさらに驚かせる話がある。頭山満の伝記を書いた藤本尚則によると、昭和五年に亡くなった美術家田口米舫が、「頭山を中心とする同人会」にしばしば出席したというのだ。普通名詞のような名を冠した二つの「同人会」が同一のものかどうか。そこはまだ霧がはれない。ただ、同人名簿の大久保高明の名に注目した。福岡で教師を務めたことがあり、世間的には無名で頭山満のダミーと見なす余地がある。大久保の著書に『奥村五百子詳伝』があり、『望東尼歌文集』も編んでいる。

山口昌男の一連の著作『内田魯庵山脈』、『「挫折」の昭和史』、『「敗者」の精神史』（それぞれ上下巻）は「近代日本の歴史人類学の金字塔」（帯のコピー）とされる。

『「敗者」の精神史』(上)に、「栗野慎一郎なる人物」を「よく眠った悪いヤツ」と書いた箇所がある（五六頁）。悪意がこもっていて、よほど山口昌男の神経を逆なでしたに違いない。松本清張の『小説東京帝国大学』にも出てくるが、栗野の長男が五高から一高に転校した時、五高でも一高でも学生の反対運動が起きた。文部省のごり押しと見られたのである。山口は「外務省高官の圧力によって（文部省が）全く私欲に奉仕する」省令改正を行ったと考えた。

栗野の息子にだけ、旧制高校の「転校禁止」に例外をもうける便宜が図られたのは、政府の方便ではあっても栗野の私利私欲に発したわけではなかった。『子爵栗野慎一郎伝』（一九四二）が「所謂栗野事件」として取り上げている。

福岡地方史研究

［福岡地方史研究会会報］　第56号　2018年9月

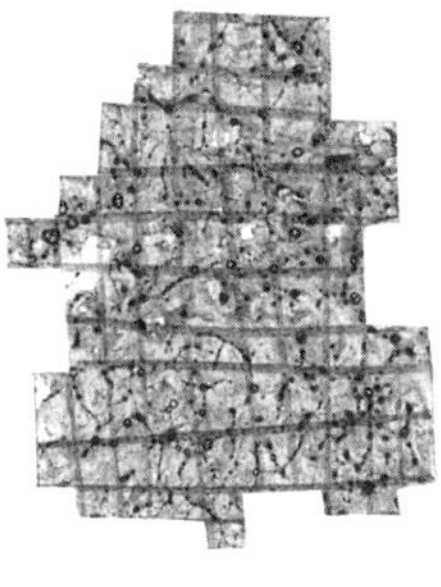

特集にあたって

昨年は明治元（一八六八）年を起点に数えると、明治一五〇年に相当する年だったが、一九一七年のロシア革命一〇〇周年でもあった。ロシア革命はさまざまな社会運動に影響を及ぼし、戦後米ソの冷戦構造にまでつながるが、一九九一年のソ連邦の崩壊によって終止符を打った。今年は明治維新一五〇周年であり、一九六八年からは五〇周年に当たる。

国立歴史民俗博物館は昨年（企画展示「１９６８年」─無数の問いの噴出の時代─）を開催した。プレスリリースには

「大学闘争、三里塚、べ平連……１９６０年代を語る資料を約５００点展示／約５０年後の今、「１９６８年」の多様な社会運動の意味を改めて問う」

と書かれている。

ウィキペディア「１９６８年の日本の事件」には、佐世保エンタープライズ寄港阻止闘争、新宿騒乱、東大紛争、日大紛争、明大紛争と、学生運動が並び、金嬉老事件、三億円事件、永山則夫連続射殺事件、和田心臓移植事件など、同時代を生きた者として今も眼前に浮かぶ出来事が記載されている。ここにはないが、九州大学箱崎キャンパスに米軍機ファントムが墜落したのが一九六八年六月二日だった。私たちの多くが経験した時代が歴史へと、博物館へと移行しつつある。

五〇周年、一〇〇周年、一五〇周年……評価は別にして、どこをとっても歴史の大転換点であったことに異議はあるまい。

この機会に「歴史の転換点──明治維新一五〇周年に思う」をテーマに特集した。転換点は「誰の目から見ても」であり、「私の目から見て」でもあり、「私にとっての（個人的体験）」であってもかまわない。

浦辺登「玄洋社員・小野隆助のこと」は、小野隆助という一般にはほとんど知られていない人物への関心から出発して、ついには『霊園から見た近代日本』という本を著すに至った経緯と、小野隆助の生涯を解明する過程について書く。

今村公亮「朝鮮通信使の終焉をめぐって」は、朝鮮通信使が公的に実施されなくなって後も、何度も計画はあったことを取り上げ、幕末まで続く〝ミニ朝鮮通信使〟訳官使の果たした役割についても考察する。

師岡司加幸「草莽 戸原継明論（中）」は前号からの継続で、秋月藩の勤王家・医師戸原継明（卯橘）の成長と思想形成の過程を、筑前勤王党など、周囲の人物との出会いを軸にたどる。

鷺山智英「寺子屋師匠から小学校教員になった真宗僧侶」は、一僧侶

の残した「奇談日記」に着目し、史料を読み解きながら、草創期の小学校教員となった真宗僧侶の群像を描き出す。その際、本号で追悼した近藤典二氏の著書『教師の誕生』が参照される。

安藤政明「幻の名島神社「縣社昇格願」」は、神社に社格があった戦前の制度下で、名島神社が行った縣社昇格運動を明らかにする。関係史料の発見と紹介、背景事情の考察である。

石瀧「「爆弾三勇士」のほんとのこと」は、爆弾三勇士・肉弾三勇士として讃えられ、社会を挙げて軍神キャンペーンが行われたことに対し、戦友の一人が違和感を表明した史料を紹介した。「絵葉書でたどる福岡の歴史」と関連する。

特集には含めていないが、師岡司加幸「本の紹介」は山本義隆著『近代日本一五〇年』を取り上げる。また、河本信雄「幕末佐賀藩におけるいわゆるアームストロング砲の製造をめぐって（一）」は、アームストロング砲をめぐる伝説とは何か、なぜ伝説は確固として疑われることがなかったのか、を明らかにする。

なお関連して、本会会員・福岡県議会議員原中誠志氏が三月八日の県議会で、「福岡県の明治維新１５０年の取り組みについて」質問した。明治維新と福岡県との関わりについて一般にはほとんど知られていないことから、県域にあった六つの藩それぞれで、幕末・明治初期に何が起こっていたのか、青少年育成・まちづくり・地域振興の観点からも、「地域の歴史家の力を借りながら」史実の掘り起こしが必要ではないか、という趣旨であった。

六月、仙台郷土研究会会員木村紀夫著『増補決定版 仙台藩の戊辰戦争 幕末維新人物録』（発行所・荒蝦夷）が刊行された。「あとがき」には私への謝辞もあって面映ゆいが、戊辰戦争を生きた二八二人のひとりひとりについて、氏名・年齢・家格・略歴・戦場での動静・その後の人生などを記述したものである。「正義のため真剣に生きた先人の足跡を通して仙台藩の歴史を見たい」として、仙台藩と支藩一関藩の武士から農民、商人に至るまでの二六五人、他に藩外で仙台藩に影響を与えた一七人を取り上げる。奥羽越列藩同盟の盟主であった仙台藩の失われた歴史を掘り起こして、記述しようとする取り組みである。

その仙台藩と戦った、いわゆる官軍の一部隊が福岡から出征した人たちであった。本会会員（故人）安川巌著『物語福岡藩史』（文献出版、一九八五年）がそのことにこだわり、細部に至るまで追究しようとした（一一～一三章）。安川氏の曾祖父が、仙台藩との戦いで戦死した福岡藩士だったからだ。まさにそれぞれの〝維新〟なのであった。（石）

玄洋社員・小野隆助のこと

浦《うら》辺《べ》　登《のぼる》

はじめに

玄洋社員・小野隆助という人物を知ったのは、太宰府天満宮にある「定遠館」の存在からだった。「定遠館」とは、日清戦争での清国北洋艦隊旗艦「定遠」の部材で建てられた館。それを建てたのが小野隆助だった。このことは、筆者が初めて上梓した『太宰府天満宮の定遠館──遠の朝廷から日清戦争まで』（弦書房）に経緯を綴った。調べ始めた頃、日清戦争も小野隆助も、まったくわからなかった。

特に、この「定遠館」を調べる過程で苦労したのが、玄洋社という自由民権運動団体だった。小野隆助は、この玄洋社の社員だった。

当時、玄洋社は「右翼」、「ブラック」、「超国家主義団体」など、反社会的勢力として公に口にすることも憚られる存在だった。その玄洋社に小野隆助の名前を見たとき、なぜ、小野が玄洋社に関係したのかわからなかった。それというのも、小野隆助は福岡県の郡長を務め、衆議院議員、香川県知事も歴任した人だからだ。

今回、なぞの小野隆助について、中間報告という形で述べてみたい。

1　「さいふまいり」から

当初の関心は、誰が、なぜ、太宰府天満宮に「定遠館」という戦争遺物を設けたのか、ということだった。太宰府天満宮といえば学問の神様。学問の神様といえば菅原道真。この定説から、なぜ、太宰府天満宮が戦争に関係するのか、理解がまったく進まなかった。とりわけ、保育園、小学校の遠足といえば太宰府天満宮が多かっただけに、戦争遺物があることに嫌悪感を抱いた。とはいえ、現実に、目の前に「定遠館」はあり、錆で覆われたぼろぼろの鉄の門扉が鎮座している。

ちなみに、調べ始めたのは、今から三十年以上も前のことであり、現在のようにインターネットが普及する以前のことだった。公衆電話、ポケットベルの時代であり、携帯電話は無線機のように大きかった。

まずは、資料収集として近在の古書店を歩いた。「定遠館」、「小野隆助」に関して記述のある出版物を探した。そこで、ようやくにして入手できたのが『さいふまいり』（筑紫豊著、西日本新聞社）だった。その一二二ページに「定遠館のあたり」として記載があった。

かつて、軍歌として全国民に歌われていた「勇敢なる水兵」（佐々木信綱の作詞）の歌詞に見える「まだ沈まぬや定遠は」という定遠。その定遠は、のちに引き揚げられた。その艦材の一部を、地元出身の勤王家で、明治になって香川県知事などを勤めた小野隆助さんが入手して、門のほか、その部材を生かして、一宇の館宅を造った。これが定遠館である。

一五〇ページ余の冊子程の『さいふまいり』だったが、小野隆助という香川県知事を務めた人物が関係していることが判明した。

しかし、これだけでは、なぜ、この太宰府天満宮に「定遠館」を建てなければならなかったのか、理由がわからない。

疑問は、ますます膨らむばかりだった。

キーワード検索

小野隆助という人物、「定遠館」についても、きわめて情報量が少ない。そこで、キーワードを一つ一つ、調べていった。

まず、明治二十七（一八九四）年に始まった日清戦争について調べることで、定遠という軍艦のことが見えてきた。当時、世界最大とも東洋最強とも言われた戦艦で、「定遠」、「鎮遠」という同型艦が二隻あり、ドイツ製だった。

また、小野隆助の属性として勤王家、香川県知事ということから、明治維新、香川県の資料を求めた。

さらに、あまりに身近にありすぎて、深く考えることも、調べることもしなかった「太宰府天満宮」、「大宰府政庁」についても、並行して調べていった。

しかし、ひとつ分かったと思っても、次に不明点が出てくる。調べる、分かる、不明点が出てくる、調べる、の繰り返しだった。ノートに書き込んでいくが、冊数が増えるばかりで、一向に先が見えてこない。

そもそも、勤王家とは、志士とは、何なのか、だった。従来の歴史小説を読み進む程度では到底理解も及ばない泥沼に落ち込んでいった。

志士名鑑の小野隆助

図書館に出向き、明治維新の志士名鑑があったので分厚い一冊のページをめくると、そこに小野隆助の名前があった。

小野隆助（1840〜1923）

幕末維新の勤王家。福岡藩士。天保11年太宰府に生まれる。父は氏伸。父及び叔父の真木保臣の薫陶を受け和漢の学を修め、尊王思想になる。

文久年間、父と馬関、三田尻に至って三條実美に謁っして国事に奔走。維新後、藩命にて江戸、駿府、京都を往復。次いで東奥征討軍の参謀となり、元年（明治）4月以降、戦功あり。

2年（明治）正月、福岡に戻る。7月藩より功により百石を賜う。藩の兵制改革に着手し、大隊長となる。福岡藩大属、太宰府神社祠官を経て防御大隊長、佐賀の乱では鎮撫隊大隊長心得。

再び福岡縣官、那珂、御笠、席田、粕屋、宗像の郡長、筑紫中学校長、筑前共愛会長。

明治23年1月衆議院議員に当選、3度。明治31年香川県知事。12月に官を辞す。野に下る。大正年間、病気と闘う。大正12年9月没。84歳。

幅一五センチ以上もある分厚い年鑑に細かな文字で小野隆助の履歴が記載されていた。コピーをしようにも不可能。筆記するしかなかった。内容を書き写すのに懸命で、志士名鑑の正式名称、発行所、発行年の書き写しを忘れてしまった。

ここで、真木保臣、太宰府神社というキーワードに行き当たり、さらにここから調べることになる。

真木和泉守保臣の系譜

小野隆助という人物の父親が氏伸であり、叔父が真木保臣であることがわかった。そこで真木保臣の評伝である『真木保臣』（山口宗之著）を求めたが、その巻末には「真木家略系図」がついていた。

その系図を見てみると、真木和泉守保臣の実弟のひとりに氏就（小野加賀、明治二十一年没）がいると記されている。調べてみると、経緯は不明ながら、氏仲も氏就も同一人物であった。

この氏仲は太宰府天満宮の小野家に養子に出て、小野家に代々続く「小野加賀」を名乗っていた。この小野加賀は三文人という太宰府天満宮への祈願において和歌を奉じる役職の家系であり、小野隆助が太宰府神社祠官というのも納得できた。

ちなみに、真木保臣からいえば実弟、氏就から言えば実兄に信臣がいる。この信臣も養子として大鳥居理兵衛を名乗り、筑後市の水田天満宮を継いでいる。ここも太宰府天満宮との関係がある神社である。

『真木保臣』を読み進むが、真木和泉守保臣は久留米市の水天宮宮司の家系であることがわかった。巻末には真木保臣の年譜がついていたが、そこにも氏就が太宰府小野氏倫の養子となるとの記載があった。このことから、元治元（一八六四）年の「禁門の変」で自決した真木和泉守保臣の甥が小野隆助であることに随分と驚いたものだった。

ここから、なぜ、小野隆助が建てたと伝わる「定遠館」が太宰府天満宮にあるのかの背景が少し見えてきた感があった。

太宰府天満宮に確認する

小野隆助、「定遠館」との関係性については、太宰府天満宮になんらかの資料があるのではないかと思い、太宰府天満宮に連絡をしてみた。

すると、太宰府天満宮から平成九（一九九七）年十一月二十五日付の「とびうめ」のコピーが送られてきた。手元に残る封書の消印を確認すると、平成十三（二〇〇一）年七月五日付となっている。

太宰府在住の衆議院議員である小野氏は、その沈没した「定遠」を引き揚げることを計画しまして政府に請願しました。認可を受け多人数の潜水夫を募り、一か年の日時を費やして数門の大砲、その他の器具を引き揚げ、その中の特別の物は宮内省へ献納し、他の器具は太宰府へ運び、それを以て邸を建て「定遠館」と名づけて住居に致しました。明治三五年の菅公一千年祭の時の菅公会会長、黒田侯爵の宿舎にもされました。

また、この「とびうめ」のコピーには、先述の『さいふまいり』の「定遠館のあたり」のコピーも同封されていた。

　これにより、小野隆助が太宰府天満宮との関係が深いことがわかった。

「読売新聞」の記事から

　『さいふまいり』では、小野隆助が香川県知事と出ていたが、「とびうめ」では衆議院議員と出ている。「定遠館」や小野隆助について調べ始めた頃、インターネットが、少しずつ、普及し始めてきた。もっとも、現在のように潤沢な情報量があったわけではなく、ごく限られた情報しか得られなかった。

　そんなインターネット情報で検索にヒットしたのが「読売新聞」の「人ありて　頭山満と玄洋社」だった。小野隆助が衆議院議員であったことから、「衆議院議員小野隆助」で検索したところ、この記事に行きついた。手元に残る、プリントアウトした資料の日付は二〇〇三（平成十五）年六月二十六日となっている。


「政府、民党切り崩し」

　明治23年（1890年）7月1日、第1回総選挙が行われた。小選挙区制で300人の衆院議員が誕生した。福岡県は8選挙区に分かれ、2区だけは定数2。香月恕経、小野隆助、権藤貫一が当選した。

「おれが議員にするから」と、頭山満は選挙前、香月らの名前を玄洋社社長の進藤喜平太に書いてみせていた。香月は、玄洋社の若い社員の教育に携わり、小野、権藤は元郡長。

　福岡の民権結社、有志が結集した「筑前共愛公衆会」会長も務めた小野は立候補を嫌がったが、頭山が説得したという。「筑前西郷といわれ、なかなか名望があった」と振り返っている。のちに小野は香川県知事、権藤も長野県知事になった。


　この「読売新聞」の記事から、小野隆助が自由民権運動団体の玄洋社と関係が深く、筑前共愛公衆会という組織の会長も務めたことがわかった。この「読売新聞」の記事は地域限定のものだったが、インターネットを通じて日本全国、どこでも読むことができた。当時、神奈川県在住の筆者も、この記事配信を楽しみに読んだ一人だった。

　しかし、インターネットといえども、小野隆助を知るには、その情報量は少なすぎた。玄洋社、筑前共愛公衆会など、新たな情報を求め理解しなければならなかった。

インターネット情報から

時間を見つけてはインターネットで「小野隆助」の検索を続けていたところ、二〇〇三（平成十五）年六月二十六日に『香川県史 別編2 年表 近代』に小野隆助の名前がヒットした。

明治31年
7月28日 知事徳久恒範が熊本県知事に転任し、代って小野隆助が本県第7代知事に任官（歴代香川県知事調）

12月23日 知事小野隆助が依願免官となり、代って愛知県書記官吉原三郎が本県第8代知事に任官（歴代香川県知事調）

また、二〇〇三年六月二十六日、幕末の討幕軍の諸隊の編成内容についてのデータでも「小野隆助」がヒットした。

「勇敢隊」 福岡藩 大野仁平 人数500〜800
期間慶4〜明4
藩の卒族有志で組織。討幕戦に活躍、僚隊に就義、併心、奇勝などの諸隊がある。
隊長は〝勇敢仁平〟といわれ、博多の侠客。参議太宰府天満宮の神官・三木隆助（のちの代議士・小野隆助）。

ここから、小野隆助が「勇敢隊」という福岡藩の討幕軍にいたことがわかった。

が、しかし、なぜ、太宰府天満宮の神官の小野隆助の所属する「勇敢隊」の隊長が侠客の大野仁平なのか、不思議だった。

このことは、後日、福岡地方史研究会の会員である鷺山智英氏の「福岡「勇敢隊」の真実——ネット情報の誤りを正す」によって、詳細が明らかになった。現代においても、ネット情報にはフェイク（fake：偽造する、捏造する、……のふりをする）が多いといわれるが、この「勇敢隊」についてもそうだった。

あらためて、鷺山智英氏に感謝申し上げたい。

三木五六郎とは

インターネット情報とはいえ、小野隆助が三木隆助とも名乗っていたことがわかった。

この頃、インターネットでは、日本全国の図書館の図書検索もできるようになり、小野隆助、三木隆助で検索

太宰府天満宮にある小野隆助の顕彰碑。手跡は黒田長成，裏面の撰文は金子堅太郎

してみた。早速、福岡県立図書館郷土資料課の寄贈資料に『小野隆助碑誌』があるとわかり、概要を知りたいと思い、目次のコピー送付をお願いした。当時、遠隔地に住んでいた身には、このサービスは大変ありがたかった。

この目次を見ると、太宰府天満宮のどこかに小野隆助を顕彰する石碑があるようだ。小野氏といっても、あの小野妹子の系統であり、小野篁、小野道風にも連なる。

そこで、石碑を確認すれば、小野隆助の生涯が判明するのではと思い、帰省の折には太宰府天満宮境内の石碑をひとつ、ひとつ、確認して廻った。太宰府天満宮文化研究所が発行する『神苑石碑巡り』を購入し、石碑を確認していくが、小野隆助の碑については記載がない。

しかし、先述の『小野隆助碑誌』で、小野隆助が左近、幸夫、阿波、氏儀、湊、三木五六郎、三木隆助などの名前を時に応じて使用していたとの記述がある。これでは、容易に小野隆助のことはわからない。反面、変名を多く用いなければならないほど、変化の激しい時代を生きてきたことになる。

ちなみに、この小野隆助の碑については、ようやくにして場所を探し当てることができた。『小野隆助碑誌』では、太宰府天満宮のあやめ池周辺にあるとのことだった。しかしながら、「だざいふ遊園地」正面入り口の右手にある道を進み、倉庫と雑木林に挟まれるようにして立っていた。正面には「正五位小野君碑」とあり、黒田家第十三代侯爵黒田長成の手跡だった。裏面の顕彰文は農商務大臣を務めた金子堅太郎だった。

この小野隆助の顕彰碑については、拙著の『玄洋社とは何者か』（弦書房）に記した。

玄洋社を理解する

小野隆助という人物を知るためには、玄洋社が理解できなければならない。しかしながら、玄洋社は「右翼」という反社会的勢力とみられ、文献じたい、少なかった。

玄洋社を知っていても、人々は多くを語らず、玄洋社を語る人を偏見の目で見る風潮すらあった。

そんな中、大阪梅田の古書店街で『筑前玄洋社』（葦書房）という書籍を見つけた。即座に購入し、読み始めたが、わからない。不明点には付箋を貼り、傍線を引き、書き込みをし、完璧に理解しようと試みた。それでも、理解が進まず、精読を繰り返すこと三度だった。同時に、玄洋社が誕生した時代、その背景を知るための書籍を読破していった。玄洋社が鉄道敷設に関係したと知れば、鉄道関連を読み、大隈重信に来島恒喜が爆裂弾を投じたと知れば、大隈関連を読む。時に、東京谷中霊園の来島恒喜の墓参もした。玄洋社に関係する史跡を確認するために各地を歩いたが、青森県弘前市、岩手県盛岡市、東京都青梅市と広がった。

疑問に思うことはノートに書き出し、分かったことを書き込むことを続けていった。すると、次第に玄洋社の輪郭がわかりはじめた。『筑前玄洋社』を読んで、理解が及ばなかった点も著者である頭山統一の主張する意味も、次第に分かるようになった。

この『筑前玄洋社』の巻末には、大日本帝国憲法草案の内容があった。その中で、報告事項として副会長・箱田六輔、会長・三木隆介（小野隆助）の名前があった。憲法草案を議論する関係にあったということだが、これは筑前共愛公衆会という民間自治組織があったからだった。これには、玄洋社が世間一般がいうところの「右翼」という範疇を大きく超えたものだった。

殉節三烈士碑から

玄洋社を理解するには、文献だけを読み進んでもわからないことが多い。各地を歩いたが、そのなかに東京・青山霊園の頭山満、山座円次郎、緒方竹虎、和田三造という玄洋社員の墓碑を確認もした。青山霊園には福岡藩主であった黒田長溥の墓もあり、頭山満、平岡浩太郎、杉山茂丸も埋葬式に集った場所とも伝わる。

通常、特別の用事でもなければ墓場などには行かないが、墓石は立体的な歴史遺産。文献からは見えない、墓所にしかわからない事実がある。東京の護国寺には団琢磨の墓がある。その墓所の入り口左右には、益田孝（三井物産）、室田義文（伊藤博文の秘書官）が奉納した灯籠がある。ここから、両者と団琢磨との深い人間関係がみえてくる。

このような墓を史跡と見立てての玄洋社関連を調べていったが、それをまとめたものが『霊園から見た近代日本』（弦書房）だった。視点の面白さから荒俣宏氏による書評が二〇一一（平成二十三年）年六月十九日付の「朝日新聞」に掲載された。それも、大きな文字で「玄洋社の事績から浮かぶ明治外交史」と出ており、ついに「朝日新聞」が玄洋社を取り上げたと話題になった。

この『霊園から見た近代日本』の取材過程において、東京都内、近郊を巡ったが、その中には赤穂浪士の討ち入りで有名な泉岳寺も含まれていた。泉岳寺には赤穂浪士の四十七士の墓もあるが、「殉節三烈士」の墓碑もある。これは、日清戦争に従軍した三人の若者を慰霊する墓である。この三人のうちの一人に玄洋社員の山崎羔三郎が含まれていることからだった。

このことは、「定遠館」が日清戦争での軍艦の部材を利用していることから、日清戦争関連のことを調べていて判明したことだった。この泉岳寺の「殉節三烈士」碑のことは拙著の『東京の片隅からみた近代日本』に記した。

しかし、この本を上梓したことから、小野隆助に関する別の情報が飛び込んできた。

鐘崎三郎の末裔の方々

東京の泉岳寺には、日清戦争での「殉節三烈士」碑があるという。泉岳寺山門脇にあると複数の書籍に出ていたが、檀家墓地に移されていた。玄洋社員の山崎羔三郎もその墓碑の主という。この墓碑に関しては、泉岳寺と険悪な関係となった。山崎の参拝をさせて欲しいという当方に対し、完全なる拒絶を示したのが泉岳寺だった。討ち入りを仕掛けてやろうかと思うほど、無礼極まりない対応をしたのが泉岳寺だった。

しかし、仏縁というか、檀家墓地に眠る福本日南の導きというか、偶然なのか必然なのか、「殉節三烈士」碑の墓参が叶った。このことは、拙著『東京の片隅からみた近代日本』に経緯を綴ったが、このことが意外な展開を見せた。

ある時、出版社経由で連絡があり、どうしても話をしたいという読者がいるとのこと。その読者から電話があったが、お名前を角隆恵さんという。話を伺うと、泉岳寺の「殉節三烈士」碑の一人、鐘崎三郎の末裔といわれる。泉岳寺に「殉節三烈士」碑があり、先祖供養と思い参拝したが、ある日突然、泉岳寺が「殉節三烈士」碑を撤去し、参拝すら認めてくれない。何度も懇願したが、頑として受け付けてくれない。そんな話をされた。

そして、代参をしてくださって、ありがとうございますと言われる。まさか、「殉節三烈士」碑の末裔の方が存命で、連絡が来るとは思いもしなかった。それだけではなく、「殉節三烈士」碑の三人の一人藤崎秀の末裔の方からも連絡があり、およそ一二〇年前のことに関して、末裔がつながっていたことに随分と驚いたものだった。

さらには、太宰府天満宮の「定遠館」を建てた小野隆助の小野家とも鐘崎三郎とは関係があるという。

鐘崎三郎墓前祭

仕事の関係で、大阪、東京と転勤したが、ようやくにして生まれ故郷の福岡にUターンした。このことで、鐘崎三郎の墓前祭に参加できるご縁をいただいた。毎年五月三日、久留米市の青木天満宮での墓前祭に参加している。ここには、鐘崎寛吾、鐘崎三郎の墓がある。

鐘崎三郎は福岡の旧三潴郡の出身。若い頃、勝立寺（福岡市中央区天神）で修行していたというが、大陸への雄飛を望んで出奔。ついには、上海にあった日清貿易研究所に入る。ここは、日本と清国（中国）との交易を盛んにし、欧米に侵略されるアジアの再興を考える貿易学校だった。

しかし、明治二十七（一八九四）年、日清戦争が始まる。この時、日清貿易研究所の教員、学生たちは急ぎ帰国し、陸軍の通訳官、軍事探偵として従軍した。この日清貿易研究所の学生たちは、清国人（中国人）に変装し、清国軍要塞の偵察行動に従事した。

そして、その行動中、清国軍の兵隊に捕まり、処刑されたのが山崎羔三郎（玄洋社）、鐘崎三郎、藤崎秀の三人だった。この鐘崎三郎については系図が記載された冊子をいただき、鐘崎三郎の父・寛吾が青木天満宮苔梅寺、太宰府天満宮安楽寺、樹光寺（長崎県平戸市）の社僧であったことがわかった。

さらには、この鐘崎寛吾は圓心という名の絵師であったこともわかった。このことは、『さいふまいり』の「神幸式絵巻（福岡県指定文化財）」の項（九二ページ）に記されている。

信全法印は松浦の樹光寺の円心法印に頼んで、この絵巻を描かせ、その奥書に、つぎのような自撰自筆の文章をしたためたのであった。

この円心法印こと鐘崎寛吾、小野貞の次男が鐘崎三郎だった。小野貞とは、まさに太宰府天満宮の小野家の係累になる人だった。太宰府天満宮の「定遠館」を目にして調べ続けてきたが、まるで、目に見えない何者かによって導かれてきた感がしてならない。

ちなみに、この墓前祭には、殉節三烈士とともに軍事探偵として従軍した向野堅一（玄洋社同人）の末裔である向野康江さん、杉山満丸さん（杉山茂丸の曾孫）とも参列している。向野堅一は玄洋社の香月梅外とともに満洲の奉天で商社を経営した関係だった。杉山茂丸は、頭山満とは半世紀の交遊歴がある盟友中の盟友である。

玄洋社員・小野隆助

ここで、『玄洋社・封印された実像』（石瀧豊美著、海鳥社）の巻末に掲載されている玄洋社員名簿を確認したい。

小野隆助
（旧姓）三木。隆介とも。真木和泉守保臣の甥。筑前共愛会長。各郡長を歴任。明治23年代議士。31年香川県知事。第十七銀行取締役。大正12年9月4日没。年84。

小野隆太郎
小野隆助の養子。東大教授寺尾亨の弟。司法省法学校に進む。明治21年代言人免許。25年福岡市議。29年県議。34年判事任官。明治42年7月21日没。年46。

ここで、小野隆助の養子となった小野隆太郎の実兄・寺尾亨を少し解説したい。寺尾は東京帝国大学教授。国際法学者。日露開戦を主張した七博士の一人である。

さらに、辛亥革命では孫文、黄興を支援し、中華民国臨時政府の法制顧問となった人であり、中国人留学生を支援した人としても知られる。

また、小野隆太郎の長兄は寺尾寿であり、初代東京天文台長を務めた。寺尾亨との関係から、孫文、黄興、戴天仇（孫文の秘書）とも親交があった。

なお、小野隆助の履歴で第十七銀行取締役とあるが、この第十七銀行は現在の福岡銀行のことである。

憲政記念館の小野隆助

現在、太宰府在住の小野隆助の関係者といえば、太宰府天満宮参道にある「小野東風軒」と「小野筑紫堂」になる。

定遠館じたいも紆余曲折の末、所有者は太宰府天満宮だが、近年、改築され、往年の貴重な史跡は崩壊してしまった。このため、「定遠館」に対する関心は薄く、由来を知る人は少ない。

当初、この小野隆助が建てたという「定遠館」を調べ始めた際、顕彰碑が無いことを寂しく思っていた。しかし、顕彰碑は存在し、場所も確認した。しかしながら、

憲政記念館（上／東京都千代田区）と館内に展示されている小野隆助の写真（スケッチ画）

小野隆助の風貌とは、どのような感じなのか、皆目見当がつかない。小野東風軒の当主に確認しても、末期の頃の病床の写真しかないという。真木和泉守保臣の甥ならば、久留米市の水天宮境内に立つ真木保臣の銅像のように、がっちりした感じなのかと想像もしてみた。

　あるとき、伊藤博文暗殺事件での犯人である安重根が撃った弾丸が、東京の憲政記念館にあるというので見学にでかけた。憲政記念館は尾崎行雄、犬養毅の両名を顕彰することを目的に設けられた記念館。憲政政治に関する貴重な資料が展示されている。この展示品の中に、第一回衆議院議員選挙での当選者の写真（スケッチ）がパネルとして展示されていた。

　福岡2区選出の議員として、小野隆助の写真（スケッチ）もあった。

　聞くところでは、明治期、佐幕派と烙印を押された福岡藩は、新政府からまったく相手にされなかった。しかし、直談判しようにも無視される。そういう時には、小野隆助が呼び出されたという。長州藩とともに「禁門の変」で決起した真木和泉守保臣の甥であり、三條実美とは早くから親交があった関係ということらしい。

　憲政記念館の小野隆助の写真（スケッチ）にたどり着くまで、優に三十年以上の年数を要した。それでも、その人物像、業績が完全に判明したわけではない。現在の九州国立博物館の原点である鎮西博物館構想に関係したなど、不明点は多い。

　「はじめに」で中間報告として述べたいとしたのは、探っても、探っても、いまだ満足がいかないからだ。今後も、調べ続けるということで、今回は終了したい。

◆参考文献・資料

浦辺　登『太宰府天満宮の定遠館』弦書房、二〇〇九年
筑紫　豊『さいふまいり』西日本新聞社、昭和五十一年
山口宗之『ふくおか人物誌5　真木保臣』西日本新聞社、平成七年
「とびうめ」太宰府天満宮、平成九年
井川聡・小林寛『人ありて』海鳥社、二〇〇六年
福岡地方史研究会編・刊『福岡地方史研究』49号、二〇一一年
内野富士雄寄贈資料『小野隆助碑誌』福岡県立図書館郷土資料課
太宰府天満宮文化研究所編『神苑石碑巡り』太宰府顕彰会、平成十四年
浦辺　登『玄洋社とは何者か』弦書房、二〇一七年
頭山統一『筑前玄洋社』葦書房、一九八八年
浦辺登『霊園から見た近代日本』弦書房、二〇一一年
久保田毅編『鐘崎寛吾・三郎の父子を慕いて』私家版、平成二十六年
浦辺登『東京の片隅からみた近代日本』弦書房、二〇一二年
石瀧豊美『玄洋社・封印された実像』海鳥社、二〇一〇年
孫文記念館編「孫文・日本関係人名録」孫文記念館、二〇一一年

朝鮮通信使の終焉をめぐって

何度も延期された通信使

今《いま》村《むら》公《こう》亮《すけ》

はじめに

最後の朝鮮通信使は第十二回の文化八（一八一一）年、対馬で終えたが、その後何度も計画されている。ところが将軍の薨去や実力者の失脚、また種々の事情で四回延期となり、最後の計画は一八七六（明治九）年に予定されていたが、幕府が瓦解したため、実施されなかった。

なぜそうなったのか、朝鮮・日本（幕府・対馬藩）の諸事情や学者の思想からその実態に迫ってみたい。通信使は一八一一年で終わるも、朝鮮から対馬に派遣されてくる訳官使（問慰行）が通信使の役割を果たしていた。ミニ通信使ともいわれている訳官使についても紹介したい。

一　通信使の始まりと目的

朝鮮通信使の終焉を論じる前に、この通信使がなぜ始まったのかを整理したい。

それは、高句麗時代の終わり頃に倭寇の取り締まりを日本に依頼したことに始まる。

通信使は室町時代に三回、秀吉時代に二回、江戸時代に十二回派遣されている。江戸時代の最初から三回までは、幕府の国書への回答と俘虜の送還目的が主なので「回答兼刷還使」と言い、第四回の家光以降の派遣を通信使と言う学者もいるが、ここでは通信使として一括する。

江戸時代の朝鮮国の通信使派遣の最初の目的は次のとおりである

①安全保障のため――後金（後の清）の防衛上の対策

②文禄・慶長の役での俘虜人の返還（一～三回まで）
③国情視察――再度の侵略意図の有無調査
④文により日本を教化（文威の誇示）
これに対し日本側（幕府）の意図は、
①幕府の権威づけ
②幕藩体制の確立・維持
③饗応させることにより諸大名の財力低下

対馬藩は石高からいけば二～三万石程度しかなく、藩存続のため十万石は必要としていた。その不足分は交易でカバーするか幕府の援助を得るしかなかった。交易が隆盛な時は二十万石以上の国力を擁していたといわれている。朝鮮との交易が異国の押さえの代わり、つまり知行として幕府に認められていた。

朝鮮通信使を通じて日本側の学者との詩文唱和など含め中身の濃い文化交流が行われ、数多くの成果を得ているが、多くの先行研究が既にあり、今回は触れない。

二　通信使派遣の再考

通信使来聘で日本側の負担は毎回およそ百万両、[1]動員された人足三十三万人、馬は七万七〇〇〇頭に上ったという。朝鮮側は派遣の都度、船六艘を新造し、幕府をはじめとして関係先への礼単物（土産）の調達に莫大な費用を要した。

双方がこれだけ費用を要しても実施してきたが、十八世紀の末頃になると当初からの事情に変化が生じ、目的の意義が薄れてきていた。十一回、十二回の通信使を詳細に見てみよう。

1　使節選びに苦慮した十一回通信使

十一回目は宝暦十三（一七六三）年、江戸に最後に来た通信使である。日本から派遣を要請したが、なかなか通信使一行のメンバーが決まらず、やっと決まったのが出発の二十日前であった。その間、正使が三回も交代した。

最初の正使は党争で流配、二度目は老母の介護との理由で辞退、三度目でようやく決まったが、派閥の関係で副使や従事官も入れ替えた。メンバーに選ばれるのは名誉ではあるが、できたら日本行きを避けたいという気持ちの表れでもあった。当時の朝鮮国内も作物不況で乱れており、対馬から派遣要請を受けて、はや数年が経っていた。

そのような状況下、冬場の玄界灘を渡航しないといけない悪条件下の釜山出港となった。案の定、航海はトラブル続き、最大の事故は福岡藩の相島に着く寸前に暗闇で副使船が坐礁した。この事故を解決するのに十日余を要し、また風待ちも含めて二十三日間も相島に逗留した[2]。

この頃から、通信使派遣に対して財政事情などから双方に延期したいとの思いが生まれてきていたようだ。宝暦十三年の来聘の一年前にも、日本各地で朝鮮人来朝入用金の負担に抗議して一揆が起きていた。後述するが、互いに派遣し受け入れる条件が、既に無くなりつつあったことを証していたのではないだろうか。

もう一つの影は、通信使を迎えるにあたり新たな難問が生じていた。宝暦度の正使趙曮は江戸城での国書伝名儀式の際の四拝礼を改めて問題にした。当時、朝鮮では禁酒下にあったので、献杯応酬も「空杯」としたものの空しかったと述べ、また天皇の存在を再認識し、徳川将軍との対等な儀式はやめるべきではないか、と『海槎日記[3]』で述べている。

一方日本側も、それまで朝鮮国からの「国書」と呼んでいたのを書簡でいいのではとの動きも出てきていた。趙曮は、朝鮮国王と日本の天皇が対等の付き合いをするのが王道ではないか、とこのように通信使の在り方に双方で疑義が出始めていた。その背景には相互の「小中華意識」があった、と池内敏は指摘している（『大君外交と「武威」』）。

2　十二回の通信使に待ったをかけた松平定信

十二回目が結果として最後の通信使になったが、この時は、将軍家斉の襲職祝いとして派遣されるまで、二十三年も要していることは、国内事情が多々あったとはいえ、通信使来聘を双方が消極的に捉えていたといわれても仕方がない。

家斉将軍襲職以前の天明三（一七八三）年の凶作に始まったいわゆる天明の大飢饉発生によって、救済を求めて全国的に農村では百姓一揆が多発した。江戸、大坂をはじめとする大都市や城下町で米価高騰、商人の米買占めに抗議する打ち毀しが拡がっていた。農村で食いつめ逃散した無宿の人々が都市に流入して騒擾を大規模にした。

農村と都市とを問わず、社会不安の空気が全国を覆うようになってきていた。このような状況の中で朝鮮通信使来聘の実施につき議論されるようになってきた。

天明六（一七八六）年に十代将軍家治が死去したが、嗣子がいなかったため翌天明七年、一橋家からの養子家斉が十一代将軍職を継いだ。家斉は老中首座の田沼意次を経済政策失敗の理由で更迭し、陸奥白河藩の改革で功を成していた松平定信（一七五八～一八二九）を老中首座に抜擢した。定信は幕府財政の大幅な緊縮のための政策を次々と打ち出した。

将軍が襲職すると、幕府は一、二年以内に通信使派遣準備を対馬藩に命じるのだが、この時はそれがなく逆に対馬藩から通信使来聘の伺いを出している。対馬藩も極度の財政窮乏に陥っていた。なにより命綱の朝鮮貿易が十八世紀後半になると不振を極め、朝鮮交易の衰退の代償として御手当金を幕府から得てようやく藩財政を維持している有様であった。従い今回の通信使来聘執行に伴う一時金拝借の狙いも込められていた。

松平定信はこの伺いに「待った」を掛けた。老中たちは連名して「隣交誠信の儀に候得ば、凶年等の儀相顕わさず、かれこれ取かざり候様にては、誠信の道にも相背候」として、対馬藩主宗義功に延聘すなわち無期延期交渉をするよう命じたのである。この時点で幕府は朝鮮通信使を来聘することの意義を、財政・政情から見て不可と判断していたことがわかる。

松平定信の自伝「宇下人言」(『宇下人言・修行録』(岩波書店、一九四二年)所収)には、

もとこの聘使此国へ来るはかつて美観とするにはあたらず、あるいは日本の腐儒どもみな出て、鶏林人と唱和して本意なる事にしおもひ、道すがらの盛衰を見られても益ある事にもあらず。いつも窮せざらんやうにありがたければ、時として飢饉うちつゞくまじともいいがたし。さればこの聘使てふは美観とするにはたらず。況や巡視清道の旗をたて、上々官などいふは通辞のいやしきものなり、三使などいふも貴きものにあらざるを、御三家がたの御相伴あるなんどは礼のと丶のいしとはいひがたし

と対朝鮮蔑視の言葉が連ねられている。

しかし、このような蔑視観は当時の知識人のいわば「常識的言辞」であった。中井竹山は『草茅危言』において、定信に易地聘礼を建議している。このあたりに江戸期知識人の日本的華夷意識の根深さを読み取ることができる。また、通信使の往来中の飢饉や大規模な打ち毀しが発生することを恐れたのであった。

もちろん根底には、幕府も各藩も通信使来聘のような巨費を要する事業は何としても繰り延べしたかったという本音があった。

松平定信の命を受けた対馬藩は家老平田又左衛門(差倭)を派遣し朝鮮側と交渉するも、朝鮮側は納得せず不首尾に終わった。

寛政五(一七九三)年、松平定信は失脚する。その後文化四(一八〇七)年に幕府は、譜代大名の十五万石小倉藩主小笠原忠固を日本側の正使として、対馬での迎接をするよう朝鮮国との交渉を対馬藩に命じた。

しかしながら迎接の場所を従来の江戸から対馬に変えて易地聘礼を申し出る日本側の真意に不信を募らせ、交渉は難航した。さらにこの間に対馬人と朝鮮の役人の間の賄賂が発覚し、解決をより困難にした。従来の対馬藩での交渉は暗礁に乗り上げ膠着状態となった。

その打開のため、文化六（一八〇九）年七月、幕府の使者遠山景晋と朝鮮側訳官玄義洵が対馬で会談し、対馬での迎接は偏にもてなしの弊害を減らすことにあると説明したことで、朝鮮国はやっと了承した。

朝鮮国でもこの頃、天災のため大規模な飢民が発生し、両班階層の党争激化と綱紀弛緩が慢性化していた。翌文化七年一月に朝鮮王朝純祖の裁可を得て、両国間の懸案になっていた対馬での易地聘礼は、その後の対馬藩の粘り強い交渉が実り、家斉が十一代将軍を襲職して実に二十三年ぶりに通信使派遣が決まった。

文化八年三月に使節一行、三三八名を対馬府中で迎え、五月に国書交換の儀を終えた。

結果としてはこれが最後の朝鮮通信使となった。風や波の状況もあり一概には論じられないが、朝鮮使節船が対馬に早く着き、正使役の小笠原藩主は客より後に着き、客を見送る前に対馬の港を離れている。

朝鮮使節一行は府中（厳原）に三月二十九日に入り、対馬府中を出船したのが六月二十五日である。一方、正使の小笠原忠固一行の府中入りは四月十五日、出船は六月十八日となっている。日本側は礼を失し、朝鮮国を見下していることにならないのだろうか、いささか考えさせられることではある。

3　十二回の通信使を迎接する前後の国際情勢

寛政四（一七九二）年九月、蝦夷地ネモロに、ロシアの使節ラクスマンが大黒屋光太夫を護送して来航し通商を求めてきた。その前後にアメリカ、イギリスの船が紀州沖に現れるなど、西洋列強艦船の近海遊弋は既に偶発的なものではなくなっていた。

ラクスマンはロシアのエカテリーナ皇帝の使者であった。また文化元（一八〇四）年にはロシア使節のレザノフが長崎に来て通商を要求した。文化五（一八〇八）年にはイギリス船のフェートン号がオランダの国旗を偽装して長崎に来るなどの事件を起こしていた。

これに対し幕府は享和二（一八〇二）年、蝦夷地に奉行を置いた。文化三（一八〇六）～四年にロシアのレザノフの部下が択捉島を攻撃したので、文化四年には松前藩を陸奥に移封させて幕府直轄地とした。また文化二年には沿海諸藩に海岸防備の強化を命じるなど、緊迫した対外情勢が続いた。

国内ではこのような情勢に対して「海防論」が唱えら

れ、ヨーロッパ列強の通商・和親要求に対抗する対外政策と防備体制が急務との論議が活発になってきた。このような中で危機感が知識人の間に拡まり、神国意識や皇国史観が登場してきた。その結果、旧来の朝鮮国との付き合いより、西洋列強の進出に幕府の目が向いていったと言える。

朝鮮国にも日本同様に異国の船が押しかけていた。

三　幕末まで何度も計画されては消えた通信使

1　消えた計画

享保十七（一七三二）年、天明二、三（一七八二、八三）年のような大飢饉とそれに伴う農民・都市貧民の大規模な一揆・打ちこわしなどの騒擾も発生して、農村と都市とを問わず社会不安の空気が全国を覆うようになってくる。このような状況下、朝鮮通信使来聘の再検討が議論されてくるようになってきた。

最初に、経費がかかりすぎにつき通信使を取り止めようとの提唱者は、意外にも対馬藩儒学者の雨森芳洲である。宝暦三（一七五三）年五月、藩主宗義蕃宛てに「通信使ヲ停止ニ被成度被思召上候御深慮之趣」と提出した文書に見える。現在の対馬藩の財政状況では通信使を護行することは不可能であるとし、対馬藩内で応接する易地聘礼を提案している。この考えは新井白石と同じであった。

文化八（一八一一）年に最後の通信使を対馬で迎えた後、徳川政権はなお五十七年間四代にわたって存続していた。最初の計画は天保八（一八三七）年に、家斉・家慶・家定の三御所が同時に在世する稀な嘉代として通信使を来聘しようとの機運が幕府より出てきた。しかしその間に江戸城西の丸が炎上となり、時期をはずれたが、弘化元（一八四四）年に通信使を迎えるため、対馬藩に朝鮮国と交渉するように、との幕命が下った。

対馬藩は朝鮮国と交渉したが、財政上困難であるとして弘化三（一八四六）年の派遣を提案し、これで一応決着をみた。ところが、大御所家斉が天保十二（一八四一）年に没して「三御所鼎立」の状況が消滅した。

その後、天保の改革を推進した老中水野忠邦は通信使来聘について、先年の対馬易地聘礼は礼を失しすぎ、経費節減の効果もそれほど期待できないので大坂での聘礼を提案した。

これに対し朝鮮国は、対馬での聘礼を一方的に変改したことの代償として聘礼の十年先送り、つまり安政三（一八五六）年に挙行との案を出してきた。対馬藩は対応に苦慮したが、天保十四（一八四三）年に水野忠邦が失脚したのでこの計画は消えた。

困ったのは対馬藩で、通信使来聘に事よせての御手当金の賜金が途絶えて藩財政は困窮を極めた。

幕府は朝鮮国の意向を受けて、安政三（一八五六）年大坂での聘礼を認めたが、延期の代償として対馬藩は一万五千両の貸付金の獲得に成功した。このあと更に交渉により、文久元（一八六一）年実施と改定され、その年に家慶襲職の賀を祝す通信使を迎えることになるはずであったが、嘉永六（一八五三）年にその家慶が死去した。

その後を継いだ十三代家定将軍の襲職祝賀のための通信使来聘交渉が行われた。この時は対馬藩財政救済のために再び対馬での聘礼で朝鮮国の了解を得ることにした。交渉の結果、またもや五年延期され、慶応二（一八六六）年対馬で実施と決まったが、その時期を待たず家定が病没した。

その後、紀州から家茂を十四代将軍に迎え、朝鮮国と協議の結果、十年後の明治九（一八七六）年、対馬での実施で決着した。この間、朝鮮国が延期に次ぐ延期を容易に認めたのは、内政上、外交上難題が山積し朝鮮王朝の権威もかなり低下していたという厳しい状況があった。

しかし、その後家茂政権の誕生から二年をまたず「土崩瓦解」し、通信使の派遣を日本国内で目にすることはなくなった。だが以上見てきたように、日朝双方で通信使派遣または招聘について合意が成立していたことは注目に値する。後述するが、双方（朝鮮国―対馬藩）がミニ通信使の類いを派遣し、交渉していたことを忘れてはならない。

2　交易衰退で対馬藩が幕府から拝領金受領

一時は隆盛をきわめた交易も、十八世紀中頃になると、日本側の銀産出の枯渇で銀の流出防止のため貿易縮小政策や、朝鮮人参や生糸・綿花が日本国内で栽培されるに至り、その必要性が薄れ交易はじり貧となっていった。

対馬藩財政は窮乏し、朝鮮側の押さえとしての対馬の役割を強く主張し幕府と交渉した結果、安永五（一七六六）年、一万五千両という多額の拝領金を年々幕府から引き出すことに成功した。これは対馬藩の私貿易断絶という事実のほかに、対馬藩が「異国の押さえ役」を負っているから、拝領金を引き出す新たな論理が認められたからにほかならない。この論理は「大名は御互之儀」という老中の心情に沿って対馬藩を援護した老中・公用人との合作だった、と山本博文は『対馬藩江戸家老』（二七七頁）で述べている。

交易が貧窮したことで、対馬藩は生きるために幕府から拝領金を頻繁に受領し救済してもらう中、自然と朝鮮通信使の当初の意義は薄れていったようだ。これが幕末に対馬藩が幕府に征韓論を建議した背景に繋がっていく[4]。

3 日本学者の対朝鮮観

十八世紀になると、対馬藩では朝鮮が対馬を臣下（幕臣）とみなす部分があることや、朝鮮米が対馬の俸米・飯米になっていることが、問題とされるようになっていた。対馬の二人の儒学者はこの問題を危惧し警鐘を鳴らしていたが、一向に改善はされなかった。

ア 雨森芳洲（一六六八〜一七五五） 対馬藩儒学者

日朝関係の抱える問題について深く洞察した芳洲は、対馬と朝鮮との間に利害や対立が発生することをよく知っていた。しかし芳洲が見るところ、従来の対馬のやり方は、ある時は威嚇によって要求を通そうとし、またある時は事なかれ主義に流れて主張すべきことも主張せず、問題が多かった。理想的には対馬が朝鮮貿易に依存しないで経済的に成り立つことだが、それは当面は現実的に不可能である、と。

そこで彼は問題が何によって生じるのかを洞察したうえ、道理に照らして判断し、誠意と信義をもって、是々非々で対処する必要を説いた。それが六十一歳の時、藩主に提出した『交隣提醒』の中の五十四条である。これが世に謂われる「誠信の交わり」で、鶴田啓著『対馬からみた日朝関係』（山川出版社、二〇〇六年）から引用する（九六〜九七頁）。

芳洲の文全体を読めば、「誠信」が綺麗ごとの友好ではなく、藩に必要なことを考える中でこの語に芳洲なりの意味を持たせたものであることがわかる。

誠信というのは、実意ということで、互いに欺かず、争わず、真実をもって交わることを誠信という。「朝鮮と本当の誠信の交わりを実行しよう」と思うならば送使を尽く辞退し、少しも朝鮮に負担をかけないようにならなければ本当の誠信とはいいがたく、その理由は朝鮮国の書籍をみれば朝鮮側の本心がどこにあるかわかることである。しかしこのことは容易に実現することでもなく、現在までの慣行は朝鮮国からも簡単には改変しようとはいわないであろうから、なにとぞ慣行はそのままにしておき、そのうえに実意を失わないようにしたいことである。「日本人は性質が荒々しく道理で押さえることはできない」と申淑舟[5]の文にもみえており、朝鮮国の負担は大きいにもかかわらず、送使の接待をはじめ現在まで別条なく連続しているのは、日本人の荒々しい性質を恐れたことから始まったのである。

芳洲が述べているように、対馬藩は毎年朝鮮国から多くの公木（木綿）・公米他の施しを受けており、経済的には対等ではなく従属していた。朝貢していたといわれても仕方がない。

イ　陶山訥庵（一六五八～一七二五）　対馬藩儒学者

陶山訥庵著『対韓雑記』について前述の鶴田啓が『対馬からみた日朝関係』（九四頁）で記しており、それを要約して紹介する。

四百年前まで対馬が朝鮮から食料を受けることはなかった。日本が乱世になって朝鮮は倭寇を防ぐことができず、対馬や西国大名からの歳遣船を受け、送使を接待する約束を定めた。今日の歳遣船は乱世の遺風であり、朝鮮・対馬にとって「恥」であるといい提供してもらうこと事態がそもそも間違いであると強く指摘していた。この考えは雨森芳洲と同じ考えである。対馬から歳遣船を出し、物を支給される事は止めて、対馬自身で食料自給体制を確立し、朝鮮米への依存から脱却すべきを考えなければいけないと力説した。事実彼は朝鮮から支給された米は口にせず、対馬産の米しか食しなかった。

ウ　貝原益軒（一六〇三～一七一四）　福岡藩儒学者

『扶桑記勝』（『扶桑紀勝』）において朝鮮を「朝鮮人は劣等で、神功皇后が新羅を征伐後、毎年朝貢した」と記

述したと書きながら、彼は天和度の通信使の製述官成碗と唱和して七言絶句の詩を七首送っている。

もと慕う殊方儒述の正　何ぞ図らん今日嘉賓を見るは
曾て聞く四海みな兄弟　盃を傾けて相い逢う故人のごとし

礼儀正しく、儒学の先輩国からの客人を待つ心情と、こうして出会えた喜びを率直に語っている。一方、『扶桑記勝』では朝鮮人を劣等と記したのは、朝鮮からの漂流者（漁民）を調べて長崎経由で朝鮮に還す仕事の責任者の折の朝鮮人漂流者から受けた印象を述べたものと思われる。

貝原益軒は、壬辰倭乱（文禄の役）時の郡司長官であった柳成龍（一五四二～一六〇七）の著『懲毖録』が日本国内で出版（一六九五）された折、次のような序文をよせて秀吉の朝鮮侵略を痛烈に批判している。(6)この批判は雨森芳洲も同様である。

用兵に五有り。曰く義兵、曰く応兵、曰く貧兵、曰く驕兵、曰く忿兵。義兵と応兵は君子の用いる所なり。……

その昔、豊臣氏の朝鮮を伐なり。貧兵、驕兵を兼ねる

と謂うべく、義兵となすべからず。またやむを得ずしてこれを用いるはいわゆる好戦争者なり。是天道の悪む所、その終りに亡ぶはもとよりその所なり。

エ　新井白石（一六五七～一七二五）御側御用人・儒学者

正徳度応接した日本側の実務者の最高責任者でさえ、『日本書紀』に記された神功皇后の「三韓征伐」を信じていた。秀吉の朝鮮侵略を非難した雨森芳洲や貝原益軒でさえ然りである。通信使から儒学を学ぶ時はいざ知らず、通常はこのように当時の学者は総じてこの記述を信じ、朝鮮国を下にみる傾向にあった。

学者がそうであるゆえ、一般庶民も同様な考えであった。江戸時代の寺子屋教育でも、朝鮮国が日本に来るのは幕府に対して土産を持っての朝貢であると教えられていた、と近年北村欽也氏は『寺子屋教育にみる朝鮮通信使』で述べている(7)。

オ　本居宣長（一七三〇～一八〇一）国学者

十八世紀の後半、安永七（一七七八）年に著した『馭戎慨言』で「西の戎（中国と朝鮮）を神国日本が治めねばならない」と論じている。これを受けて中井竹山はじめ多くの国学者から、朝鮮国からの国書は書簡の扱いで充分ではないかとの意見も出始め、国際環境変化の今、従来の朝鮮との外交のあるべき姿を論じる風潮が出てきた。お互いの意識に綻びが出てきていたと言える。

4　朝鮮学者の対日観

ア　李瀷（一六八一～一七六三）朝鮮時代後期の南人系実学者

河宇鳳氏の著『朝鮮王朝時代の世界観と日本意識』から李瀷の思想を紹介したい。

朝鮮使節は江戸で接待を受けるのに、日本側の使節は釜山の倭館までで不平等ではないか、また朝鮮使節が日本側の要請を受けて初めて派遣される今のやり方は正しい誠信の姿勢ではないと批判している。これをより対等な関係に改めなければいけないと主張し、通信使の交流回数も三年に一回ずつ往来させ、使臣が相互に相手国の首都に赴いて交聘する制度に変えるべきであると提案した。

また彼は、朝鮮国王と日本の幕府将軍が同格の形で交聘するのは、名分上妥当ではなく、交隣の精神にそむくものと考えていた。彼は将軍がたとえ実権者であり、対外的に日本を代表する存在であっても日本国内には天皇というもう一つの存在に注目し、朝鮮国王が天皇の臣下である将軍と対等の儀礼をとるのは不法であり、朝鮮の大臣と将軍が抗礼でなければならないという考えであった。同様な考えをもった安鼎福（一七一二〜九一）は李瀷の思想に賛意し憂慮と予測を共有した。まさに百年もたたない明治維新後にこれが現実化したことは注目すべきことである。

天皇を補佐し忠義の志士たちが諸侯に号令するならば必ず大義を広めることができる。万一そうなれば、あちらでは天皇となり、我々は王となるので、将来はどうするのだろうか。

すなわち彼は、将来天皇が復権した場合、当時の将軍と抗礼している朝鮮国王の外交的地位が、両国間で問題となることを正確に予測している。不幸にも彼の予測は当たり、後年日本は書式の異なった書契で交渉したところ、皇や勅の字句で問題を発生させた。前述の趙曮も同じような意見を述べている。

文禄・慶長で侵略された苦い経験から、漢城に日本側の使節を迎えることは頑なに拒否した朝鮮国であったが、その後の時代変化に伴いこのような学者が出ていることに注目したい。この意見が王朝に取り入れられていたら、後年の不幸は免れていただろう。

三宅英利は『近世の日本と朝鮮』で、李瀷を称して「彼の日本観は豊富な史料を分析し観念論に走らず、科学的に日本を把握したものであり、文化に重点を配する平和外交の強調であった。やや現実を離れる点はあるが、後世の両国の交流の理想を唱えた意味において、啓蒙的であり、今日にも示唆的であるといえよう」と高い評価をしている。

別の学者は、明から清に変わったことで、朝鮮国こそが儒教思想の後継者と自負し小中華を唱え、日本を一段と下に見た傾向が強いと主張している。一方日本は、自国こそが中心であるとの日本版華夷意識（小中華）を持ち始め、互いの意識は変化していた。

十九世紀になり双方の財政状況が厳しく、通信使の派遣が困難であるなら、規模を縮小してでもやる方法はあったはずと、朝鮮国に主張していた実学者もいた。その考えが実現していたなら別の展開になった可能性は充分にある。

イ　徐賢燮（一九四五〜）元外交官

氏は長年の外交官の経験から著した『近代朝鮮の外交と国際法受容』（明石書店、二〇〇一年）に次のような興味深い記述がありそれを要約してみる。

朝鮮通信使が一八一一年に終焉した後、五十六年間の幕末までの間、双方の国際環境の著しい変化に対応した日本と、それが出来なかった朝鮮側の大きな理由に、儒教の教えを頑なに守った両班制度の存在があったと主張している。

清国に属していればすべて安心との保守的（儒教）な考えが、国のかじ取りを間違ったと言える。西欧列強が押し寄せた現実に日本は自力で対策を考え実行する中、朝鮮国は自国の警護を清国に委ねる姿勢、つまり清国が守ってくれるはずとの意識が強かった。アヘン戦争やアロー号事件で大敗した清国にはその力はなく、朝鮮国が自主防衛に目覚めるには遅すぎた。

5　訳官使（問慰行）と裁判使（差倭）[8]の果たした役割について

ここで朝鮮国が派遣した訳官使の果たした役割について紹介したい。

朝鮮国から対馬藩に派遣される使節団で五十〜百名の規模。江戸に派遣された通信使と比して規模は小さいが、大部分が朝鮮通信使と同様に外交儀礼を形式上の目的とし、通信使派遣の事前打ち合せや問題事項の解決などを処理していた。ミニ朝鮮通信使ともいわれる由縁であり、五十四回程[9]派遣されている。今後はこの研究も併せて行わねばいけないと仲尾宏氏は提唱している[10]。

他方、訳官使に対して対馬から朝鮮に派遣されるのを、裁判使といい、六十回程派遣されている。通信使派遣の幕府要請の交渉や事務処理など含め、幕府の慶弔儀礼を代行する役割をも担っていた。内容は、将軍家関連で大慶使（将軍の新立）や大訃使（死亡）、遜位使（隠居）、慶誕使（世継ぎの出生）、立儲使（養子の決定）など。対馬島主も将軍家に準じ、新立や隠居の報告など計八つの使いを都度派遣した。

通信使来聘がスムーズにいくのも、偏にこの訳官使と裁判使のあるところが大きい。通信使が終えた一八一一年以降の五十五年間に九回も訳官使が派遣されていたことは注目に値する。明治維新後の一八七一年の廃藩置県令で対馬藩が消滅したことで、その役割を終えた。朝鮮通信使を背後から支えた訳官使であったが、三回痛ましい海難事故が起きていることは殆ど知られていない。

一回目：一六五四年七月の渡海で風濤のため船は大破、負傷者二十五名、死者は無し。

二回目：一七〇三年二月五日の事故は最も悲惨で、対馬島西北端の鰐浦入港寸前で突風に遭い、船は沈没して、一行一〇八名全員水死、対馬藩士四名、計一一二名が命を落とした。現在、韓国が見える事故現場に「朝鮮国訳官殉難之碑」が一九九一年に建立されている。

三回目：一七六六年七月、日没後の東風で冠水、水船となり夜に入って覆船、一行一〇三名は数日間漂流し、そのうち十名だけが朝鮮豆毛浦の釣船に助けられた。結局、九十三名が水死し、うち六名は対馬人であった。近年、この殉難之碑を建立しようとの動きが韓国釜山にあると聞き、ぜひその支援ができればと思っている。

訳官使での痛ましい海難事故の例三件を紹介したが、第九次の朝鮮通信使では、享保四（一七一九）年七月二十四日に迎護準備中、大風で六十一名の溺死と四十余艘の船が破船した大事故が起きている。その当時に供養碑は建立されており、『福岡地方史研究』第五四号にて詳述した。[11]

以上見たように、海を通しての交流は幾多の海難事故で犠牲者を出したが、その尊い犠牲で朝鮮通信使は続けられたとも言える。一八一一年に朝鮮通信使が途絶えても、訳官使や裁判使の相互派遣で朝鮮国と対馬は繋がっていた。廃藩置県発令の明治四（一八七一）年まで、朝鮮側は約束通り対馬藩に公木や公米など支給し、異国船などの情報も提供したことから、朝鮮側の誠意が汲み取れる。

四　まとめにかえて

一八一一年で通信使は終わったのではなく、朝鮮と対馬藩の使節派遣は続き、通信使の機能と意義は小型ながら続いていたことを紹介してきた。通信使派遣の双方の目的は当初から変化してきており、莫大な費用をかけてまで実施する意義が薄れたのだろう。ひとことで言えば交易が疲弊しそれをやるだけの経済力がない、異国船の侵入や国内の政情不安、不作による経済混乱などあり、双方が通信使の役割を終えたのではと認識し始めていたことが、度々の延期に繋がった。

そして、その代役を訳官使が果たしていたと言えるのではなかろうか。先に見たように、宗主国が明から清に代わり、中華思想の後継は朝鮮国であるとの認識を強めたことが、内外の変化に追随した日本と違い、対外交渉に遅れをとった主因と考えられる。

糟谷憲一は『歴史評論』にて、「なぜ朝鮮通信使は廃止されたか――朝鮮史料を中心に」で次のように述べている。[12]前述と一部重複するが、重要なので纏め紹介する。

田保橋潔の論文「朝鮮国通信使易地聘行」を紹介している。本論にて、通信使の易地行聘・延期をもたらした直接的な要因として、両国の財政難を指摘している。結言においては「通信使の人員・礼物・接待を減じて両国ともに負担を減ずるなどの改革を加えてその制度を維持すべきであったと論じ、一切を対州藩に委付して顧みざるが如きは日韓国交を尊重し、これが永続を図る所以ではない」と述べて、幕府当局者が通信使制度の維持および両国国交を軽視するに至ったことが重要な要因であったことを示唆している。李進熙の『李朝の朝鮮通信使』[13]は、既に田保橋論文にも引用された中井竹山の『草茅危言』の一節を引用して「十八世紀末に芽生えた朝鮮通信使蔑視の思想」が易地聘行をもたらした要因の一つであったと指摘している。

以上二人の指摘を整理すると、①日朝両国の財政難、②幕府の対朝鮮政策の変化、③日本における朝鮮蔑視観の台頭ということになる。これを踏まえて糟谷氏は、朝鮮国から対馬藩への公木・公米の支給は約束通り一八七〇年代に入っても続けられており、それは朝鮮政府が深刻な財政的困難や農民の抵抗に直面しつつも、「交隣」体制の一環である対馬藩との交渉・貿易はあくまで維持しようと、懸命の努力を続けていたことを物語っていると。現実的に易地聘礼に意義を唱え延期したりしたことから鑑みれば、明らかに当初通信使を派遣した時の意義は薄れ、対外的危機に対処するために日本との関係を密接にするものではなかったと思われる。通信使の廃止が決定づけられたのは明治維新によってであった。

このように通信使の廃止は、両国の思惑の違いはあれど結果として日朝関係が十七世紀以来続いてきた平和で対等な関係から、抑圧・被抑圧の関係へと転換・再編成されてゆく過程のはじまりとなったのである。

朝鮮の実学者が唱えたように、派遣の規模は縮小してもお互いが話し合う場をもって続けていたら、今の歴史は変わっていたかも知れない。この問題は更に研究していく必要がある。一方日本の学者は、儒学・医学・本草学など多くの知識を通信使から学び恩恵を受けたが、前述したように『日本書紀』の三韓征伐の思想を超えることはできなかった。

しかしながら国学の台頭や、西洋の学問を積極的に取り入れるなどで、儒学一辺倒の朝鮮国とは違い思想の多様性に繋がった。その結果いち早く異国との交渉力を強めた日本とは違い、朝鮮国は異国船侵入の排除も当初は清国頼みであった。その清国がアヘン戦争に始まり、次々と列強に敗れ植民地化されても、朝鮮国は外交方針を変えなかった。それを見ていた対馬藩は、前述したように大島友之允が主となり後の征韓論に繋がる「建白書」を幕府に提出した。

それでも朝鮮国は、対馬藩との公木・公米などの取り決めを履行するために領民から強引に取り立て、明治維新以降の廃藩置県発令の一八七一年まで律儀に続けていた。国内食料事情からは最早対馬藩に支給する経済力は朝鮮国になかったが、『誠信交隣』の精神を踏襲していたことは評価すべきであろう(14)。

日韓の民間団体が二〇一六年三月、朝鮮通信使をユネスコ世界の記憶に共同申請し、昨年十月三十一日に登録されたことは、世界から朝鮮通信使の普遍的価値が認められたことになる。明治維新から一五〇年後の今、ここに江戸時代の朝鮮通信使の精神が蘇った。平和の象徴である朝鮮通信使の意義が、今ほど求められている時はない。明治維新で通信使をなぜ止めたのか、継続する選択肢はなかったのか。廃藩置県まで続けられた訳官使や裁判使などの記録、その後の明治政府の外交方針などを精査しながら再考していきたい。

◆注

（1）幕府の予算が年間およそ七十万石。

（2）今村公亮「宝暦度朝鮮通信使と福岡藩―副使船事故の真相は⁉︎」（『福岡地方史研究』第五五号、二〇一七年八月、福岡地方史研究会編・刊）

（3）『海槎日記　日記篇』趙曮著（若松實訳）、日朝協会愛知県連合会、一九九五年

（4）対馬藩の大島友之允が幕府に建白書を提出した。対馬藩救済のための便宜的征韓論であり、本意は対馬藩救済にあった、と毛利敏彦氏は『明治維新の再発見』で述べている。この思想を長州の木戸孝允が主となり踏襲していった。

（5）申淑舟（一四一三〜七五）、李王朝の政治家、室町時代に通信使として来聘、『海東諸国紀』を著。晩年に成宗に遺言を問われ、「願わくば日本と失和してはなりません」と答えた。日本を見下す朝鮮に対して、大きな危機感を抱いていたと思われる

（6）『朝鮮通信使をよみなおす』仲尾宏著、明石書店、二〇〇六年、七一頁

（7）北村欽也（静岡県朝鮮通信使研究会事務局長）が『寺子屋で学んだ朝鮮通信使』で、宝暦十三（一七六三）年に寺子屋で朝鮮通信使他を教えた教材『大船用文三韓蔵』を紹介している。内容的には、朝鮮通信使の行列図や旗・楽器・乗物・武器などの紹介、また「いろはにほへと……」でハングル語の解説もあり。日本の十代天皇崇神の時代に任那国の使者が朝廷に貢物をもってあいさつにやって来たのが始まりとあり、通信使を朝貢と教えている。この教材

の出所は現在の滋賀県野洲市あたりだと、また出版が大坂につき、著者はこの教材は上方方面で使用されたと推察、江戸界隈で使用されていたかは断定できないと記している。

（8）訳官使は別名問慰行と、また裁判使は参判使といい、朝鮮側は差倭と称す。

（9）五十六回との説もある。

（10）『徳川幕府と朝鮮通信使』三三四～三三五頁、「対馬では訳官使をむかえ、通信使の江戸聘礼に対応する儀式を藩主その他が執行し、ミニ外務省的機能を果たした（ミニ通信使）。朝鮮国から派遣された「訳官使」と対馬から派遣した「裁判使」などの役割と行動を含めて改めて究明する必要があると仲尾宏は指摘している。

（11）今村公亮「福岡藩相島通信使関連史跡調査の近年の成果――享保四年七月二十四日大風破船・溺死を中心に」（『福岡地方史研究』第五四号、福岡地方史研究会編・刊、二〇一六年九月）

（12）糟谷憲一「なぜ朝鮮通信使は廃止されたか」（『歴史評論』三五五、一九七九年）

（13）李進熙『李朝の朝鮮通信使』講談社、一九七六年

（14）朝鮮との外交交渉、対馬藩の方針は最初は誠信交隣で交渉し、それが上手くいかなければ武威の力でとの考えが主であったところに、朝鮮国との明らかな違いがある。『日本書紀』の三韓征伐の思想の影響が出ている。

◆参考文献・引用文献

仲尾　宏『朝鮮通信使と徳川幕府』明石書店、一九九七年／『朝鮮通信使』岩波書店、二〇〇七年／『前近代の日本と朝鮮』明石書店、一九八九年／『ＮＨＫ　人間講座　朝鮮通信使』日本放送出版協会　二〇〇一年

鶴田　啓『対馬からみた日朝関係』日本史リブレット41、山川出版社、二〇〇六年

三宅英利『近世の日本と朝鮮』講談社、二〇〇六年

山本博文『対馬藩江戸家老』講談社、二〇〇二年

徐　賢　燮『近代朝鮮の外交と国際法受容』明石書店、二〇〇一年

河　宇　鳳『朝鮮王朝時代の世界観と日本意識』明石書店、二〇〇八年

毛利敏彦『明治維新の再発見』吉川弘文館、二〇一〇年

寺島実郎「朝鮮通信使に見る江戸期の日朝関係」（『世界』二〇一四年四月号）

関　周一『日朝関係史』吉川弘文館、二〇一七年

草莽 戸原継明論（中）

明治九年秋月の乱への一道程

師《もろ》岡《おか》司《し》加《か》幸《ゆき》

二　思想の形成

四隻の黒船は、六月の一週間ほどを江戸湾に滞留し、アメリカ大統領の国書を手渡して立ち去った。その間、湾内を測量し、空砲を放った。なかでも両舷に外輪（バドル）を付けたペリー艦隊の旗艦「サスケハナ」号（二四五〇頓、主砲十一門）は、当時としては最新鋭の巨大な戦闘艦で、千石船（約百頓）以上の大型船を持たなかった徳川幕藩体制の下では、脅威以外の何ものでもなかった。

　ペリー艦隊の退去後、幕府は諸藩に意見を求めたが、それはすでに幕府の統治能力のなさを印象付けるものとなっていた。秋月に艦隊退去の知らせが届いたのは、十日後である。しかし、藩庁にとってより重要視されたのは、翌月の長崎表への、ロシア使節プチャーチンの来航だった。

　海軍中将プチャーチンもまた、四隻編成の艦隊で長崎港に現れた。旗艦「パルラダ」号は木造の旧式帆走艦で、しかも絶えず英仏海軍の行動を警戒しながら、滞留を続けねばならなかった。翌嘉永七（一八五四）年一月まで、幕府側とねばり強く交渉を重ねたが、クリミア戦争[1]の勃発を察知し、一時的に長崎を退去した。この年の長崎警備は福岡藩担当であったため、蘭癖大名といわれた十一代福岡藩主黒田長溥（斉溥）は長崎に赴き、ロシア艦の周りを和船で廻ったといわれている。秋月藩にも本藩への協力が求められ、「壱石に付米二升宛（略）御領内一統より寸志献米[2]」が徴収された。

　こうした情況の中で、戸原卯橘は家業の医学修業のため、福岡城下赤坂門の藩医田中立元（御医師、小児兼帯、三人扶持、『福岡藩分限帳集成』による）の門に入った。
儒医としての卯橘の修業は、古医方を学ぶことにあった。古医方とは、李朱医学に依拠したそれまでの道三流医学（後世派）を否定する、名古屋玄医によって始められたもので、「傷寒論」(3)への回帰であり、より古典的な医療法の再評価であった。そこでは当たり前のことだが、患者をよく観察し薬を処方する、という実証的な治療が重んじられた。これは、十七世紀後半あたりから起こった、国内における思想的な潮流であった。

それまで寺院に専有されていた宗教的イデオロギーとしての儒学は、幕藩体制の確立とともに社会性を帯びて自立し、武士、町人などに開放され始めた。明の滅亡によって儒書や医学書などが大量に流入した影響もあるが、武家社会の規範性と倫理性が分化してゆく思想の必然的な運動でもあった。

荻生徂徠は政治的な学問としての朱子学を重んじ、一方、伊藤仁斎は人間の内面の整序を重視する方向に軸足を置いた。古文辞学や古義学派の興隆である。また、陽明学派の成立も見られた。その動きは国学にも影響を与え、国典の見直しが進められ、賀茂真淵、荷田春満や契沖などの記紀・万葉研究となって現れた。

これらの潮流は、やがて幕府の官学、藤原惺窩や林羅山によって基礎付けられたイデオロギーとしての朱子学、の解体へ向かっていくことになる。

卯橘は、漢方医学の実技や患者に合った薬の調合など、臨床的な治療を田中立元の下で学び、習得する日々を送った。立元は卯橘に、古医方の実証的で基礎的な医療技術を教えた。その漢方治療の基本に〈腹診〉があった。この〈腹診〉法は、「万病一毒説」を唱えた吉益東洞（周助、為則、公言）によって始められたもので、現在も日本漢方の基礎となっている。後に卯橘は江戸遊学の帰途、〈腹診〉法の本場での修業のため、京都の吉益東洞門に、二カ月ほど入門するが、この時の東洞先生は、同じ号を襲名した数代後の人である。

藩の儒医として自立するためには、まず儒学を学び、それから諸藩の儒医を訪ね、その指導を受けて技術を取得するのが一般的であった。医学修業といわれるもので、ほとんどは親交のある儒医の間に受け入れられ、そのネットワークに支えられて、諸国を巡ったのである。漢方は個別化された治療法であり、一子相伝の秘密主義を貫いていたため、それに関わる者以外は何も知らされることはなかった。さらに入門時に、先生には束脩を、奥方へ鼻紙代、その他塾頭や下僕(4)にまで、金子を送らねばならなかった。しかも剣術修行と違って、諸藩に修行人宿などはなく、入門先の近くに間借りし、もっぱら仕送りに頼って自活していた。医術技量のある者は、町人などへの治療を行い、臨時収入を得ることもあった。いわばアルバイトである。一見閉鎖的に見えるが、徳川幕藩体制の下では、身分の持つ意味は計り知れないものがあった。その身分によって様々な門閥流派を形成していたのである。幕藩体制の基盤は、この身分制度と鎖国（切支丹禁制）及び寺請制度（宗門人別帳）にあった。

　城下桜谷に私塾を開いていた月形漪嵐（深蔵、弘、三太郎）を卯橘が訪ねたのは、何時の頃だったのか分からない。ただ漢詩の添削指導を受けるために、通い続けたのは確かで、「寄月形漪嵐先生」という漢詩や、漪嵐からの書状が残されている。その仲介は、鷹取養巴（惟寅、葵軒）ではないかと推測するが、複数の要因があったと見るのが妥当であろう。

　しかし、ここでの問題は、そのことを実証することではない。鷹取家は、本藩の儒医（御医師）としては禄高三百八十石の名家であるが、古医方の中心的な家門として秋月にも知られ、重んじられた存在だった。卯橘が田中立元に入門する際に、挨拶のため鷹取家を訪れたとしても何ら不思議ではない。養巴は漪嵐の長男洗蔵（伯安、詳、格）の友人であり、医学の私塾を持っていた。そこには、塾頭に迎えられた早川勇（養敬、春波）がいた。

　漪嵐は寛政十（一七九八）年生まれで、卯橘とは三十七年の齢の差があった。初期の攘夷論者として、尊皇の志の深い至誠の人と見られていた。学問所指南加勢役や赤間御茶屋奉行を勤めたが、病気退引し、嘉永三（一八五〇）年、家督（馬廻り百石）を長男の洗蔵に譲り、月形塾を開いていた。漪嵐は「直諒朴実ニシテ、自貴重セズ。談論ヲ好ミ、且言イ且笑ヒテ倦ム色ナシ」（伊東尾四郎「月形家の人々」〔『筑紫史談』第六十七集〕）という性格で、酒を飲まなかったらしい。

「博覧強記（略）詩ヲ善シ、文ニ精シ。兵法洋学トイヘトモ、一覧シテ其要ヲ得タリ」（同上）といわれた漪嵐の下には、後に筑前勤皇党[5]と呼ばれた人たちが集っていた。彼らは、幕府の外交姿勢を批判し、辺防（国土防衛）の急務と攘夷を主張していた。これは福岡藩に限ったことではなく、どの藩でも、主に中・下級武士層によって共有された感性である。その攘夷の思想を、尊皇の下に簡明にまとめ表したのは、水戸藩の「弘道館記」である。藤田東湖[6]は「弘道館記述義」でそれを詳しく解説したが、幕末の志士たちにとっては、自分たちの行動や運動の指導的理念となるものであった。

「弘道館記」は藩校弘道館の校訓であるが、徳川斉昭

（水戸藩九代藩主、烈公）の命により東湖が書いたものである。東湖によれば、尊皇は国体の中心概念であり、その天壌無窮の万世一系こそ〈斯道〉と呼ばれるべき体制の本質であった。

「弘道館記」の短い文章の中に〈斯道〉は繰り返し強調され、攘夷を行動原理とすることで、初めて「尊王攘夷」として出現する。徳川家康が切支丹禁制を徹底したのも、国体擁護のゆえであり、天皇により征夷大将軍に任じられることによって、「尊王攘夷、允に武、允に文、以て太平の基を開きたまふ」（「弘道館記」）たと見なされたのである。ここには、東照大権現家康を強調することで、かえって幕府の上位概念である朝廷の、ゆるぎない存在を印象付けている。水戸藩そのものが、御三家の一つであったにもかかわらず、明白な逆説として存在していた。東湖は「弘道館記」を書くことによって、その逆説を生きたのである。

東湖の父藤田幽谷（子定、与助、一正）の門下である会沢正志斎（安、伯民、恒蔵）も、文政九（一八二六）年に『新論』[7]を書いて〈斯道〉の国体観を明らかにしていた。それは第二代水戸藩主光圀（義公）の『大日本史』の編纂事業に始まる、水府の学（水戸学）と呼ばれた、尊皇思想の体系化の試みの中で発酵した著作物であった。この事業は紀、列伝を完成させた後、志、表を残して一時滞ったが、天明六（一七八六）年、立原翠軒（甚五郎、万、伯時）によって再開されたため、それ以降を一般的に後期水戸学と称している。

門弟の幽谷は、翠軒に推挙されて彰考館に入り、編纂事業に参加していた。師の翠軒は、藩財政の窮乏を理由にこれまでの紀伝校訂に集中する方針をとったが、幽谷は正面から反対し、志・表を編纂してこそ『大日本史』は完成すると主張した。さらに、表題の『大日本史』そのものを、天朝に対し恐れ多いとして「史稿」とするよう具申したのである。この師弟の対立は、水戸学の分裂を招いただけでなく、根深い藩内抗争の要因となっていった。

その水戸学について、村上一郎[8]はこう述べている。「水戸学には、大義名分＝尊皇、国体擁護＝攘夷という原則のほかに、忘れてはならぬ柱として、社会正義＝農本思想という原理がある。そして、この第三の柱である社会正義は、仁をもって立つという考えであり（略）熊沢蕃山の思想に影響を受けている点もみのがせない」（『草莽論――その精神史的自己検証』）。

村上は、尊皇攘夷思想の中に、その根底にある農本思想を見ているのである。そして維新回天の運動は、天皇を社稷（祭祀）の主体とすることで、万民との共同性を創り出したとする。村上によれば、東湖の言う〈斯道〉は、社稷にほかならなかったのである。幽谷は蕃山を敬慕し、その評伝（「熊沢伯継伝」）まで書いている。

東湖たちは斉昭擁立運動に成功し、藩政に参画する。東湖は郡奉行となり、農政改革に着手し、凶作に備えての稗蔵を建てた。斉昭は、江戸在住の藩士たちを水戸へ戻し、彼らを中心とした郷校を作り、外夷の侵攻に備えての体制の構築を図った。蕃山の農本思想と辺防策を実践したのである。この水戸学の尊攘思想は、諸藩の儒教的教養の中で育った若い志士たちに強烈なインパクトを与えた。

卯橋の福岡での二年は、医学修業の外に、月形塾を中心とした筑前勤皇党の人たちと交わる中で、その理論的影響を受けるものとなっていた。友人の海賀宮門が秋月から出て来れば、必ず月形塾に連れて行ったが、そこに集う若い志士たちの攘夷は、熱を帯び沸騰し、その矛先を幕府に向けていく。

幕府は不本意ながらもアメリカと和親条約を締結していたが、まだ幕藩体制の根幹を揺るがすものとの認識はなかった。そして和親条約は、安政元年の内に、イギリス、ロシアなどと次々に結ばれていったのである。幕閣は、条約によって下田・函館を開港しながらも、薪水令の延長と見ていたのである。そこには、条約の文面をめぐる翻訳上の問題もあり、日米の思惑の違いを内包したまま、幕府は自己流に解釈し、国是（鎖国）を保守し得たと思っていた。しかしアメリカは、日本を貿易面で現実的に開国させるための、次のステップを用意していたのである。

国論は攘夷に傾倒しており、内外からの圧力に耐えながらも、老中首座の阿部正弘（伊勢守、福山藩主）は、安政の改革と呼ばれる一連の諸施策を打ち始める。斉昭を政務参与に戻し、長崎に海軍伝習所を開いた。洋学所を設置し、洋式帆船の建造や洋銃の開発にも手を付け始めた。にもかかわらず幕府は、朝廷の意向を伺わなければ前に進めない状況になりつつあった。

月形塾の急進的な面々との交流によって攘夷観を先鋭化させた卯橋は、尊皇思想を不動のものとした。国内情況の目まぐるしい変化の中で、卯橋に秋月からの手紙が届いた。江戸行きの決まった叔父西川蔵主の従者として、東行することになったのである。

望んでいた江戸遊学の実現に喜んだ卯橋は、別れの挨拶のため漪嵐を訪ねた。漪嵐は卯橋の東遊を祝し、夜の更けてもなお酒杯をすすめたという。よほど別れ難かったのである。おそらくそれは、卯橘の文才と資質を、何よりも漪嵐が高く評価していたからに違いない。

安政三（一八五六）年正月十二日、卯橘は叔父に従って江戸への旅に出た。前年の十月、江戸で大地震が発生し、倒壊家屋数万、死者七千といわれる大被害を出した。藤田東湖もこの地震で圧死しているが、日本列島は、ペリー来航の前後に何度も大地震に襲われていた。嘉永六年二月相模大地震、翌七年六月の近畿地震、同十一月諸国大地震である。

一カ月後、江戸に着いた卯橘は、普請の槌音を聞き、復興しつつある町並みを見ながら、芝新堀の秋月藩上屋敷に入った。そして学問の師を塩谷宕陰（世弘、甲藏、毅候）に求め入門した。これには、最初の肥後遊学時に入門した木下犀潭の勧めがあったとされている。宕陰塾のほか、金子霜山（斎民、伯成、徳之助）のところで経書を論究する経学を学んでいる。霜山は芸州（広島藩）の藩校講学館で、頼山陽の叔父頼杏坪（万四郎、惟柔）に教えを受けた。山陽（襄、子成）は藩校での霜山の先輩にあたるが、卯橘にとっては、愛読書『日本外史』がより身近なものに思えたことだろう。

宕陰は、天保の改革を主導した水野忠邦のブレーンだったが、この頃は、辺防策を幕府に建言する儒者として私塾を開いていた。犀潭とは昌平黌で学び、共に松崎慊堂（密、復、明復）門下である。

卯橘は宕陰に連れられて、安井息軒（衡、仲平）を訪ねた。そしてその印象を、鐘のように大きな声で話し、眼光は人のこころを射抜くようだった、と日記に書いた。鷗外は、短編「安井夫人」の中で、息軒は子供の頃疱瘡に罹り、あばた面の醜男だったと書いているが、溶岩のような顔に穿たれた、二つの燃えるような目を想像すれば、卯橘に刻み込まれたものが何であったのか、分からないでもない。息軒も、犀潭同様、慊堂の門下で、この三人は気脈の通じる仲だった。

江戸遊学中の卯橘は、あらゆる書籍を読み続けた。宕陰の『籌海私議』の外に、時事的な『阿片始末』、『蘭諳互市通絶始末』や『国史略』を読んだという。さらに師の原采蘋からもらった『日本外史』は、暗記するほど読んだといわれている。卯橘はまた、泉岳寺に四十七士の墓を訪ね、日光へ足を延ばすなど、名所旧跡探訪に積極的だった。日光道中の帰り、古河宿外れの鮭延寺に熊沢蕃山の墓を参詣[9]したのも、卯橘の中の農本思想が蕃山の影響下にあったことを物語る。尊王攘夷の基盤となる社稷が、卯橘にも明らかに意識されていた。

幕藩体制の経済的基盤が米作である以上、社稷観は志士に共通の理念であり、そこに祭祀を位置づけることによって、彼らは天皇に直結する共同性を構想したのである。攘夷が即ち尊皇であり、正名論として浮上するのはそのためである。そこでは、ただ行動の過激か穏健かという差があるにすぎなかった。その正名論こそが、卯橋の思想的根拠だった、と武藤正行は言う。「卯橋の思想の根幹をなすものは厳粛なる儒教的倫理観たる正名思想であって、これが彼の世界観の中核体であり、総ての価値の根源は正名の二字に因由するものである」(『勤皇家戸原卯橋』)

しかし、すでに藤田幽谷は、寛政三(一七九一)年に『正名論』を著し、卯橋の大義名分論の先駆をなしていた。正名思想は志士たちの間に広まり、尊王攘夷を精神的に支えていたのである。

卯橋の江戸滞在中に、ハリスは書記ヒュースケンを伴って下田に上陸した。退去を求める幕府に、ハリスは和親条約に基づいた行動であると主張し、譲らなかった。条約の中に領事派遣が認められており、幕府はそれを誤訳して、一方が了承しない場合は不可能だ、と理解していたのである。

ハリスは幕府の許可を得て、玉泉寺を領事館として使用し、通商条約の交渉を始めた。そして、条約の早期締結と江戸登城による将軍謁見を求めたのである。驚いた幕府は、再び諸侯の意見を求めたが、江戸登城以外の強い反発はなかったという。

雄藩諸侯たちにとって、開国は富国強兵の条件であり、ただ貿易のヘゲモニーを握ることが[10]、最大の関心事となっていた。しかし、攘夷の情勢は抑えがたく、条約の勅諚をめぐって、志士の活動は活発化していく。安政五(一八五八)年四月、老中首座堀田正睦(備中守、佐倉藩主)に代わって、彦根藩主井伊直弼が大老に就任する。井伊は、内政上も外交上も、絶え間なく生じてくる諸問題に、正面から立ち向かうこととなった。その前月、卯橋は江戸を立ち、帰国の途に就いた。

三　卯橋と国臣

妻と一男二女を残し、養家(小金丸氏、鉄砲頭)を去った平野国臣(二郎、乙吉、雄)は、病気を理由に役職も辞して、有職故実の研究に没頭した。そして、犬追物を再興すべしと、上書を手に藩主に直訴したが、受け入れられず、蟄居謹慎を命じられた。卯橋がまだ江戸にいた安政四(一八五七)年のことである。その謹慎が解けて「秋入秋藩坂田家　学軍議及御射故実　越年」と、自己史である「蠹志録[11]」に書いているように、秋月城下六軒長屋にあった坂田塾に入門したのである。

平野国臣は、長崎警備に赴いた安政二年、同地で秋月藩士坂田諸遠（勘十郎、諸近）を知った。坂田の有職故実への造詣の深さは国臣を感動させ、度々会って教えを乞うている。坂田諸遠は、塙保己一門下の松岡行義に国学を学び、藩の躾方指南を勤め、御勘定方頭取仕組筋見カ締まで昇っていたが、国臣の入門する四カ月前に、藩庁へ隠居願いを提出し許可されて、坂田塾を開いていた。一年足らずの間だったが、ここで国臣は諸遠の蔵書を読み、書写し続けた。

卯橘不在の秋月城下にも、尊王攘夷を論じる藩士たちの集まりがあった。親友の宮門をはじめとして、宮崎円、時枝作内らである。惣髪体で城下を歩く国臣は、若い彼らにとって、諸遠の話からだけでなく、その相貌から見ても、志士仁人としての風格を備えた異形の人に思えただろう。彼らが坂田塾に国臣を訪ね、内外の情勢を議論したという資料はないが、その当時、国臣は内面に胚胎しつつある倒幕という考えに、ある形を与えようとしていた。四三島（朝倉郡筑前町）の岡部森右衛門（酒造家）をしばしば訪ねて、騎射を試みていたということは、武家故実による攘夷を意識しながら、尊皇の精神を深めていたものであったろう。

その国臣に感化された宮崎円たちが、やがて秋月党として太政官政府に叛旗を翻し、大義に殉じたという事実は、まだ国臣のラディカリズムが彼らの中に生きていたからに違いない。安政五（一八五八）年春、宮門は肥後遊学に旅立ったが、彼の心にも国臣の倒幕思想[12]は意識されていたと思われる。

「斯くばかり悩める君の御心を休めまつれや四方の国民」。孝明天皇の和歌への、国臣の奉答歌であるが、天皇は幕府の求める条約勅許を、頑なに拒否していた。天皇の御製はこうである。「澄みの江の水に我身は沈むとも濁しはせじな四方の国民」。この後、天皇の御歌は、過激になっていく。それは、社稷の中心から発せられる荒魂の叫びであり、尊皇の志士たちへの強い連帯感であった。だが幕府は、勅許を無視し、日米通商条約締結に向かったのである。安政五年六月十九日、江戸湾の汽走艦「ポーハタン」号（二四一五頓、主砲十一門）上での出来事であった。

その頃の卯橘は、二カ月間の京都での医学修業を終え、吉野の後醍醐天皇陵を訪ねていたが、ひどい嵐の中での旅だった。そして南朝の忠臣たちの史跡を巡り、秋月に帰り着いたのは、蝉の声も弱々しくなった八月だった。

しかし、坂田塾を辞した国臣は脱藩し、すでに京に上っていた。

通商条約締結後、大老井伊直弼は強権的な手法で、諸懸案への施策を果断に行っていく。将軍後継職に一橋慶喜を押す雄藩諸侯をまず処分排除して、次期将軍は慶福(家定)とした。次に朝廷への圧力を強め、公卿の譴責謹慎を進めた。さらに欧米列強との通商条約の締結を急ぎ、自由貿易のための開港と、それに伴う国内整備を急いだ。

これに対して、朝廷は水戸藩に勅諚を下す。戊午の密勅といわれるもので、朝廷による攘夷の呼び掛けであった。しかし、これに呼応した尊攘派の志士たちに、幕府は容赦ない弾圧を加えていく。それは、小浜藩浪士梅田雲浜の捕縛によって始まる、安政の大獄である。

国臣の上洛は、表向きは南朝の武将菊池武時の忠魂碑の撰文を公卿に依頼するためであったが、西郷吉之助(隆盛)の命により、いち早く上洛していた北条右門(木村仲之丞)に会い、現下の情況を確認することでもあった。右門は、国臣が大島定番を勤めていた頃、親交を深めた薩摩脱藩士であり、藩主黒田長溥によって庇護されていた四人の脱藩士[13]の一人である。

この北条右門との出会いが、国臣の維新回天運動の契機になったとされている。国臣は、京の右門の所に滞在し、右門から西郷や伊地知龍右衛門(正治)、有村俊斎(海江田信義)などを紹介され、幕府や薩摩藩の動向を知らされた。そして、藩主長溥への書状を託されて、再び筑前に戻ったのである。

七月の島津斉彬の急逝は、政治的情況を大きく変えていた。一橋派は追い詰められ、近衛家と薩摩藩の斡旋に動いた清水寺成就院の勤皇僧月照(忍向)や西郷たちも、幕府に追われる身となっていた。その追及をかわして、月照を保護しつつ薩摩入国を図った西郷たちは、大坂から船で西に走った。西郷は下関で北条や月照たちと別れ、薩摩に帰国途上だった老公島津斉興を追って先行し、筑後松崎宿で追いついたものの、老公は西郷に会おうとしなかった。月照たちの入筑は、十月二日である。黒田藩米蔵のある若松を避けて、戸畑浦に上陸したといわれている。そして、藩内の情勢を見分けながら、博多大浜の北条右門の隠れ家をはじめ、支援者の別宅や旅宿を転々としていたが、宝満山に登り紅葉を見る余裕はあった。

薩摩の書状が藩主長溥へ無事届いたのかどうかは、分からない。脱藩者である国臣は、その書状を第三者に託して、肥後歴遊に旅立った。その記録は「遊肥雑記」として残されており、当時の国臣の精神を知ることができる。「九月十五日臼井を立」に始まるこの日記は、その日松崎宿に泊まり、風説として「墨夷浦賀邊揚陸亂妨（略）少々即死幷手疵ヲ負者數多ノ由」（「平野國臣傳及遺稿」より）を記している。それから、十月二日再び宿った松崎を発つまで、肥後での南朝忠臣菊池氏の碑や古文書、遺品の類を追いかけている。それはまぎれもなく研究者の視点であり、時には民俗的関心を書き留めているが、現実の政治的な記録は皆無である。おそらく国臣のこころは倒幕に燃えていたに違いないが、尊皇思想の下に故実を検証することを優先させていた。

乙王丸（朝倉市大庭）という集落には、神功皇后の羽白熊鷲征伐伝説を持つ太刀八幡宮が鎮座している。その西側の二番目の鳥居に、天保四年の銘と共に刻まれた、星野茂三郎の名を読むことができる。茂三郎は、太刀八幡の近くに居住する上大庭の大庄屋だった。藩主長溥の庇護下にあった薩摩脱藩士の一人は、ここの離れに匿われていた。竹内五百都（竹内伴右衛門、後に葛城彦一）という。茂三郎は五百都のために離れを新築し、それは母屋に続いていた。藩命によるため、かなり気を使ったものと思われるが、御一新後、星野家は何故か急速に没落している。北条右門は工藤左門（井上出雲守、神職）と話し合い、月照と下僕重助をその竹内の離れに送り、そこから薩摩へ入る方法を取ることにした。

咸臨丸（六二五頓、備砲十二門）の博多入津(28)を翌日に控えた十月十七日、北条右門に見送られた月照と下僕は、太宰府の松屋孫兵衛の旅宿に泊まった。翌日、筒井村（大野城市）に潜伏中の薩摩脱藩士洋中藻萍（岩崎専吉）同道の下に、乙王丸を目指した。彼らは、朝倉街道（日田街道）を福岡へ向かう四人連れと、中牟田（筑前町）の雲霧茶屋辺りですれ違った。この四人は坂田諸遠とその息子そして二人の門弟たちで、国臣に会うために北上していたのである。

国臣は、月照主従が去った日の夜、突然北条右門の所に現れる。ここから劇的な日々が始まるのだが、北条は思わぬ国臣の出現に喜び、京で別れてからの経緯を語り、月照の薩摩入国への協力を懇願した。国臣にそれを拒否する理由は何もない。密かに地行（福岡市中央区）の実家に戻り、翌早暁出立した。

坂田諸遠の門弟の一人が、田園の道を急ぐ侍を見て、国臣ではないかと言う。諸遠はまさかと思ったが、その侍が柴田橋に差しかかった時、はっきり国臣を認めた。先を急ぐ国臣は、師への挨拶もそこそこに立ち去ろうとするが、諸遠は国臣を放そうとしない。諸遠には国臣に聞かねばならぬことがあった。門弟二人を福岡に帰し、急ぎ足の国臣を追うように、老先生は息子と共に付いてゆく。しきりに話しかけるが、肥満体の諸遠の足は鈍く、国臣に敵わなかった。焦る国臣は、師を振り切るわけにもゆかず、途中で駄賃馬を雇い、馬上で話しながら、大庭への分岐である十文字（朝倉市三奈木）まで行った。そこから乙王丸まで半里に満たない。

国臣は、大庄屋星野茂三郎の奥座敷で月照一行と会った。竹内とも初対面だったが、話をしている内に六人はお互い打ち解け、明け方まで話し込んだという。坂田諸遠も、京の情況を聞くことができ、秋月藩庁への報告には事欠かなかった。また竹内は平田篤胤門だったため、国学上での気脈の通じるものがあった。

翌日、国臣たちは茂三郎の娘を連れて近くの野原に出かけ酒宴を張ったが、それで終わらず、庄屋宅での宴会となった。酔った侍の一人がしつこく娘を追い回し絡んできたため、勝手にいる母親の所へ逃げ、月照の取り成しで事なきを得たと言い伝えられている。その酔漢は、国臣ではあるまい。平野二郎国臣は、酒は三杯までただし杯の大小を問わず⑮と、自ら決めていたからである。

二十日、月照一行は中島田（朝倉市金川）へ行き、藩家老黒田一葦の家臣荻本幸右衛門宅で着替えをし、国臣は山伏姿になった。荻本は、長田の加藤氏（一説には岸長之丞ともいわれているが、岸氏は加藤氏の分家である）に使いを送り、筑後川に川船を用意させた。船頭は清八（松山村）、角平（楓村）である。諸遠親子と洋中は、楓の渡しに国臣たちを送った後、比良松（朝倉市宮野）に出た。そこで洋中と別れた諸遠親子は、田代の山道を秋月へ急いだ。川船には、国臣、月照、下僕重助、竹内とその娘（お鉄）そして荷運びとして大庄屋の雇人正作（小塚村）が乗り、水天宮参詣（一説には善導寺参り）と称して、筑後川を下って行った。

その頃、病弱の兄を助けて、秋月での医療活動を再開していた卯橘は、約二年半に及ぶ肥薩遊歴から帰った采蘋に、楽只亭（長谷山にあった儒医たちの集会所）で会った。采蘋は、父の遺稿を刊行するための東行を準備しており、別れを告げに山家から出てきたのである。楽只亭には、父古処の門弟や在地の文人、儒者などが集って、離別の宴が催された。卯橘は、師采蘋のために七言絶句を高らかに詠った。「今日送君村北荘　高歌伏櫪酒果觴　已無伯楽知千里　又向他郷作故郷」（『原古処・白圭・采蘋小傳及詩鈔』意訳：今日先生が去ってゆく、酒を飲み大声で歌う外になにがあろう、千里馬を見分ける伯楽のような先生の才能に接することはもう無い、また遠い所へ行きそこを故郷とされるのか）。卯橘の落胆と哀しみが聞こえてくるようである。

翌年の二月、笈を負った老女は、最後の旅に出た。山家宿の桶屋曽平ただ一人、冷水峠まで見送るという寂しい旅立ちだった。その笈の底には、一遍の漢詩「孤負恩師与父兄　雲栖水宿不留行　但吾縦作山阿骨　不許無名入故郷」（意訳：父や兄の教えを負うて、雲を分け川辺に宿り、たとえ野山に行き倒れ白骨になろうとも、名を揚げられなければ帰らない）が、収められていた。

八月、萩に着いた釆蘋は、程なくして病に伏した。吉田松陰は五月二十五日、綱乗物（綱をかけられた駕籠《かご》）に乗せられて萩を立ち、江戸に送られ、伝馬町の獄舎で評定所の吟味を受けていた。前年暮れに、梅田雲浜との関係を疑われ、再び野山獄に投じられた時の松陰は、精神的に不安定であった。松陰の言葉の激しさに、門下生たちも離れ去り、ただ入江兄弟（入江九一と野村和作）のみ松陰に従っていた。錯乱と狂気の中で、松陰はしきりに草莽崛起を訴え、門下生たちに手紙を書き続ける。

症状は四月あたりから落ち着き始めたというが、それは松陰の思惟の深まりを示すものであった。投宿先で病に伏したまま、土屋矢之介（粛海）の世話を受けていた釆蘋は、十月朔に世を去る。その月の二十七日、釆蘋に会うことも無かった松陰は、「留魂録」を書き上げた後、処刑場で山田浅右衛門（首切り浅）によって、斬首された。

（この稿続く）

◆注

（1）オスマン・トルコ帝国の弱体化に伴う、中近東・バルカンの利権をめぐっての帝国主義国家間の戦争である。ロシアの南下政策によって、英仏両国との対立が生じ、そこへトルコが聖地エルサレムの管理権を、フランス（ローマ・カトリック教会）に与えたため、ギリシャ正教の盟主を自任するロシアが猛反発し、トルコに抗議したが、拒否され戦争となった。トルコを支援する英仏連合軍は、クリミア半島の要塞セバストポリを包囲攻撃し、また海上からも艦砲射撃を繰り返した。しかしセバストポリ要塞は、巨大な海軍砲を多数配置し、連合軍の攻撃に耐えながら反撃したため、陥落するまで二年を要している。

その第四稜堡に、若き日のレフ・トルストイ少尉がいた。トルストイは、この戦場で「セバストポリ」三部作を書き上げ、逐次モスクワの出版社に送っている。第一部は戦場のルポを、第二部は反戦を、そして第三部は戦闘の悲惨さと人間の英雄的な行動を描いた。

なお、この戦争で英仏連合軍は、ライフル銃装備の連隊を初めて投入し、ロシアのマスケット銃携行の部隊を圧倒している。ライフル（旋条）銃はマスケット銃の五倍の射程距離があった。この小銃は、幕末に欧米から大量に輸入され、維新回天の原動力となった。

（2）秋月藩は、弘化年間に本藩の要請を受け、長崎表の台場構築を手伝っているが、プチャーチン来航後、兵糧米などの支援を命じられた記録である。「長崎要鎮秋月代番年譜」山田新一郎（『筑紫史談』第七十二集収録論文）より。ただし引用は安政二年の記録である。

（3）後漢の張仲景の著作といわれているが、内実は不明である。漢方のバイブルとされる医学書の古典である。漢方では、患者診察を〈証〉というが、病状の変化に応じて虚・実を判断し、薬を処方する。これは人間を診ているのであり、西洋医学の病名の特定（部位と原因）による治療とは、明らかに異なっている。特に漢方では、虚実の間を重視するから、処方薬の匙加減が医師の技量となる。ちなみに漢方は日本固有の医療法であり、中国は〈中医学〉、韓国は〈韓医学〉である。

（4）嘉永三年三月八日、大隈から八丁越えで秋月に入った伊予松山藩士池内庄四郎（正忠・柳生新蔭流）は、城下中町の伊勢屋に止宿した。相宿は武者修行中の長州人二人だった。伊勢屋は秋月藩の修行人宿だったが、この当時どの藩にも、剣術修行者のための宿が設けられていて、宿泊費は藩の負担となっていた。庄四郎は翌日、九州三剣豪の一人である藤田仲（智規、吉蔵・潭石流）の門弟と立ち合い、もう一泊し、早朝に秋月を立った。藤田仲から津田伝（浅山一伝流）への書状を頂いた庄四郎は、それを胸懐に収めて、久留米藩の道場へ向かったのである。この庄四郎は高浜虚子の父である。昭和二十一年十一月、秋月を訪れた虚子は、若き日の父を思い、「濃紅葉に涙せき来る如何んせん」と詠んだ。句碑は垂裕神社の参道脇に今もある。

（5）筑前勤皇党の成立時期はよく分かっていない。郡利は、大正三年一月の「筑前勤王の源流」という講演（『筑紫史談』第一集収録）の中で、本藩の勤王には二つの流れがあったという。和勤王と漢勤王である。和は国学系で、本居派と平田派があり、漢は漢学系で、亀井派（徂徠学）と月形派（朱子学）に分かれていたという。「当時藩学で幅を利して居た貝原派竹田派などは、月形とは同一の学統を承けながらも、此方は多く佐幕党の傾き」であったと言いつつ、月形派は「当時亀井派よりも藩中では幅を利して居りました」と話している。月形塾では「靖献遺言」がよく読まれ、尊王攘夷思想は、彼らの観念を実践に向けて先鋭化させていたが、反面洋書を読み、兵学の研究を怠らなかったようだ。

（6）藤田東湖（一八〇六〜五五）は徳川斉昭のブレーンで、藩政に参与したが、安政大地震の折、母を庇って圧死したといわれる。『回天詩史』、『弘道館記述義』、『常陸帯』は東湖の三大著作である。文政七年五月、水戸藩領大津浜に上陸した英国捕鯨船の乗組員十二名が捕えられた。幕府は、通詞吉雄忠次郎（耕牛の甥の子供）を交えての詰問を行い、攻撃の意図のないことを察して、水食糧を与えて船に帰したが、この時、東湖は父幽谷から、幕府は事なかれ主義で済まそうとしている、神州の正気を示すためにも、今すぐ大津浜に出向いて異人を皆殺しにせよと命じられる。しかし別盃の最中、英国船は退去したとの報を受け、死ねなかったと『回天詩史』の冒頭に書いた。「三決死矣而不死」に始まるこの著作は、その情念的な文体の故に、多くの志士に読まれた。

(7) 八代水戸藩主斉脩《なりのぶ》に建言した正志斎の主著である。外夷からの防衛のため、国内体制を強化し、国防を充実させる施策を国体論として提起した。師の許に届いたのは文政九年五月だったが、東湖の音読する「新論」を聴きながら、幽谷は感心して褒め称えたという。その後、『新論』は尊攘派の志士たちのバイブルとなった。

(8) 村上一郎(一九二〇~七五)は歌人であり、作家・評論家である。歌集『撃攘』の外、『村上一郎著作集』(全十二巻の内、四巻欠けている)がある。三島由紀夫が、楯の会を率いて陸自東部方面総監部を襲い、市谷台のバルコニーで演説した際、村上一郎は軍服を着、軍刀を持って三島に会いに行った、と吉本隆明は語っている。しかし、村上夫人は、『無名鬼の妻』(山口弘子、作品社)の中で、吉本さんはそそっかしいと言いつつ、村上が海軍時代の短剣を持って行ったことは認めている。村上は躁鬱病に苦しみながらも表現活動を続けたが、十歳の誕生日に母親(常磐麻生藩士の娘)から与えられた日本刀(武蔵大掾忠廣)で、頸動脈を切り自刃した。その刀を、村上夫人は刃渡り八六センチの備前長船と言っているが、肥前刀の誤りではないかと思う。それにしても、二尺八寸は、定番の日本刀二尺三寸を、大きく上回る長刀である。

若い頃、東湖の『回天詩史』を二度筆写したという村上は、「文化・文政以来の明治維新の精神過程をたどると、それは永久革命というに近い変革のプロセスであると同時に(略)革命でありまた反革命である」(『幕末――非命の維新者』角川文庫)と書いている。

(9)『地方史ふくおか』163号(福岡県地方史研究連絡協議会)所収の拙論「卯橋と蕃山」参照。

(10) 力武豊隆「幕末政治史の対立点と開鎖問題」(『福岡地方史研究』55号)参照。

(11) 桝木屋の獄舎に入れられていた時、筆墨の使用が認められなかったため、こよりで文字を作って書いた簡単な自伝である。

(12) 秋月遊学中の平野国臣の倒幕論としては何の資料もないが、坂田諸遠やその弟子江藤正澄などの証言が残されている。春山育次郎は、国臣の倒幕論はまだ過激なものではなく、「少なくとも皇室を懐ふの至情、王事を憂うるの熱誠」(『平野国臣伝』)から出てくる情念であった、と見ている。なお国臣は、諸遠の許で「杖棒故実」一巻、「弓馬故意」一巻を書き上げている。

(13) 薩摩藩内の継嗣を巡る抗争(お由良騒動)によって脱藩し、黒田長溥の庇護下にあった斉彬派の四人(竹内伴右衛門、岩崎専吉、木村仲之丞、井上出雲守)である。

(14) 石瀧豊美「福岡藩士の長崎遊学」(『福岡地方史研究』55号)参照。

(15)「博多に強くなろう」シリーズNO71「〃先駆者、ソロの志士〃平野国臣」（福岡シティ銀行）対談中の石瀧豊美氏の発言より。

◆参考文献・引用文献

三浦末雄『物語秋月史』中・下巻（非売品）、財団法人秋月郷土館、昭和四十三・四十七年
三浦末雄『物語秋月史 幕末維新編』（非売品）、亀陽文庫、昭和五十六年
山田新一郎『戸原卯橘氏』（秋月資料山田文庫25）福岡県立図書館郷土室蔵
山田新一郎『戸原卯橘の勤皇思想』（秋月資料山田文庫26）福岡県立図書館郷土室蔵
山田新一郎編『原古処・白圭・采蘋詩鈔』選者鈴木虎雄、非売品、昭和二十六年
武藤正行『勤皇家戸原卯橘』大日本雄弁会講談社、昭和十九年
田代政栄編『秋月史考』秋月郷土館、平成元年四月（第四版）
古賀益城編『あさくら物語』あさくら物語刊行会、昭和三十八年
春山育次郎『平野國臣傳』平凡社、昭和四年
平野國臣顕彰会編『平野國臣傳及遺稿』代表小野隆助、博文社書店、大正五年
小河扶希子『西日本人物誌（17） 平野国臣』西日本新聞社、二〇〇四年
吉木幸子『幕末閨秀原采蘋の生涯と詩』甘木市教育委員会、平成五年
今井宇三郎、瀬谷義彦、尾藤正英校注『水戸学』岩波日本思想大系53、一九八六年
鈴木暎一『人物叢書 藤田東湖』吉川弘文館、平成十年
圭室諦成『人物叢書 横井小南』吉川弘文館、昭和六十三年
橋川文三編『藤田東湖』中公バックス日本の名著29、昭和五十九年
和辻哲郎『日本倫理思想史（四）』岩波文庫、二〇一一年月
大澤真幸『〈世界史〉の哲学 東洋編』講談社、二〇一四年
村上一郎『草莽論―その精神史的自己検証』大和書房、一九七八年五月
海原　亮『江戸時代の医師修業 学問・学統・遊学』吉川弘文館、二〇一五年
渡辺賢治『漢方医学』講談社選書、二〇一三年
青木歳幸『江戸時代の医学　名医たちの３００年』吉川弘文館、二〇一二年
松尾晋一『江戸幕府と国防』講談社、二〇一三年
町田明広『攘夷の幕末史』講談社現代新書、二〇一〇年
H・マニクール『戦争の世界史（下） 技術と軍隊と社会』中公文庫、二〇一四年
佐々木克『幕末史』ちくま新書、二〇一四年
柳　猛直『悲運の藩主 黒田長溥』海鳥社、一九八九年
この他『朝倉町史』、『甘木市史 上巻』、『香春町史』、『夜須町史』、『三輪町史』、『筑紫野市史』、『太宰府市史』、『大野城市史』、『筑紫史談』、『秋陽会だより』などを参考。

寺子屋師匠から小学校教員になった真宗僧侶

鞍手郡法蓮寺立花大龍の場合

鷺《さぎ》山《やま》智《とも》英《ひで》

はじめに

明治五年の学制公布の後、福岡県下では明治六（一八七三）年から公立小学校が開設されていく。しかし、福岡や博多という都市部以外の農村部ではほとんどの小学校が明治七年の開設である。また、学校の校舎や教員の給与などは当該自治体（村）で負担しなければならなかった状況の中で、とにかく開設することが優先されたため、村内の寺院や民家を利用し、教員は寺子屋の師匠を採用することが多かったという(1)。

本稿では、鞍手郡沼口村法蓮寺住職立花大龍が寺子屋師匠から小学校教員となった経緯を、彼が記した「奇談日記(2)」を活用することによって明らかにしていきたい。

一　伝習所に入所するまでの経緯

明治七年五月二十七日、法蓮寺に小学校取締吉村守親という人物が宿泊している。彼の役目はなんだったのだろうか。大龍のその後の動向から考えると、小学校教員を養成する目的で設立された学科取調所（のちの教員伝習所）に入校を勧めるために寺子屋師匠に接触していたのではないかと思われる。

福岡県は小学教員養成のために、明治六年三月に学科取調所を旧藩校修猷館に設置し、職員には取締、訓導、付属とがあった。その後明治七年六月二日に、学科取調所は教員伝習所（以下伝習所とする）と名を変え開学している(3)。小学校取締吉村が法蓮寺に来たのは明治七年五月二十七日なので、伝習所が開学する直前である。

大龍は翌六月四日未明に出立し、五日「修猷館」（伝習所）に出頭している。おそらく開学してまもない伝習所に入校の手続きに出頭したものと思われる。しかし伝習所は開学したものの、実際に生徒を受け入れたのは十一月四日であり、そのとき生徒三十名を入寮させている(4)。在学期間は百日間であった。

　大龍は十一月九日に伝習所に入校している。伝習所が最初に受け入れた三十名の一人であったと思われる。また前日の八日の記述には「副戸長宿薬院町」とあるので、伝習所の入学に際しては地元の副戸長が同行していたものと思われる。それほど地元の期待がかかっていたということだろう。ちなみに大龍が住む鞍手郡沼口村は第六大区であった。

　伝習所の入学は一斉に行われたということではなく、随時であったようだ。同月十四日には鞍手郡中山村の「教師重富大悟入校」と記している。「教師」とは寺子屋の師匠であったということだろうか。

　その後も同月十九日に「直方新町教師飯野嘉平入校」、二十六日に「高原至道教師入校」、二十九日に「深田大霖入校」と続いている。深田大霖は真宗僧侶である。彼には教師という肩書きが付いていない。

　伝習所では当初、中学の二等訓導の山口蛟と今村登の二名に読書教師・数学教師を兼任させていた(5)というが、「奇談日記」には「宮本茂任・今村登・上野友五郎・是松喜エ門・安武直亮各先生家ニ出頭」（明治七年十二月二十四日）とあり、この時期には五人の教師がいたことが確認できる。また、「大西東枕町永井形見ニ行、但洋算習」（同年十一月十五日）という記事もあるので、授業以外に勉強を教えてもらいに行っていたこともあったようだ。

二　沼口小学校開校

　大龍が十一月九日に伝習所に入校してわずか一カ月ほどたった十二月十七日、県庁へ出向き帰省することを許されている。翌十八日に寮を出て、博多の定宿「櫛久」に泊まった。そこには沼口村から寺男が迎えに来ていた。そして翌十九日法蓮寺へ向かい、夕方六時にようやく帰着している。久しぶりの帰省である。帰省の理由は年末というだけではなかった。それは、翌明治八年一月初旬に沼口小学校が開校するという大きな行事が控えていたのである。

　沼口小学校に入学する予定の生徒は、沼口村・竹原村・平村の三カ村で約五十名と記されている（明治七年十二月二十九日)。明治八年一月九日に沼口小学校が開館した。この日は小学校を初めて開校するに当たっての儀式がおこなわれたようだ。来賓として出席したのだろうか、第六大区権区長増崎某と学区取締吉村某の名が記されている。この吉村はおそらく前年五月に小学校取締として法蓮寺に来ていた吉村守親と同一人物だと考えられる。とすると吉村が法蓮寺に大龍を訪ねてきたのは、学区内に小学校を開設することを命じられていたものと考えられる。

小学校が開館して十日後、一月十九日に生徒が初めて登校している。入学してきた生徒は男子四十九名、女子五名、合わせて五十四名であった[6]。

翌二月九日には学校開きが行われ、本格的に授業が始まったものと思われる。教員は大龍一人である。しかし、大龍はまだ正式に教員にはなっていない。まだ伝習所で勉強中である。教員養成の中身の充実よりは、とにかく学校をはやく開校させることが優先されていた時期であったのだろう。

沼口小学校は実は法蓮寺内に開設されたものである。『若宮町誌』[7]には「幕末以来寺子屋として利用した寺の本堂を沼口小学として学制に沿って開学」したと記されている。同様に沼口村近隣の稲光村に開設された稲光小学校も覚円寺で開かれていた寺子屋を利用したものである[8]。覚円寺住職北原順翁が教師となっている。

三　大龍、教員となる

沼口小学校の開校を終えたあとも大龍はしばらくは地元に留まって、教員に準じて教育活動を行っていたものと思われる。そんな中、明治八年四月二十七日に伝習所から呼び出しを受けている。理由は学術試験のためである。その日のうちに支度を調えて出立し、「修猷館」近くの定宿「魚市」に泊まっている。翌日朝八時には伝習所に出頭し、「検査」を受けている。おそらく夕方まで複数の教科の検査があったのだろうか、翌二十九日宿を出発し、午後五時に「帰校」している。

検査結果がいつ頃大龍に通知されたか不明だが、六月十七日福岡県庁に出頭し、小学校教員を拝命している。無事合格していたのである。このとき一緒に鞍手郡から県庁に出頭したのは、白水致、北原順翁、村山繁の三名であった。

『明治八年辞令原書　雑吏ノ部』[9]によれば、六月十七日に第六大区(鞍手郡)において小学準五等教員に申しつけられているのは次の面々である。

守田大象、立花大龍、北原順翁、喜多村嶺雪、石鑑梅堂、山名聴説、奥山仙路、山倉雪平の八名である。守田大象は鞍手郡御徳村正行寺、北原順翁は同郡稲光村覚円寺、喜多村嶺雪は同郡金丸村明覚寺、石鑑梅堂[10]は同郡湯原村東禅寺（曹洞宗）の僧である。山名聴説は同郡植木村聖福寺に関係する人物であると考えられるが確証がない。

白水致は同日準三等の教員に申しつけられている。村山繁の名は「辞令原書」には見当たらない。

「奇談日記」に記されていた、大龍より遅れて伝習所に入校した同郡中山村の重富大悟は同年六月二十三日に準四等教員に申しつけられている。同じく深田大霖（同郡芹田村仏厳寺僧侶）は『辞令原書』には記述がない。

このように鞍手郡ではかなりの僧侶が小学校教員となっていることがわかる。

四　真宗僧侶の小学校教員

「辞令原書」には小学校教員に任命された人の居住する大区（郡）と姓名が記されている。その名の中にはいかにも僧侶（あるいはその家族）ではないかと思われるものが多数見受けられる。しかし、医者やもと武士も似たような名前があるし、また僧侶であっても当時真宗寺院以外は世襲ではないので姓名だけでは判断できない場合が多い。

そこで、「辞令原書」の明治八年に教員として任命された中で、鞍手郡以外の真宗僧侶あるいはその家族（兄弟または子）ではないかと思われる名前を取り上げ、他の史料などと照らし合わせて検討を加えていきたい。

（表）「辞令原書」（明治八年分）の記述から表を作成した。

	［辞令月日］	［大区（郡）］	［姓　名］	［辞令等級］
①	六月九日	十三（那珂）	井上龍穏	小学準五等
②	同	十三（席田）	藤野蟠龍	同　四等
③	同	十三（席田）	月江大雲	同　五等
④	六月十二日	三（糟屋）	高原至道	同　五等
⑤	同	三（糟屋）	北条法明	同　準五等
⑥	同	七（穂波）	高城大喝	同　四等
⑦	同	十六（怡土）	戸田大雄	同　三等
⑧	六月十四日	四（宗像）	倉田叡達	同　五等
⑨	同	七（穂波）	大分大雲	同　準五等
⑩	同	七（穂波）	高見震雷	同　準五等
⑪	同	八（嘉麻）	花田恵燈	同　三等

⑫ 同	八（嘉麻）	上田大震	同	準三等
⑬ 同	十一（夜須）	税田徳融	同	五等
⑭ 六月十五日	五（遠賀）	柴田法山	同	五等

①は那珂郡梶原村真教寺に井上龍随という住職がいるので、その兄弟ではないかと思われる（『明治四十一年本派本願寺寺院名簿[11]』、以下『寺院名簿』）。

②は席田郡平尾村大円寺の僧侶である（『寺院名簿』）。

③は同郡月隈村真教寺の僧侶である（『寺院名簿』）。

④は糟屋郡津波黒村真光寺は高原姓なのでその関係の人物ではないかと考えられる。

⑤は同郡青柳村託乗寺に北条法溟という住職がいる。明も溟も同音であるので、同一人物であるかもしれない（『寺院名簿』）。

⑥は穂波郡伊岐須村安楽寺が高城姓であるので、その関係の人物ではないかと考えられる。

⑦は怡土郡本村円光寺に戸田大叡という住職がいるので、その兄弟ではないかと思われる（『寺院名簿』）。

⑧は宗像郡朝町村雲乗寺が倉田姓なのでその関係の人物ではないかと考えられる。

⑨は「奇談日記」慶応四（一八六八）年四月十一日に「永代経今夕由、唱大分大雲公夜来」とあり、僧侶であることは間違いない。大分姓は穂波郡大分村明円寺である。

⑩は穂波郡高田村福専寺の住職である（「寺院明細帳[12]」）。

⑪は嘉麻郡桑野村仙林寺が花田姓なので、その関係の人物だと考えられる。

⑫は同郡中益村明善寺の住職である（「寺院明細帳」）。

⑬は夜須郡中牟田村西福寺の住職である（聞き取り）。

⑭は遠賀郡垣生村専光寺の僧侶である（聞き取り）。

以上のように、真宗僧侶が小学校教員となっている例が割合多く見られる。そのほとんどは以前は寺子屋師匠だったと考えられる。

五　教員の研修

教員辞令を受けた大龍は明治八年七月四日、第六大区（鞍手郡）の教員とともに会議のため福丸和一郎宅へ出かけている。六月に辞令を受けた教員たちが集まって、今後の教育や学校運営のことについての話し合いがもたれたものと思われる。

同月三十一日には「小学新則伝習之為、三週日間山部村西徳寺屯集」とあり、鞍手郡内の教員が集まり研修をしている。この年の鞍手郡内の小学校教員は四十五名である。[13]西徳寺の本堂は七間四面[14]と広かったため会場となったようだ。この研修は三週間にわたって行われており、翌八月二十四日に「屯集解校ニ成」っている。しかし、この時期はお盆が含まれており、僧侶も多いこともあり、お盆中は休止されていたようだ。

この研修が終わった直後、八月二十六日から「掛図地表製造」を始め、翌九月十三日に完成させている。このことから研修は実践的な授業法や教材作りについての内容だったと推察される。同様に翌九年八月二日には芦屋の「講習所」で一週間の研修が行われている。この「講習所」は教員の研修所として前月新設されたようだ。

こうした研修を重ねることにより、大龍は同月十四日「午前十時県庁出頭、六級訓導補拝命」と昇級している。

おわりに

立花大龍が記した「奇談日記」により、明治初期の小学校教員がどのようにして養成されていったのか、その一端が明らかになった。日記という個人の生活が綴られているなかで、教員になるための養成機関での研修を受けたり、寺に学校が開設されたりという事柄が浮かび上がってくる。大変興味深い史料である。

沼口小学校は生徒も増えていくなかで、明治九年には教員が二人[15]となり、明治十年には三人[16]となっている。学校が大きくなり、整備されていく。大龍のほんの身近にあった小学校が手元から離れ、遠い存在になっていった。

しかし、近代教育の確立の出発点であった時期に、大龍たち僧侶が大きな役割を担っていたことを改めて確認したい。

◆注

（1）『若宮町史』下巻・（鞍手郡）若宮町、平成十五年、三二二頁

（2）「奇談日記」は大龍が天保年間から約五十年間にわたって記した日記。法蓮寺蔵。複写本が福岡県立図書館に置かれている。

（3）「福岡県史稿」には師範学校とも記されている。教員は二名であった。近藤典二『教師の誕生』海鳥社、一九九五年、九七頁

（4）『教師の誕生』一〇二頁

（5）『教師の誕生』一〇二頁

（6）『福岡県教育百年史』第一巻、福岡県教育委員会、一九七七年

明治八年の統計表によれば、沼口小学の教員は一名、生

徒は男子が四十九名、女子が五名である。また、同年の福岡県全体の小学の学齢人員は男子三万九九八一名（就学人員一万七六九七名）、女子三万八三九四名（就学人員三九四五名）であり、就学率は男子が約四四％、女子が約一〇％である。

（7）『若宮町誌』下巻、三三四頁

（8）『若宮町誌』下巻、三三四頁

（9）福岡共同公文書館蔵

（10）『若宮町誌』下巻、三三四頁には「石鑑梅童」が東禅寺の住職であり、「修猷館」（伝習所）で研修を受けて教員となったことが紹介されている。

（11）国立国会図書館デジタルコレクション

（12）九州大学附属図書館蔵（檜垣文庫「福岡県寺院明細帳」）

（13）『福岡県教育百年史』第一巻、二一〇頁

（14）『福岡県史　近代資料編　福岡県地理全誌㈢』鞍手郡山部村の項

（15）『福岡県教育百年史』第一巻、二四七頁

（16）前同書、二七五頁

■会員の本の紹介

＊掲載したのは基本的に2017年８月以降の発行で，事務局が把握している分に限ります。共著の場合，→の後に会員名などを掲載しています。

▷『あれから七十年　博多港引揚を考える』（のぶ工房，2017年８月）→会員遠藤薫さんが写真のレイアウト編集

▷藤本隆士『近世西海捕鯨業の史的展開──平戸藩鯨組主益冨家の研究』（九州大学出版会，2017年10月）

▷植田謙一『裏糟屋郡新原村大庄屋安部千兵衛と安部家の系譜』（私家版，2018年１月）

▷『目でみる太宰府７　太宰府の絵師齋藤秋圃』（太宰府市教育委員会，2018年３月）→会員朱雀信城さんが文書類の解説文を執筆。

▷淤能碁呂太郎（おのごろたろう）『古事記日本神話の故郷は玄界灘の島々だった！　～神話を伝承と科学で読み解く古代史論～』（（株）ドリームキングダム，2018年５月）→会員山口哲也さんが執筆。

▷『最後の戦国武将　小倉藩主小笠原忠真──家康に「鬼孫」と呼ばれた男』（北九州市立自然史・歴史博物館，2018年５月）→会員守友隆さんが展覧会を企画・構成，本書の編集も担当。

▷『福岡藩家老黒田播磨（溥整）日記──嘉永六癸丑年七月ヲロシヤ船長崎渡来之記　弐』（赤坂古文書会，2018年６月）→会員力武豊隆さんが「解題」執筆，また会員箱嶌八郎さんが翻刻に参加。

▷安藤正明『事業所が労働法の罠に嵌る前に読む本──中小企業経営のための労働時間，就業規則，注意指導，紛争，退職，解雇』（花乱社，2018年７月）

○副島邦弘さんが『やきもの』15・16合併号（「やきもの」研究会，宇土市，2017年９月）に「講演記録　高取焼陶工井土新九郎と肥後焼」を発表しています。本会会報53号掲載を活用したもの。

幻の名島神社「縣社昇格願」

旧社格制度下における昇格

安《あん》藤《どう》政《まさ》明《あき》

旧社格制度

平成三十年は、明治維新百五十年にあたる年である。百五十年前の日本において、いくつも大きな改革があった。その大きな改革の一つとして、神社の社格制度があった。

明治の新政府は、戊辰戦争中である慶応四（一八六八）年三月に、王政復古、祭政一致を掲げて神仏習合を禁ずる太政官布告を出した。いわゆる神仏判然令である。これによって、江戸時代の寺請制度から一転して神社の時代となり、各地で廃仏毀釈運動が勃発した。

そして明治四（一八七一）年五月、太政官布告「官社以下定額・神官職制等規則」によって、神社の社格制度が始まった。社格制度において、神社の社格は官社、諸社、無格社に区分された。

官社は、神祇官が祀る官幣社と、地方官が祀る国幣社に区分され、それぞれ大中小が付された。両者は、実質的な差異はなく、序列としては官幣大社、国幣大社、官幣中社、国幣中社、官幣小社、国幣小社の順になる。官社の御祭神は、記紀の神々か皇族であるが、臣下であっても国のため功績のあった御祭神などを祀る神社については別格官幣社とされ、官幣小社と同じ待遇を受けた。

諸社は、府県社、郷社、村社に区分された。当時は東京都でなく東京府、北海道も三県一局時代であったため、府県社で全国を網羅した。ちなみに北海道の三県が廃された後も、神社の社格は県社とされた。

無格社は、「格が無い社」と読めるが、無格社に指定されない神社も存在するため、無格社という格とする考え方がある。

福岡県の旧官国幣社

福岡県には、伊勢の神宮を除くと最高位である旧官幣大社が三社鎮座する。最初の官幣大社は、明治四年五月に国幣中社に列し、明治十八年四月に昇格した香椎宮である。旧社格制度下において、香椎宮は勅祭社でもあり、福岡県下で最も格が高い神社とされた。次に、明治四年五月国幣中社、明治十八年四月官幣中社、明治三十四年七月官幣大社に昇格した宗像大社である。最後は、県社から明治十八年四月に官幣中社、大正三（一九一四）年一月に官幣大社に昇格した筥崎宮である。

官幣大社は、まず明治四年五月十四日に二十九社が指定された。この時点では、九州では宇佐神宮（大分県）しか指定されていなかった。明治七年に霧島神宮（鹿児島県）が追加され、次に明治十八年四月二日に香椎宮、宮崎神宮（宮崎県）、伊弉諾神宮（兵庫県）の三社が追加された。この時点で、全国官幣大社三十三社のうち、九州が四社（うち福岡一社）となった。明治時代においては、その後明治三十四年までに宗像大社、鹿児島神宮（鹿児島県）、鵜戸神宮（宮崎県）を含む十一社が追加され、四十四社が官幣大社となった（別途、台湾神社、樺太神社も官幣大社に指定）。大正時代は、筥崎宮、阿蘇神社（熊本県）を含む十三社、昭和に入ってさらに四社が追加され、終戦時において六十一社（別途外地六社指定）が官幣大社であった。全国六十一社のうち三社が福岡の神社である。これは、京都九社、奈良八社、和歌山五社、大阪四社、滋賀四社（ここまでで合計三十二社で全国の過半数を占める）に次いで多い。

福岡県の旧国幣大社は、明治四年五月国幣中社、大正四年十一月に昇格した高良大社である。国幣大社は長らく指定されず、大正四年に初めて四社が指定され、その後二社指定と合わせて全国でわずか六社しかなかった。現在「〇〇大社」と名乗る神社は、基本的には旧官幣大社、または旧国幣大社である（一部例外有り）。

福岡県の旧官幣中社は二社。明治四年五月国幣小社、明治十五年七月官幣小社、明治二十八年一月に官幣中社に昇格した太宰府天満宮。そして明治四年五月国幣小社、明治二十三年十一月官幣小社、明治三十年三月官幣中社に昇格した英彦山神宮である。

太宰府天満宮は、菅原道真を御祭神とする神社であり、記紀の神々を御祭神としないため、原則は別格官幣社に指定されるはずである。しかし、太宰府天満宮と北野天満宮（京都府）のみ、例外的に官幣中社に指定された。

福岡県の旧官幣小社は三社。明治二十八年九月に村社

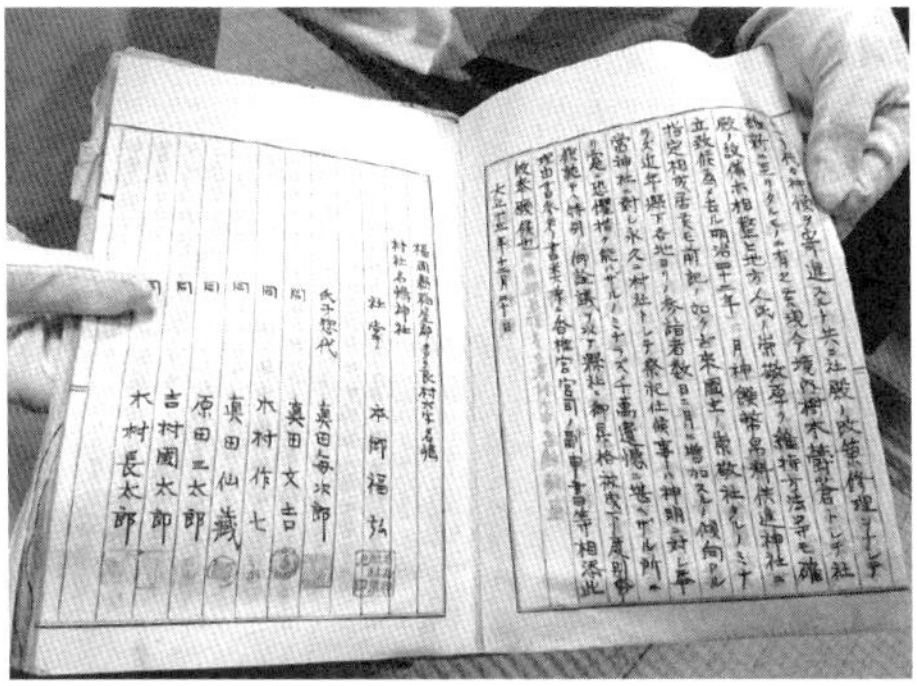

縣社昇格願（上）と「村社名嶋神社御昇格願」を示す名島神社押本竜人権禰宜

から昇格した竈門神社、大正四年十一月に県社から昇格した住吉神社、大正十五年一月に村社から昇格した志賀海神社である。

旧社格制度は戦後、ＧＨＱの神道指令で廃止されたが、廃止時点における官幣小社は全国でわずか五社しかなく、そのうち三社が筑前に鎮座する神社だった。

以上のように、社格はひとたび定められたとしても、その後昇格することがあった。これは、府県社、郷社、村社においても同様であった。

名島神社の「縣社昇格願」

福岡市東区名島に、名島神社が鎮座する。歴史は古く、神功皇后の御征韓に遡るといわれる。現在も境内の海岸には、神功皇后御征韓で使われた船の帆柱が化石になったものという伝説の「檣石《ほばしらいし》」が横たわる。檣石は、国の天然記念物に指定されている。

名島神社の旧社格は、村社だった。歴史や神社の規模等から、県社くらいであってもおかしくないように思えるが、明治五年十一月三日に村社と定められ、そのまま昇格することはなかった。

社格の昇格は、どのような流れで決定されていたのだろうか。名島神社氏子総代会長である眞田治男氏から、名島神社がかつて県社に昇格しようとしていた形跡として、文書が残されているという話を伺った。早速、見せていただいた。

表紙は、「村社名嶋神社御昇格願」とのみ記されている。表紙を開くと、「縣社昇格願」、「理由書」、「副申書」とある。日付は、大正十三年十二月二十日。

さらに参考添付書類として『筑前国続風土記』などの抜粋その他名島神社関係資料が続く。参考に付された文書は、次のとおり。

一　筑前國續風土記
一　筑前國續風土記附録
一　筑前國續風土記拾遺
一　筑陽記

一　新撰宗像記
一　太宰管内誌
一　筑前名所圖會
一　筑前早鑑
一　黒田新續家譜
一　香椎廟記
一　香椎宮事記
一　筑前國糟屋郡名嶋邑名嶋神社縁起
一　名嶋宮畧縁起
一　名嶋宮傳記
一　名嶋旧蹟記
一　名嶋村御朱印帳前御目録控
一　名嶋宮古來ヨリ歳毎元旦御備ノ式
一　名嶋神社由緒建物取調書

昇格願の原本は、大正十三年当時の多々良村名嶋区長（原節三郎氏）のご自宅に保管され、子、孫と伝えられてきた。そして孫に当たる方は、現在も名島神社氏子総代を務めている。

名島神社氏子総代会長の眞田治男氏のご許可を得て、「縣社昇格願」、「理由書」、「副申書」の原文を掲載する。

縣社昇格願、理由書、副申書原文

縣社昇格願
福岡縣糟屋郡多々良村大字名嶋鎮座
村社　名　嶋　神　社

當社ノ創立ニ就テハ中世戰乱ノ影響ヲ蒙リ古文書宝器等散逸シテ適確ナル文献ノ徴スベキモノ無之候へ共古來官幣大社香椎宮ト深甚ナル関係有之候ノミナラズ當社縁起ノ記載スル所及ビ古老ノ傳説等ニ徴シ且ツ往昔神功皇后御征韓ニ関スル旧蹟ノ附近一帯ニ散在スルニ見ルモ同皇后御凱旋ノ際創立アラセラレタル神社タルコトハ推定スルニ難カラズ候後世小早川隆景公筑前ノ國守トナリ當地ニ在城セラル、ヤ社殿ヲ海邉景勝ノ地ニ移シテ居城ノ守護神ト為シ崇敬浅カラズ續テ黒田長政公入國后ニ至リテハ其尊崇一層深厚トナリ代、神領ヲ寄進スルト共ニ社殿ノ改築修理ヲナシテ維新ニ至リタルモノニ有之候現今境内樹木欝蒼トシテ社殿ノ設備亦相整ヒ地方人民ノ崇敬厚ク維持方法等モ確立致候為メ去ル明治四十二年　月神饌幣帛料供進神社ニ指定相成居候モ前記ノ如ク古來國主ノ崇敬社タルノミナラズ近年縣下各地ヨリ参詣者数日ニ月ニ増加スルノ傾向アル當神社ニ對シ永久ニ村社トシテ祭祀仕候事ハ神明ニ対シ奉リ寔ニ恐懼措ク能ハザルノミナラズ千萬遺憾ニ堪ヘザル所ニ候就テハ特別ノ御詮議ヲ以テ縣社ニ御昇格被成下度別帋理由書参考書類並ニ香椎宮宮司ノ副申書等相添此段奉願候也

大正十三年十二月二十日

福岡縣糟屋郡多々良村大字名嶋
村社名嶋神社
社掌　本郷福弘　印
氏子惣代　眞田毎次郎　印
同　眞田文吉　印
同　木村作七　印
同　眞田仙藏　印
同　原田三太郎　印
同　吉國太郎　印
同　木村長太郎　印

理由書

福岡縣糟屋郡多々良村大字名嶋鎮座名嶋神社ハ御由緒縁起寶器等中世戰乱ノ影響ヲ蒙リ或ハ海賊ノ盗難ニカヽリ紛失シタルコト等アリテ詳ナラザルハ寔ニ遺憾ナルト虽其ノ創立、國主武家及一般ノ崇敬、社頭ノ風致、維持方法等以下叙スル所ニ依リ世ノ常ノ神社ナラザルコトヲ證スルニ足ルベク當社ヲシテタヽ一ノ村社トシテ祭祀スルハ神明ニ対シ奉リ誠ニ恐懼ニ堪ヘザル處ニ有之候ヘバ此際縣社ニ昇格ヲ出願シ以テ當社ノ御神威ヲ益々発揚致度次第ニ候

一、創立

當社ノ創立ハ神功皇后御征韓當時ニシテ往昔當地黒津浦又村民ハ黒﨑ト云ヒ神功皇后三韓征伐ノ時黒﨑ヨリ御船ニ召ル時従駕ノ軍士ヲシテ姓名ヲ名乗ラセ御船ニ乗ラセ給ヘリ是レヨリ始メテ名嶋ノ称アリ而シテ當社ハ神功皇后名嶋ノ神功ケ峯（神功皇后ノ登ラセ給ヒ暫ク御座在シ所ナルヲ以テ此ノ名アリ）ニ於テ三韓ヲ安ク従ヘ給ハン事ヲ宗像三女神ニ祈給ヒ御首途アラセラレ御凱旋ノ時宗像三女神ヲ御首途ノ際祈給ヒシ即チ神功ケ峯ニ崇メ祭リ給ヘリ是レ即チ名嶋神社ノ起元ナリ、其ノ時社務ハ供奉ノ官人ヲシテ御社創立ノ為残置給ヘリト云フ中世浮屠弁財天ヲ宗像神ノ本地佛トシ遂ニ神名ヲ佛名ニ替テ弁財天トノミ称セシハ附會杜撰ノ甚シキモノナレバ明治維新ノ際ヨリ復旧シ名嶋神社ト奉称スルコトトナレリ

二、國守武家及一般ノ崇敬

建武三年多々良濵合戰ノ時社司吉村左京太夫公知宗像大宮司氏俊ト示し合セ足利將軍家ニ功有リ應安七年九月足利將軍義満公社参アリ則御社造替ノコトヲ社務吉村外記公忠ニ命セラル翌年六月其ノ功終ヌ應永四年内記知直祖父ノ讓ヲ受ケ社務職トナル長禄三年大内教弘同政弘父子相共ニ参詣アリタリ知直ヨリ五代ノ孫光知カ内藏佐知信父カ遺書ニ従ヒ吉村ヲ眞田ト改メ世々相継テ社司ニ奉仕セリ永禄十一年四月廿四日兵火ノ為ニ社殿灰燼ス知信深ク之ヲ嘆キ立花丹後守鑑連入道道雪ニ訴ヘ天正七年造營漸ク成就セシニ同十四年七月薩摩勢放火ノ為焼亡ス同十五年関白秀吉公筑前ニ下リ給ヒシ時此ノ社ニ詣テ、社ノ衰ヘタルヲ見テ弁財天ハ福神ナルニ荒テ淋シキ貧神ナリトテ笑ヒ給ヒシトソ（但シ此時御社ハ前年ノ兵燹ニ罹リテ未ダ再興スル能ハス御仮殿ノマヽナリシニヨリ秀吉公ノ笑ヒシモノナリト・同年中当社縁起及大内義隆ヨリ寄附セラレシ幌ヲ海賊ノ為ニ盗ミ去ラレタリト云ヒ傳フ）小早川隆景卿当國ノ主トナリ城ヲ當神社ニ築給フ故ニ社殿ヲ今ノ神社ヨリ下海濵近キ古宮ト言フ所ニ移シ改造神領ヲモ附シ給フ其ノ子秀秋ニ至リ神領モ悉ク没收シ給ヒシカハ御社殿モ月日ニ損シ祭祀モ衰ヘタリシガ慶長五年秀秋封ヲ備前ニ移サレ黒田長政此國ノ太守ト成給ヒテ名嶋ノ城ハ廃セラレタリ元和七年十一月五日長政署名ヲ以テ當社ニ當村内ニテ畠地拾石ヲ寄附セラレ同九年十一月五日同忠之署名ニテ同畠地弐拾壱石ヲ寄附セラレ寛文四年又同家ヨリ同村内ニテ山林合坪数八千参百参拾坪ヲ寄附セラル但シ此ノ寄附状ハ黒田家宰村山角右エ門、奥善右エ門、竹森新右エ門三名ノ連署ナリ而シテ社殿ハ小早川隆景卿ノ移サレタル今ノ古宮ニアリシヲ元禄八年六月黒田綱政公昔ノ如ク神功ケ峯ニ移サレ社殿ヲ奇麗ニ改メ作リ石ノ鳥居ヲ立給ヘリ（此ノ鳥居今尚海邊ニアリ）其ノ鳥居ノ額ハ同年中貝原篤信カ乞ニヨリテ花山院前内府定誠公ノ筆ナリ尓後當社造替修繕遷宮ノ費用ニ至ル迠一切黒田家ノ寄進セラル、定式トナリテ維新ノ際迠継續セシナリ（現今ノ本殿ハ文政十三年黒田齊清公ノ再建ナリ）慶安以後ニ於テ當社ニ奉仕ノ寺院即チ神宮寺ヲ創立シ社僧ヲ置ケリ但シ清僧ナリ以後神職社僧相共ニ奉仕セシカ何時ノ頃ヨリカ社僧ノミ奉仕シテ神職ノ裔吉村家（改氏ノ即チ眞田氏ナリ）ハ農民トナレリ然レドモ毎年正月元旦ニ弐拾五膳ノ神饌ヲ調理シ魚味ヲ吉村家ヨリ供シ来リテ其ノ式維新ノ際マデ継續セシナリ、元和年中長政公ヨリ神領ノ寄附アリシヨリハ士庶人ノ信仰一層深ク別ケテ六月二十日ノ祭礼ハ取分ケ賑敷城下及遠近ノ農民舟ヨリ陸ヨリ参詣スルモノ多カリシト、現今ニ於テモ東邦電力株式会社名嶋発電所ノ設立セラル、ト海邊ノ別荘地ニ適シタルトニ依リ氏子戸数モ年々増加シツ、アリ糟屋郡内ハ元ヨリ福岡市内外ノ参拝者ハ祭日毎ニ其ノ数甚ダ多ク尚官幣大社香椎宮ト官幣大社筥﨑宮トノ中間ニアリ最近當社ノ後方ニ博多湾鉄道汽船株式会社ノ鉄道開通シ名嶋驛ノ新設アリ福岡市ヨリ筥﨑宮前ヲ経テ当地ヨリ香椎宮前ニ至ル交通一層便利トナリ随テ参拝者ノ数モ日日増加スルコト、ナレリコレニヨリ当社ノ如何ニ一般ニ崇敬セラレツ、アルカヲ知ルニ足ルベシ

三、社頭ノ風致

當社ハ名嶋半島ノ西端多々良川ノ河口ナル海邊ニアリ境内五千九百五拾八坪、本殿、渡殿、拜殿神饌所、社務所等ノ建物整備シ老樹繁茂シ博多湾ニ望ミ船舶ノ出入ヲ眼下ニ見テ遠ク残島志賀島海ノ中道等ヲ眺メ北ハ香椎潟ニ面シ遠ク立花山アリ南ハ多々良川ノ上流若杉山又寶満山等アリテ四時風景絶佳ノ地ナリ境内ニハ神功皇后御征韓ヨリ凱旋當時ノ御舟ノ帆柱ノ石ニ化シタリト云ヒ傳フ檣石アリ兵器ヲ埋メサセ給ヒシト云フ妙見島アリ其ノ外船岩、繋船岩、砧板瀬（神功皇后後凱旋ノ時諸軍勢ヲ祝饗アリシ故此ノ名アリ）縁ノ石等古蹟アリ今海邉ハ潮干狩ニ興アリ夏ハ海水浴ニ適シ参拝旁此ノ地ニ遊ブ者多ク他ニ稀ナル社頭ノ風致佳ナル所ナリ

四、維持状況

氏子及崇敬者ノ努力ニ依リ現在基本財産七千八百余円アリ尚基本財産ノ蓄積ニ務メツ、アリ又氏子戸数ノ増加ニ伴ヒ課出金ヲ増シ得ベク参拝者増加ニ従ヒ社入金ヲモ増シコレガ為将來縣社トシテノ維持方法ハ十分出来得る見込ナレバ此ノ懸念ナキコト、信セラル、ナリ

副申書

本郡多々良村大字名嶋ハ當宮御祭神ノ御一座神功皇后ノ御征韓御航海ノ際御発着ノ地ニシテ當宮ニ接近シ御征韓ニ関スル旧蹟所々ニ散在セルガ同所鎮座村社名嶋神社ハ其ノ當時神功皇后ノ奉齋セラレタルモノナルコト及古來國守武家ヲ始メ一般ノ崇敬厚カリシコトハ香椎宮古記及同社縁起其ノ他諸書ニ記載セラル、如クニ有之候処今般同社関係者ニ於テ諸般ノ設備ヲ調達シ縣社ニ昇格ヲ出願シ一般信仰ノ念ヲ一層厚カラシメントスルハ誠ニ悦ブベキ美擧ニ有之當宮トシテモ同社ノ御昇格ハ渇望シテ止マザル處ニ候ヘバ此ノ際特別ノ御詮議ヲ以テ本願ノ通リ御裁許被成下度此段申添候也

大正十三年十二月二十日　官幣大社香椎宮宮司藤井貞一

香椎宮との関係

縣社昇格願には、香椎宮の副申書が添えられている。当時としては、福岡で最初の官幣大社の副申書には重みがあったのではないだろうか。それと同時に、名島神社と香椎宮との関係の深さを物語る。

旧糟屋郡は、明治二十二年に合併する前は、表粕屋郡と裏粕屋郡とに別れていた。当時の多々良村は、筥崎宮が鎮座する箱崎町と同じ表粕屋郡であり、香椎宮が鎮座する香椎村は裏粕屋郡だった。しかし、地理的には名島と箱崎とは多々良川を挟んだ関係であり、香椎の方が歴史的に往来の便は良かったと思われる。

香椎宮との関係の深さを言えば、やはり神功皇后の関係であろう。「御征韓」は、香椎宮を大本営とし、名島にて発着したものなのである。香椎宮は神功皇后を御祭神とする（大正四年に仲哀天皇を御祭神として御加列、そのため副申書において「當宮御祭神ノ御一座神功皇后」とされている）。名島という地名は、神功皇后御征韓に際して、兵士の乗船時に名乗らせたことに由来する。また名島神社は、神功皇后御征韓に際して宗像三女神に道中安全を祈願され、そのまま神功ケ峯と呼ばれることとなった場所に鎮座する（このときの祈願により、名島神社の御祭神は宗像三女神とされた。）。

縣社昇格願の願出人、名島神社の本郷福弘社掌は、香椎宮の社家の一つにあたる本郷家の人である。現在も、香椎宮獅子楽保存会の会員には、本郷姓の方が数名在籍している。

ちなみに現在の名島神社の宮司は、香椎宮の足立憲一宮司が兼任している。さらに、現在の名島神社の氏子総代会長（眞田治男氏）は、香椎宮の総代を兼任している。名島神社と香椎宮との関係は、ただ歴史的なものだけでなく、現在も、そして将来にも継続する関係なのである。

名島神社と眞田家

県社昇格願に当時の氏子総代として七名の名が記載されているが、うち三名が眞田姓である。筆頭に記載される眞田毎次郎氏は、現在の氏子総代会長・眞田治男氏の祖父にあたる。

眞田家は、足利義満が応安七（一三七四）年に名島神社を参拝した当時の吉村家の裔である。この翌年には社務吉村外記公忠が義満の命による御社造替を終え、応永四（一三九七）年に吉村知直が祖父から社務職を嗣いだ。そして吉村知直の五代孫が「吉村ヲ眞田ト改メ世々相継テ社司ニ奉仕セリ」と明示されている。改姓した年が明確でないが、長禄三（一四五九）年から永禄十一（一五六八）年までの間であり、吉村知直の五代孫だから西暦一五〇〇年代の前半くらいかと思われる。眞田姓だけも約五百年であるが、改姓前から約七百年にわたり、名島神社を守り続けている家柄なのである。

社格昇格の要件

旧社格の昇格に関して、厳密な基準等はなかったと考えられる。

戦後旧社格制度は廃止されたが、当時の神社関係者は、多くの神職や巫女を抱える大きな神社と、日頃は無人の小さなお社が全く同じ扱いというわけにもいかないと考えた。戦後まもなく昭和二十一（一九四六）年に設立された神社本庁は、「役職員進退に関する規程」を定め、神職の人事などについて特別な扱いをする対象となる神社を「別表に掲げる神社」とした。いわゆる「別表神社」である。当初は、旧官社（官国幣社）のみを掲げたが、昭和二十六年に旧官社でない神社にも広げることとし、その選定基準を示した。

一、由緒
一、社殿、境内地等の神社に関する施設の状況
一、常勤の神職の数
一、最近三年間の経済状況
一、神社の活動状況
一、氏子崇敬者の数及び分布状況

この別表神社の選定基準は、おそらく戦前の社格の昇格などに際して重視された項目を具体的に掲げたものだと考えられることから、参考になる。

名島神社の県社昇格願の理由書は、常勤神職数には触れられていないが、概ねここに示された事項を網羅して書かれている。ただ、選定基準といっても、具体的な数値などはない。この選定基準は「基準」というよりも選定に際して考慮する「項目」だといえる。かなり曖昧なのである。

実際に、別表に掲げられていない神社で、旧官社を除く一般的な神社と比較しても申し分のない神社も存在する。何故別表に掲げられていないかというと、その神社自身が別表神社となることを望んでいないことが理由だったりするのである。逆に言うと、選定基準を満たしていると考えられる神社の意思が重要だということである。この考え方は、戦前の旧社格制度においても同様だったのではないかと推測される。

県社昇格願の結果

結果として、名島神社は県社に昇格することなく、村社として終戦を迎えた。県社昇格は、幻となったのである。県社昇格願は、却下されたのだろうか。実は、正式に書類が提出されて却下されたのか、または提出することなく断念したのか、はっきりとした話が伝わっていないという。

名島神社氏子総代会長
眞田治男氏（中央）

県社昇格願の原本は、残されている。手書きの書類である。二通作成して一通を提出し、一通が保管された可能性が考えられる。提出されず、保管された可能性も考えられる。

「縣社昇格願」の提出者連名箇所には、社掌及び氏子総代七名全員の押印がある。しかし、「副申書」の香椎宮宮司の箇所には、押印がない。

また、「縣社昇格願」の文中に、「明治四十二年（空白ママ）月神饌幣帛料供進神社ニ指定」と、未記入箇所がある。何月であるか確認後に書き込もうとした形跡がある。香椎宮宮司の押印前である件に加えて、文章自体が未完成なのである。

当時の名島神社の氏子総代や関係者は、県社昇格の書類等を揃え、あとは香椎宮宮司の押印をもらって提出するだけとなった段階において、何らかの事情があって提出を断念したと考えるのが、妥当であろう。「何らかの事情」は、今後の研究テーマである。

◆御礼

本稿執筆に関し、名島神社氏子総代会長眞田治男氏には、何かと便宜をはかっていただくなど、殊更お世話になりました。心から御礼申し上げます。

◆主な参考文献

『村社名嶋神社縣社昇格願』名島神社、大正十三年十二月
『福岡縣神社誌』大日本神祇会福岡県支部編、防長史料出版社、昭和六十三年一月
『香椎町史』町制施行十周年記念出版編纂委員会、昭和二十八年二月
『香椎宮史』広渡正利、文献出版、平成九年三月

【史料】「爆弾三勇士」のほんとのこと

解説　石《いし》瀧《たき》豊《とよ》美《み》

私はこんど《（今度）》がいせん《（凱旋）》した久留米工兵隊に属する一兵卒です。爆弾三勇士の死んだとき仕事には一諸《（緒）》に行きませんでしたが、同じ隊であったので様子をよく知ってゐます。

上海でも「三勇士」に皆同情してゐました。帰って来て国民が「三勇士」のことが評判になってゐましたが、私達兵卒の同情するのと、国民の持ってゐる同情とは違ってゐるのに驚きました。そこでほんとの様子をお話ししませう。

あの時北川等と一諸に行った兵卒から聞いたことだから間違ひはありません。

一月廿二日の夜明のこと、廟行鎮《びょうこうちん》の攻撃の時、或る兵隊を通すために鉄条網を破壊しなければならない。これは工兵隊の仕事です。東島少尉の二班を率いて行ったそうです。作江・北川以下――「三勇士」にさせられた人――は内田伍長が指揮したそうです。鉄条網まで三十三米《（メートル）》の距離がある所を破壊地点にきめて作業にかかったが、何分敵が近いので他の班も失敗した。そこで破壊筒を鉄条網につきこんで、導火線に火をつけるやうなグズ〳〵したことではうまくいかないので、こっちから導火線に火をつけて行くことにしたそうです。

軍隊の導火線は完全なので、途中で火の消へるやうなことはないから、長くしてよいのだが、内田伍長は三十サンチバカリ短く切ったそうです。これでは重い破壊筒を三十三米も持って行ったら、逃げて帰る時間があるかどうかわからないのだが、それでも急いで走って行って、スバヤク帰ってくる予定だったさうです。

ところが三人が出かけて十五米も行ったころつまづいたか、弾丸にあたったかして一人が倒れ、それで三人が皆倒れたさふです。よほどうまくいっても、帰って来る間があるかどうかわからないのに、途中で倒れたりなんかしてはもう駄目です。三人のものはそのまゝ逃げて帰りかけたら、内田伍長は「なんだ！　天皇のためだ、国の為だ、行け！」と大声でどなりつけたので、三人は又引かへして、破壊筒をかゝへて進んで、鉄条網へ着いたか着かぬに爆発したのださうです。

三人は内田伍長に殺されたやうなものです。

戦争に行かない人にはわかりませんが、一寸命令に背いたとか、命令を受けて少しグズ〳〵して居たとかで銃殺された例が沢山あります。三人もそれを知ってゐたので、同じ死ぬならと思って引返して進んだのでせふ。

全く可哀相でなりません。

それで上海の兵卒は皆三人に同情してゐます。戦地にゐるものは尚更のこと、上の方の者をよく思ってゐません。内地へ帰ってくると「爆弾三勇士」といって、【以下、文章欠】

※　JACAR（アジア歴史資料センター）Ref.A06030054100（国立公文書館）

【解説】

手書きで、本文三丁の内、第二丁左の中途まで墨付き、第三丁は白紙。画像で判断すると、表紙でくるんで綴じているようだが、表題はなし。翻刻に際し、促音「つ」を「っ」と表記、句読点は付け直した。段落の始まりを一字下げとした。（）内とルビ・傍注は石瀧の補足。

「爆弾三勇士とは、独立工兵第一八大隊（久留米）の江下武二（えした　たけじ）、北川丞（きたがわ　すすむ）、作江伊之助（さくえ　いのすけ）の三名の一等兵である。一九三二〔昭和七〕年に第一次上海事変で敵陣を突破して自爆し、突撃路を開いた英雄とされる。肉弾三勇士とも言われた」（ウィキペディア・冒頭部分、算用数字を漢数字に直し〔〕を補足）

翻刻した文書の筆者名は不明で、話し言葉の文体から判断すると、談話を筆録したものと思われる。「ほんとの様子をお話ししませう」とあるが、誰に対して話したのだろうか。「三人は世間が言う英雄・軍神などではなく、内田伍長に殺されたようなもの」というかなり思い切った内容なので、心を許した相手に話したとしか思えない。「爆弾三勇士」（または肉弾三勇士）に関する流言飛語の取締りの網にかかり、内務省に報告されたのであろうが、なぜ中途で文章が終わっているのか、事情はわからない。別に完全な文章があり、こちらは中断された写しなのかもしれない。

「国立公文書館　アジア歴史資料センター」ホームページで閲覧。レファレンスコード：A06030054100
簿冊標題：「爆弾三勇士」のほんとのこと（コマ数五）、による。

「階層」は「国立公文書館＞返還文書＞返還文書（旧内務省等関係）＞返還文書1」と表示され、「返還文書」は「第二次世界大戦後に連合国側によって接収され、アメリカの議会図書館に保管された後、昭和四八年（一九七三）に日本に返還された文書です」（算用数字を漢数字に改めた）と説明がある。

ウィキペディア「爆弾三勇士」の概要には、

しかし、三名の死は技術的失敗によるものという説もあり［5］、それによると「導火線を短く切断し、予め導火線に点火して突入したところ、三人の先頭に立った北川丞が撃たれ、三人とも倒れてしまいタイムロスを生じ、戻ろうとしたところそのまま突っ込めと言われたので、その通り突入し、目的地点に到着するかしないかの内に爆弾が爆発してしまった事故」とみている。

注5に上げられているのは、

上野英信『天皇陛下萬歳　爆弾三勇士序説』一九七一年
江崎誠致『爆弾三勇士』一九五八年
三国一朗聞き手『証言・私の昭和史（1）』一九八四年

の三冊。ウィキペディアには「事故」説もあると書かれていたが、本史料では内田伍長から「天皇のため、国のため、行け（命を惜しむな）」と命じられ、命令に背いては銃殺されるという瀬戸際に追い込まれて、命を失うことを覚悟して爆弾を抱えて進んだということになっている。

表紙裏「絵葉書でたどる福岡の歴史⑰」参照。

論文

幕末佐賀藩におけるいわゆるアームストロング砲の製造をめぐって（一）

田中久重と石黒直寛関係史料および文献からのアプローチ

河《かわ》本《もと》信《のぶ》雄《お》

はじめに

アームストロング砲。戊辰戦争で使用された大砲である。明治維新期の武器の中では抜群に知名度が高く、新政府軍を象徴する武器としてテレビ番組や小説などでよく登場する。日本の歴史上、最も有名な大砲だといってもよいかもしれない。だが、六十年前ごろは、ほとんど知られていなかった。

有名になった理由は、司馬遼太郎の小説に求められよう。司馬はアームストロング砲の活躍を小説[1]に記した。佐賀藩による、いわゆるアームストロング砲の製造を主題とした小説も書いた。このためもあろう、佐賀藩が製造したことは広く知られている。かつ多くの文献にても、このように紹介されている。

しかし、近年、研究者・専門家の間では佐賀藩の製造は疑問視されている。

二〇一五年に「明治日本の産業革命遺産」（幕末のものも含まれている）が世界遺産となったこともあり、近年、幕末・明治期の科学技術の研究が進んでいる。幕末期、西洋技術の導入が最も盛んであった佐賀藩の科学技術についても、史料の調査・解読、遺構の発掘・調査がなされており、多くの調査報告書・論文などが刊行・発表されている。大砲製造についても様々なことが明らかになっている[2]。しかし、いわゆるアームストロング砲の製造について詳しく触れているものは少なく、近年の史料調査などによっても解明にいたっていない。

はたして、いわゆるアームストロング砲は佐賀藩で製造されたのであろうか。

筆者は長年にわたり、江戸時代後期から明治時代初期にかけて職人・技術者・起業家として活躍した田中久重[3]（以下、久重と記す）を研究している。久重は幕末期に佐賀藩精煉方に出仕した。精煉方は西洋の科学技術を研究し製品の開発も行う部門だが、研究対象には洋式大砲も含まれていた。この精煉方には、久重の生涯の友、石黒直寛[4]（以下、石黒と記す）もいた。石黒は、アームストロング砲の研究に深くかかわっていた、と目される人物である。

佐賀藩大砲製造に関する研究は、当然のことながら大砲製造を担当する大銃製造方に関するものが中心となっている。他方、精煉方に軸足を置いたものは多いとはいえない。久重や石黒サイドの史料・文献よりの研究も少ない。本稿では、この、研究が進んでいるとはいえない、精煉方や久重・石黒サイドよりアプローチして、佐賀藩のいわゆるアームストロング砲の製造について考察する。筆者は久重関連の史料・文献を調査・研究してきた。久重に関連して、石黒に関する史料・文献にも目を通してきた。これらの史料・文献から、新たな知見を見出せる可能性がある。

また、当時のアームストロング砲の（操作方法・性能面ではなく）技術・製造面について記している、国内の史料類は少ない。その数少ない史料類も簡単な記述であったり、技術・製造に関する時代的な文章のため難解であったりする。このためか、このことについて記している先行文献・論文[5]も少ない。また、正確ではないと思われる記述が散見される。ゆえに技術・製造面に関しては、より正確・詳細に記されている海外の文献を参照することを心がける。

序章　アームストロング砲伝説

第一節　現代のアームストロング砲伝説

アームストロング砲は、一般には一八五〇年代半ばにイギリスにて開発された、当時の最新鋭機能である施条、後装を備えた大砲だと捉えられている[6]。施条・後装は、以降、頻出するので簡単に述べておく。

施条とは、砲身内壁に斜めに溝が刻まれていることである。これにより砲弾が回転して発射されるため、従来の溝が刻まれていない滑腔式に比し、命中精度が高まり、また、飛距離が伸びた。施條、装線、螺旋、螺道、筋入などとも呼ばれる。後装とは、砲弾を後ろから装塡することである。これにより、従来の前装式に比し、砲弾の装塡時間が短くなった、つまり同じ単位時間でより多くの砲弾が発射できた。また、施条用の砲弾は、砲弾の外径が内壁の凸部分までの砲腔の内径より大きいため、後装式の方が装塡が容易であった。元込とも呼ばれる。

このアームストロング砲を、司馬遼太郎は一九六四年に発表した、大村益次郎を主人公とする短編小説「鬼謀の人」[7]において、上野戦争（彰義隊と官軍の戦い）の場面に登場させた。[8]翌年には、佐賀藩のいわゆるアームストロング砲製造を題材とした、タイトルもそのものずばりの短編小説「アームストロング砲」[9]を著す。一九六九〜七一年にかけては、これも大村を主人公とした長編小説『花神』[10]を執筆する（単行本の刊行は一九七二年）[11]。同砲の活躍が、「鬼謀の人」ではシンプルに書かれていたが、大村の異能ぶりを際立たせる重要な道具立てとして鮮やかに描写されている。[12]『花神』は四百五十万部をこえる大ベストセラーとなり[13]、一九七七年にはNHKの大河ドラマになった。この『花神』にて、同砲は広く世に知れわたっていった。

第二次世界大戦後に刊行された事典を調べると、司馬による影響が如実に見てとれる。アームストロング砲の項は、一九七二年以降に初版が刊行された事典の多くに設けられているのに対して[14]、初版がこれ以前の事典のほとんどには設けられていない[15]（ただし、戦前は状況が異なる、のちに述べる）。

さて、司馬が記しているように、一般には、アームストロング砲は上野戦争で大活躍した、と認識されている。[16]だが、近年、研究者・専門家の間では、さほどでは無かった、とされている。[17]同様に会津若松城の攻城戦（会津戦争）にても大きな戦果を挙げたとされているが[18]、これは見方が分かれている。[19]また、投入されたアームストロング砲は佐賀藩製だとも捉えられがちだが、輸入砲であったとの見解が大半を占める。[20]

このように近年の調査・研究結果からすると、維新期のアームストロング砲が実態とかけ離れた形で世に喧伝されていることを、伝説・神話と呼んでいる記事もある。[21]筆者もこれにならって、アームストロング砲伝説と呼ぶことにする。この伝説は司馬の小説によって広まるが、決して司馬が想像の世界で生み出したものではない。司馬は佐賀藩製造も含めて、執筆当時、「事実」として認識されていたことを小説に記したにすぎない。以下は司馬の小説以前の文献における、アームストロング砲に関する記事である。

A：『鍋島直正公傳』第六編（大正九〔一九二〇〕年）

「（引用者補足：上野戦争において佐賀藩の）アームストロング鋼砲は、口を開いて上野の森に發射し、その破裂彈は敵陣の中央に落ちて猛烈に爆破したりければ山中の敵勢は何かは以てたまるべき、忽ち死屍は算を亂して縦横に斃れ、續いて少し方面を轉じつゝ發射せる二三彈も、亦盡く震雷の響をなして落ちたりしかば、諸寺院は遂に火を發して凄まじく燄上したり(22)。」

B：『佐賀藩銃砲沿革概要』（昭和元〔一九二六〕年）

「（引用者補足：佐賀藩は）慶應初年ニ至リテハ製砲術一段ノ進歩ヲ遂ゲ、装線砲ヲモ製作スルニ至レリ。彼ノ巧妙ナル「アルムストロング(23)」式施條後装砲モ亦其一ニ屬セリ。維新戰役ノ際「アルムストロング」砲ヲ使用シタルハ獨リ佐賀藩ノミニシテ、上野ノ彰義隊ヲ掃射シ、會津ノ堅城ヲ破摧シ(24)」

「徳川ノ勇兵ハ朝命ニ抗シテ上野彰義隊ノ戰争トナリ、次テ野州ノ追撃戰、偖テハ若松城ノ籠城トナリシ際佐嘉藩ノ携帯セシ「アルムストロング」六斤(25)野砲（中略）ハ他藩ノ武力ニ比シ一頭地ヲ抜キテ偉功ヲ奏セシコトハ戰史ニ明カナル(26)」

C：『日本の文化へ　我国最初の大砲汽車汽船　佐賀藩の大苦心』（昭和二〔一九二七〕年）

「（引用者補足：佐賀藩は）安政五年《ママ》(27)、鐵製のアームストロング六ポンド元込銃（引用者注：ここでの「銃」は「砲」を意味する(28)）をつくつた。孔に三十二條の螺線をきざんだゝめ彈道が非常に遠く遠距離を射るに最も適した。この銃は後年會津戰争の時に偉功を見せ、彼の剛勇をもつて鳴る東北の健兒をして氣を奪はれ、手も足も出るところを知らしめなかつたものである(29)。」

D：『久米博士九十年回顧録』（昭和九〔一九三四〕年）

「其施條後装砲。用鋼鐵鍛錬製之。我工場黽勉模倣。鍛成一門。秘藏於江戸邸。明治戊辰之役。一用之。上野灰燼。再用之。會津陷落(30)。」

E：『佐賀藩銃砲沿革史』（昭和九〔一九三四〕年）

「上野の戰争に於て佐嘉藩が本郷湯島臺より發射したるアルムストロング砲の威力は彰義隊を威嚇して之を潰亂せしめたる如き又同砲を以て會津城を砲撃し以て其開城を速かならしめたるが如き(31)」

「佐賀では慶應の末には、當時精鋭無比と稱せられたる後装施條式のアームストロング砲までも模造し得た(32)」

「（引用者補足：上野戰争にて）アムストロング砲の威力を發揮す(33)」

「維新の際上野彰義隊及若松城討伐に名聲を上げたる六斤安砲(34)（引用者注：アームストロング六ポンド砲のこと）」

A・B・Eは、上野戦争で佐賀藩のアームストロング砲が大活躍した、としている。B・C・Eは、会津戦争で威力を発揮した（Bは野州戦争にも言及している）、そして、佐賀藩がいわゆるアームストロング砲を製造した、と記している。さらには、Cはこの佐賀藩製も戊辰戦争で活躍した、と述べている。Dはアームストロング砲とはしていないが、佐賀藩が製造した「施條後装砲」が上野・会津戦争で活躍した、としている。

　このように、司馬が小説を執筆したころに世にあった（大正から昭和初期に書かれた）文献にては、佐賀藩所有のアームストロング砲（あるいは施条後装砲）が上野戦争（および会津・野州戦争）で活躍したことや佐賀藩の製造が、至極当然に記されていたのである。すなわち、司馬は執筆当時、「事実」として捉えられていたことを、小説に書いたのに過ぎないのであった。

　近年、活躍・製造が疑問視（つまり伝説視）されるようになったのは、司馬の小説以降、アームストロング砲への注目が高まり、研究が進んだ結果、新たな事実が解明されたためだと考えられる。佐賀藩の製造についての疑問が発せられたその最初は、筆者の知る限りにおいては、「アームストロング砲佐賀藩製造についての疑問―文献史料を中心にして―」[35]（二〇〇一年）である（内容は次章にて述べる）。同論以前は、佐賀藩製造は当然視されていたといえる。ゆえに伝説を司馬の責に帰すべきではないであろう。

　付け加えていうならば、日本におけるアームストロング砲の知名度は、他国に比して高いようである。“The New Encyclopædia Britannica”の日本語版である『ブリタニカ国際大百科事典』は日本の読者用に「多くの項目を付け加えた」[36]のだが、日本語版には原典（英語版）にない「アームストロング砲」の項[37]が設けられている。別言すれば、英語圏読者向けには、「アームストロング砲」の項は必要なかったのである。[38]他方、同時代の画期的な大砲であるクルップ砲（世界初の鋳鋼砲、鋳鋼砲はのちの大砲の標準となる）は、英語版では多く記述されているのに対して、日本語版では全く記されていない。[39]この日本における世界標準とは異なる高い知名度も、アームストロング砲伝説の一面を物語っている、といえよう。

第二節　第一次アームストロング砲伝説

（一）薩英戦争と薩摩藩

　前節にて現代のアームストロング砲伝説について述べたが、筆者は司馬の小説よりはるか以前にも、アームストロング砲伝説が存在したと考える。この伝説を第一次アームストロング砲伝説と呼ぶことにする。その時期は幕末期であった。日本人がアームストロング砲を知るや否や、同砲の評判は異常なまでに高まっていく。それは開発・製造国のイギリスとは逆の動きであった。

　文久三（一八六三）年七月に薩英戦争が起きた。この戦いは引き分けだったと評する向きもあるが、こと大砲の威力はイギリス軍が圧倒的に勝っていた。この時にイギリス艦隊が艦載していた大砲九十門[40]のうち、二十四門[41]が最新鋭のアームストロング施条後装砲であった。同砲は、薩摩藩に強烈な印象を与えた。『薩藩海軍史』は次のように記している。

「薩藩は英艦の砲力の強大なるを覺り、敵の彈丸は圓彈にあらずして長彈なるに驚異を感し、到底薩藩に所有する兵器の如きは、彼れに勝るものにあらざるを知覺したり[42]。」

　長彈とは施条砲の砲弾のことである。「薩摩藩はこの戦争で最新のアームストロング砲の威力を（中略）充分に思い知らされた[43]」のであった。

　戦争後の薩摩藩は機敏であった。調達へのアクションを起こしている。以下は、『薩藩海軍史』に所収の、五代才助[44]（友厚）が元治元（一八六四）年四、五月ごろに提出した上申書よりの引用である。

〔史料（1）-①〕
一蒸氣軍艦貳艘船中一切の要具相添。
　但大砲三十六挺備。
右大砲の儀は、當時有名新發明の「アルムストロング、ウヰツトホルト」の類、得失の吟味を盡し、玉藥相添居付候様取究（中略）
一新製大砲五拾挺。
右は百封度（引用者注：ポンドのこと）以上の「アルムストロング、ウヰツトホールト」の間、得失吟味の上相誂候様被二仰付一、前の濱砲臺へ御据付相成候様念願奉レ存候[45]。
（「五代才助上申書」）

　前半は調達する蒸気船の艦載砲、後半は陸上砲台に据えつける大砲の調達について述べている。どちらもアームストロング砲とウヰツトホルト／ウヰツトホールト砲を吟味すべき、としている。後者は、やはり当時、最新鋭の大砲であったホイットワース砲[46]のことである。引用文からして、このころ（少なくとも薩摩藩にては）アームストロング砲が有名だったことがわかる。なお、艦載砲に関しては、やはり『薩藩海軍史』に「新式「アームストロング」後装施條砲若干を備へたるは、元治元年乾行丸買収の時[47]」とあるので、（五代の上申書との関連は不明だが）薩摩藩は元治元年に手に入れている。アームストロング砲の「マニュアルを入手し、藩士川本幸民[48]に翻訳させて、元治元年（1864）には「唵私多龍 新砲図説[49]」という書名で出版している[50]」。「唵私多龍」はアームストロングの漢字表記である。同書は事典にて次のように解説されている。

「川本幸民訳、一冊、元治元年（一八六四）刊。英人ホワルト・ドグラスが一八六〇年に刊行した海軍砲術書より抄訳したものである。内容は後装施条砲として著名なアームストロング砲の解説書で、弾丸の装塡、導火管、着発信管、野戦砲架及び舶用砲架、射擲表などに附図がついている[51]。」

元治元年は薩英戦争の翌年である。「唵私多龍 新砲圖説」は薩英戦争後、わずか一年で翻訳の上、出版されたのであった。アームストロング砲の情報入手、翻訳・出版による情報共有化が、薩摩藩の優先課題だったことが窺い知れる。そして、当然の帰結といってよいのであろう、薩摩藩は「施条砲の製造に努力[52]」する。

他方、イギリスサイドだが、薩英戦争にてアームストロング砲は威力を発揮したものの、「旗艦『ユーリアラス』では前部一一〇ポンド砲の尾栓が爆発して全砲員が死傷するという[53]」重大事故を起こしてしまっている。

アームストロング砲は、性能が評価されイギリス政府に一旦は採用されたのだが、陸海軍内部の反対運動により（競合武器メーカーのネガティブキャンペーンもあった）、薩英戦争の前年（一八六二年）より注文がキャンセルされていた。反対の理由は取り扱い困難、運用上の危険などであったが、薩英戦争の重大事故は、この反対運動側の主張を裏付ける決定的なものとなった。戦争後、再び発注されることはなく、同砲は制式砲（軍の規格として採用された砲）からはずれ、イギリス軍の制式砲は従来の前装施条砲[54]に戻る[55]。

そして、「アームストロング砲はアームストロング社のエルズウィック造兵工場で造られ、外国政府への兵器供与をおこなわないことを前提に、英国軍からの発注のみを請け負[56]」っていた、要するに輸出が禁止されていたのだが、「一八六四年、この契約が解消にな[57]」った。すなわち、薩英戦争にて「暴発事故や不発が多いことが実戦で判明したため、（中略）輸出制限も外されて海外へ輸出されるようにな[58]」ったのであった。

薩英戦争での事故は、イギリスでは「新兵器の重大事故ということもあり、この件は秘密裡に処理された[59]」。軍事機密の観点からすると、当然の処置である。ゆえに、薩摩藩はこの事故を知り得なかったに違いない。イギリスは戦争後、同藩の攻撃によって受けた被害の賠償を同藩に求めたが、この中にこの事故による被害も含めている。[60]このことからしても、当時、同藩に事故の情報は伝わっていなかった、として間違いない。

薩英戦争が起った。薩摩藩はアームストロング砲により甚大な被害を受けた。ゆえに、同砲の入手を渇望した。他方、重大事故を起こしてしまったため、同砲はイギリス軍の制式砲からはずれ輸出されるようになった。このため、同藩は調達することができた。因縁めいためぐり合わせである。

さて、ここまで薩英戦争に関連する事柄を述べた。アームストロング砲に震撼した薩摩藩は、異例な速さで同砲の調達、解説書出版、そして製造へのアクションを取る。この同藩の品質問題を抜きにした憧憬が、第一次アームストロング砲伝説を醸成していった、と考えられよう。

『洋学史事典』の「アームストロング砲」の項にては次の文章が記されている。

「薩英戦争において火門孔がガス圧で裂開するといった故障が多発したことから、英海軍は再び前装式を採用することになった。しかしわが国では施条砲から発射される尖長榴弾[61]の威力に驚き、円弾滑腔砲から施条砲の採用に転換がはかられ、アームストロング砲はその代名詞とさえなった。[62]」

「わが国では……威力に驚き」とある。幕末期、薩摩藩の軍事・技術力（西洋技術の導入）は諸藩中、群を抜いていた。政局を動かす藩でもあった。ゆえに同藩が大打撃を受けた情報は各地に伝わり、そして「わが国」つまり日本中がアームストロング砲の威力に驚いたのであろう。「アームストロング砲はその（＝施条砲の）代名詞とさえなった」[63]ことからすると、その驚きの度合いが窺い知れる。

このことと、先に述べた薩摩藩のアームストロング砲への憧憬を考え合わせると、同藩が捉えた、虚像ともいえる品質問題を抜きにした性能・威力が独り歩きして伝わり日本中を驚かせた、と考えることが出来よう。すなわち、同藩を震源地とする第一次アームストロング砲伝説が日本中に広まっていった、といえよう。

その一つの例が久留米藩である。薩英戦争後に薩摩藩に赴いた久留米藩士が、アームストロング砲の砲弾（おそらくは不発弾）を持ち帰っている。[64]それは研究のために違いない。久留米藩は薩摩藩同様に同砲を憧憬したのであろう、（結局は無用の長物となってしまう）同砲を模倣した大砲（青銅製施条後装砲）まで製造する。[65]久留米藩もまた第一次アームストロング砲伝説の中にいた、といえよう。

◆注

（1）佐賀藩はアームストロング砲製造に関するライセンスや図面供与を受けていないので、ストレートにアームストロング砲と呼ぶべきではない。ゆえに「いわゆるアームストロング砲」と記した。

（2）「明治日本の産業革命遺産」には、幕末期に佐賀藩が三重津海軍所（洋式船の操船訓練や製造・修理を行う施設、早津江川〔筑後川の支流〕河口にあった）内に築造したドライドックの遺構が含まれている。この遺構調査の報告書をはじめとした、『佐賀市重要産業遺跡関係調査報告書』第1～8集（佐賀市教育委員会、二〇一二～一五年）が刊行されている。大砲製造に関連する報告・論考も多く含まれている。

（3）寛政十一（一七九九）～明治十四（一八八一）年。久重の経歴は、拙稿「幕末久留米藩における田中久重の武士身分」（本誌第53号、二〇一五年）八七頁にて記した。

（4）文政七（一八二四）～明治十九（一八八六）年。丹後出身。オランダ語が堪能で、佐賀藩精煉方では科学技術研究の中心人物であった。明治後は官僚となる。

（5）管見の限り、武雄淳氏による「アームストロング砲とスペンサー銃（戊辰戦争・武雄物兵隊最新鋭設備について）」（『湯か里』第63号、武雄歴史研究会、二〇一〇年、以下、「アームストロング砲とスペンサー銃」）と「アームストロング砲復元」（同66号、同、二〇一三年）が最も詳しい。同氏も「アームストロング砲に関しては、国内に残されている資料はほとんど見当たらなかった」（「アームストロング砲とスペンサー銃」一二三頁）と、また、海外よりの情報入手も困難である（同、一三～一四頁）と述べている。なお、「アームストロング砲とスペンサー銃」・「アームストロング砲復元」におけるアームストロング砲に関する記述は、武雄淳『佐賀藩アームストロング砲』（佐賀新聞社、二〇一八年）に、内容はほぼそのままで収録されている。同書は、これに加えて、戊辰戦争におけるアームストロング砲の使用や活躍の実態を詳しく考察しており、また、いわゆるアームストロング砲の製造に関して一章を割いており、全体として佐賀藩のアームストロング砲に関する精緻な研究となっている。ゆえに本稿においても多くを参考としていく。

（6）本来あるべき定義についてはのちに述べる。

（7）『小説新潮』（新潮社、一九六四年二月）に掲載された（編集兼発行新人物往来社『司馬遼太郎全作品大事典』〔二〇一〇年〕九五頁）。

（8）司馬遼太郎「鬼謀の人」（『司馬遼太郎全集』20、文藝春秋、一九七二年）五一三～一四頁。

（9）『小説現代』（講談社、一九六五年九月）に掲載された（前掲『司馬遼太郎全作品大事典』九九頁）。

（10）「朝日新聞」夕刊に、一九六九年十月一日～七一年十一月六日にかけて連載された（前掲『司馬遼太郎全作品大事典』五三頁、『朝日新聞縮刷版』昭和四十四年十月号　通巻五八〇号（朝日新聞社、一九六九年）三七頁、『朝日新聞縮刷版』昭和四十六年十一月号　通巻六〇五号（朝日新聞社、一九七一年）一九五頁）。

（11）前掲『司馬遼太郎全作品大事典』一八四〜八五頁。

（12）司馬遼太郎『花神』（新潮社、一九九三年）六八一〜八三・六九四〜九六頁。

（13）「国民作家　司馬遼太郎の謎」（『ダカーポ』567号、マガジンハウス、二〇〇五年）六五頁。

（14）以下の事典にアームストロング砲の項が設けられている。日本大辞典刊行会編『日本国語大辞典』第一版（小学館、一九七二年、第一巻四頁）、日蘭学会編『洋学史事典』初版（雄松堂出版、一九八四年、三六頁）、小学館『大辞泉』編集部編『大辞泉』第一版（小学館、一九九五年、二頁）、宮地正人他編『明治時代史大辞典』第一版（吉川弘文館、二〇一一年、第一巻一〜二頁）。

（15）例をあげれば、新村出編『広辞苑』第一版（岩波書店、一九五五年）、金澤庄三郎編『新版 広辞林』（三省堂、一九五八年）には、アームストロング砲の項はない。

（16）たとえば、大橋周治編『幕末明治製鉄論』（株式会社アグネ、一九九一年）五六頁、前掲『明治時代史大辞典』第一巻、一〜二頁「アームストロング砲」の項。

（17）幕末軍事史研究会編『武器と防具　幕末編』（新紀元社、二〇〇八年）九四頁、小西雅徳「アームストロング砲と上野戦争」（藤原清貴編『図説　幕末・維新の銃砲大全』洋泉社、二〇一三年）三五頁、など。前掲『佐賀藩アームストロング砲』も活躍を疑問視している（八六〜一一二頁）。なお、同書は、野州・羽州戦争に投入されたアームストロング砲の活躍も無かった、としている（一一四〜一一五・一一九七頁）。

（18）注16に同じ。

（19）前掲『武器と防具　幕末編』は否定的な見方をしている（九四頁）。他方、前掲『佐賀藩アームストロング砲』は威力を発揮したとしている（一五八〜五九頁）。

（20）以下に先行研究・文献における記述を引用する。前掲『幕末明治製鉄論』：「江戸・上野の戦斗、戊辰戦争の会津攻め等で威力を発揮したのは、佐賀と薩摩で輸入したアームストロング砲だったと考えられる」（五六頁）、前掲「アームストロング砲と上野戦争」：「戊辰戦争中、江戸の上野に籠った彰義隊を撃破したとされるアームストロング砲は、佐賀製でなくイギリスから輸入したうちの2門である」（三五頁）、前掲「アームストロング砲復元」：「戊辰戦争で使用した六ポンド（引用者補足：アームストロング）砲は英国製であると判断」（一五頁、前掲『佐賀藩アームストロング砲』も同様（一二一・一二六九頁））。

他方、佐賀藩製だとしている論文としては、古賀利幸「アームストロング砲と佐賀施条砲について」（佐賀大学低平地防災研究センター編『低平地研究』Vol.22、低平地研究会・佐賀大学低平地沿岸海域研究センター、二〇一三年

〔再掲、『幕末佐賀科学技術史研究』第9号、幕末佐賀科学技術史研究会、二〇一六年〕）がある。

(21) 松代守弘「幕末最強火砲の神話　アームストロング砲」（福岡直良・池内宏昭編『歴史群像』第17巻5号、学習研究社、二〇〇八年）は、「司馬遼太郎が「アームストロング砲」と題する短編小説を発表したことから、日本においてアームストロング砲神話とでも言うべき奇妙な伝説が流布し始める」（一五九頁）と記している。

(22) 中野禮四郎編『鍋島直正公傳』第六編（侯爵鍋島家編纂所、一九二〇年）二五〇頁。

(23) アームストロング砲のこと。同砲は、「アルムストロング」、「アルムストロンクス」、「アルムストロン」などと表記された。以降、これら、およびこれらに類する用語があらわれるが、煩雑さを避けるため、特段、注記はしない。

(24) 中野禮四郎編『佐賀藩銃砲沿革概要』（侯爵鍋島家編纂所、一九二六年）三頁。同書は復刻版『佐賀藩銃砲沿革史』（秀島成忠編、原書房、一九七二年〔原本：肥前史談会、一九三四年〕）に所収。

(25)「斤」はキロ、ポンド双方の意味があるが、ここではポンドとなる。

(26) 前掲『佐賀藩銃砲沿革概要』五三頁。

(27) たとえ佐賀藩がアームストロング砲を製造したにしても、安政五年（一八五八）の時点での製造はあり得ない。

(28) 幕末期、大砲をあらわす用語として「砲」とともに「銃」が使われていた。

(29) 北島磯船『日本の文化へ　我国最初の大砲汽車汽船　佐賀藩の大苦心』（佐賀郷土史出版後援會、一九二七年）一一頁。なお、久重の評伝である『田中近江大掾』（著作兼発行田中近江翁顕彰會、一九三一年）は同書を参照して、「近江翁（引用者注：久重のこと）の大砲鑄造上の功績に關して「日本の文化」に記する所に據れば、安政五年鐵製のアームストロング六封度（引用者注：ポンドのこと）元込砲を製造し、（中略）後年、會津戦争に偉功を奏したのも此砲である」（九九～一〇〇頁）と記している。

(30) 久米邦武他『久米博士九十年回顧録』下巻（早稲田大學出版部、一九三四年）六六頁。

(31) 前掲『佐賀藩銃砲沿革史』序三頁。

(32) 同、序八頁。

(33) 同、三〇五頁（欄外見出し）。

(34) 同、三五九頁。

(35) 小宮睦之「アームストロング砲佐賀藩製造についての疑問―文献史料を中心にして―」（『佐賀の歴史と民俗　福岡博先生古希記念誌』福岡博先生古希記念誌編纂会、二〇〇一年）。

(36) フランク・B・ギブニー編『ブリタニカ国際大百科事典』1 小項目事典（ティビーエス・ブリタニカ、一九七二年）「はしがき」より（頁はふられていない）。

(37) 同、一九二頁。

(38) ただし、英語版に開発者である「アームストロング氏」の項は存在する（*The New Encyclopædia Britannica Volume*

1 MICROPÆDIA, Encyclopædia Britannica Inc., 2010., p575.)。日本語版は「アームストロング砲」の項、「アームストロング氏」の項、双方がある。

(39) 英語版にては、クルップ砲の開発者（Alfred Krupp）、クルップ社（Krupp AG）の項にて、クルップ砲が詳しく解説されている（*The New Encyclopædia Britannica Volume 7 MICROPÆDIA*, Encyclopædia Britannica Inc., 2010., p14-15.)。一方、日本語版にては、Alfred Krupp 氏の項は設けられていない。同氏とは異なる「クルップ」氏、および「クルップ」社、「クルップ家」の項はあるが（フランク・B・ギブニー編『ブリタニカ国際大百科事典』2 小項目事典〔ティビーエス・ブリタニカ、一九七三年〕五九一頁）、クルップ砲については記されていない。

(40) 岩堂憲人『世界銃砲史』（下）（国書刊行会、一九九五年）七〇四頁「表4」。

(41) 公爵島津家編輯所編『薩藩海軍史』中巻（薩藩海軍史刊行會、一九二八年〔復刻再刊、原書房、一九六八年〕）五二一～二三頁、松村昌家「アームストロング砲――戊辰戦争への行程」（松村昌家編『日本とヴィクトリア朝英国―交流のかたち―』〔大阪教育図書出版社、二〇一二年〕）二三～二五頁に記述の門数を採用した。前者は一八六三年九月二十一日付イギリス艦隊司令官によるアームストロング砲に関する報告書を掲載しており、後者はイギリスの『兵器特別委員会議事録年季報告抄』第三一六号（一八六三年十二月十八日付）にある門数を記している。なお、前掲『世界銃砲史』（下）（七一二頁「表7」）なども二十四門としているが、前掲「幕末最強火砲の神話　アームストロング砲」（一五七頁）、多田智彦「照準器、蒸気推進艦、アームストロング砲、砲塔砲　産業革命の新型砲と装甲艦」（横田博之編『軍事研究』第三六巻第一号通巻第四一八号〔ジャパン・ミリタリー・レビュー、二〇〇一年〕二〇八頁）は二十一門としている（両稿とも典拠は記していない）。

(42) 前掲『薩藩海軍史』中巻、五八五頁。同書は前注にて記したイギリス艦隊司令官によるアームストロング砲に関する報告書（砲種・砲弾発射数・効用・事故状況・所見などが詳述されている）も掲載している。これも強烈な印象を受けたことのあらわれだといえよう。

(43) 斉藤利生『武器史概説』（学献社、一九八七年）六六頁。

(44) 前掲『薩藩海軍史』中巻、八六六頁。

(45) 同、八七八～七九頁。文章脇にふられている圏点は原文のとおり。

(46) Whitworth 砲。アームストロング砲同様に、後装かつ砲弾を回転させて発射する大砲。ただし施条式ではない、砲身内がひねりのある六角形となっている。砲弾も六角形である（前掲「照準器、蒸気推進艦、アームストロング砲、砲塔砲　産業革命の新型砲と装甲艦」二〇八頁）。

(47) 前掲『薩藩海軍史』中巻、五九六頁。

(48) 文化七（一八一〇）～明治四（一八七一）年。蘭学者、幕府の蕃書調所教授などを務める。安政四（一八五七）年に薩摩藩籍に入っている（前掲『洋学史事典』一九三頁「川本幸民」の項）。
（49）国立国会図書館古典籍資料室収蔵本にては、題名が異なる表記にて七カ所に記されている。具体的には以下となる。それぞれ、記されている箇所、表記されている題名、補足説明、の順で記す。
①表紙の題簽。「俺私多龍新砲圖説」。「俺私多龍」が二行割り書きで次のルビがふられている。「俺（アルム）私（ス）／多（ト）龍（ロン）」。
②見返し（表紙裏）。「俺私多龍新礮圖説」。「俺私多龍」が二行割書でルビなし。「砲」を同音の「礮」と表記。
③緒言に付した内題。①に同じ。
④版心（二つ折りにした折り目部分）。「新砲圖説」。割書なし。
⑤本文冒頭に付した内題。①に同じ。
⑥本文末尾に「新砲圖説終」と記された題名。④に同じ。
⑦圖之三（横長図・折込）に記された題名（版心に相当するもの）。④に同じ。
正式なタイトルは②と考えられるが、本稿では①を採用。割書部分との間に空白を入れて「俺私多龍　新砲圖説」と表記する。なお、④の題名を採用しているデータベース・文献もある。数カ所に記されているので誤りではないが、この題名からはアームストロング砲に関する書物であることが連想できない。ゆえに、「俺私多龍」は省略すべきではない。
（50）藤原清貴編『鉄砲・大砲大図鑑』（洋泉社、二〇一四年）七二頁。
（51）前掲『洋学史事典』三九頁「俺私多龍新砲図説」の項。
（52）前掲『武器史概説』六六頁。
（53）前掲「幕末最強火砲の神話　アームストロング砲」一五七頁。
（54）滑腔前装砲から施条後装砲への移行期に存在した、施条ではあるが後装式ではなく、従来の前装式を採用している大砲のこと。後装式は砲弾装填時に砲身尾部が一旦、開放される。このため、閉鎖後の砲弾発射時に砲身尾部は高い密閉性と強度が要求されるが、技術的なハードルが高かった。薩英戦争でのアームストロング砲は、これに問題があったため事故が発生した。前装施条砲は、砲弾装填の容易さ（および砲弾の発射数）よりも、安全性を優先させた大砲だともいえる。
（55）前掲「幕末最強火砲の神話　アームストロング砲」一五六～五七頁、前掲『洋学史事典』三六頁「アームストロング砲」の項、中江秀雄『大砲からみた幕末・明治　近代化と鋳造技術』（法政大学出版局、二〇一六年）一七～一八・三九～四〇頁、などを参考にして記した。なお、「後装式が真に実用的になるのは、一八七二年にフランス人のシャルル・ラゴン・ド・バンジュが拡張式緊塞具を発明して以降とされている」（前掲『大砲からみた幕末・明治　近代化と鋳造技術』一八頁）。緊塞具とはガス漏れを防ぐパッキンのこと、ドバンジュ式とは遊頭と呼ばれるきのこ型の部品にて密閉する方式のことである（水野大樹『図解　火砲』

〔新紀元社、二〇一三年〕二八～二九頁、かのよしのり『重火器の科学　戦場を制する火砲の秘密に迫る』〔SBクリエイティブ、二〇一四年〕一一〇～一一頁）。

(56) 前掲「アームストロング砲とスペンサー銃」三頁。

(57) 同右。

(58) 前掲『大砲からみた幕末・明治　近代化と鋳造技術』四〇頁。

(59) 前掲「幕末最強火砲の神話　アームストロング砲」一五七頁。

(60) 前掲『大砲からみた幕末・明治　近代化と鋳造技術』四〇頁。

(61) 椎の実形で、内部に火薬が詰め込まれ着弾時に爆発する砲弾のこと。

(62) 前掲『洋学史事典』三六頁「アームストロング砲」の項。同項の執筆者は銃砲史研究の大家・元銃砲史学会理事長、所荘吉氏。

(63) たとえば、久重は幕末期に久留米藩にて製造した施条後装砲のことを、後年、「アームストロング砲」と書き記している〔拙稿「幕末久留米藩における田中久重の大砲製造　在来技術により造り上げられた施条後装砲」（下）〔本誌第55号、二〇一七年〕五九～六〇頁）。銃砲関連で、このような用法は少なくない。周知のとおり「種子島」といえば火縄銃を意味する。また、幕末期、オランダ語では単に小銃を意味する「ゲベール」は「洋式歩兵銃の代名詞」〔前掲『武器と防具　幕末編』一四頁）となっていた。

(64) 拙稿「幕末久留米藩における田中久重の大砲製造　在来技術により造り上げられた施条後装砲」（上）〔本誌第54号、二〇一六年〕九四頁。

(65) 前掲「幕末久留米藩における田中久重の大砲製造　在来技術により造り上げられた施条後装砲」（上）・（下）にて記した。

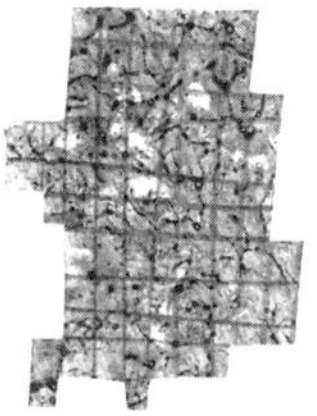

インタビュー

昭和と共に歩んだ人生（下）

匁銭と益冨家鯨組

藤《ふじ》本《もと》隆《たか》士《し》

【聞き手：石瀧豊美】

2017年10月7日　福岡県立図書館別館研修室

――「藤本隆士先生のお話を聞く会」ということで三月に企画しまして、その時は長時間お話をいただきましたけれども、まだ予定の前半ぐらいまでしかお話ができなかったということで、今度は戦後の部分のお話を聞くという趣旨で企画しました。

今日はここに藤本先生の新刊書が届いております。これは十月十二日発行ということで、まだ発行前ですが、『近世西海捕鯨業の史的展開――平戸藩鯨組主益冨家の研究』（九州大学出版会）という本の内容についてもお伺いしようということにしております。

前回が終戦による台湾からの復員ということで、ご家族のもとへ帰ってこられたところまでお話をいただきました。ただ、会報ではちょっと後ろのほうがカットされております。今日は戦争が終わって復員してこられた後、どんなふうにして研究に携わってこられたのか。研究テーマとどういうふうに出合われたのか。そういうところをお話いただければと思っております。では、よろしくお願いいたします。

台湾からの復員、九州大学へ

藤本でございます。今日は暑いところ誠に大変だったと思いますが、私の話はたいしたことなくて、自分の身の周りのことから、どういう過程で研究に入っていったかということを申し上げたいと思います。よろしくお願いいたします。

敗戦翌年の二月の初めに、台湾から日本に到着いたしました。鹿児島湾に入って、あれは小学生か中学生ぐらいと思いますが、手旗信号で「いずこより帰りしや」という信号を受けました。みんな喜びまして、それまで荒れていた波も湾内に入りますと静かになりました。「台湾より、台湾より」と信号士が送りましたら「ご苦労様」という返事が来て、出迎えをしていただきました。

それで鹿児島で軍隊の解散式を行いました。もう時間が遅かったものですから汽車が無くて、そのまま次の日になって自宅に帰ってまいりました。

それから高等学校の試験を受けるつもりだったんですが、その余裕もございませんので、福岡高等商業学校の最後ですけれど、そこが募集しているというので、そこに受験をして入りました。

高等商業の生活は申し上げるまでもありませんが、ただ、たしか一年生で入ってすぐだと思いますが、宮本又次先生が九大から講師でいらっしゃっておられました。非常に早い口調で講義をなさるので驚いたんですけれども、私と経済史との関係がそこで培われたような気がいたします。

それから九州大学に入りまして、経済学部の旧制の最後から二番目になると思いますが——まだ看板も「九州帝国大学」でございました——本当に嬉しくて勉強をするのが楽しくて仕方がなかったんです。そういう中で九大の生活を終わりました。

ちょうどその頃、宮本先生が九大の講師になっていらっしゃって、講義を聴きまして。懐かしいと思いながら、さすがに九大の講義は、先生は非常にスピードの早いしゃべり方なんですけど、内容は非常に重いものを感じました。

それで学部の生活が三年間終わりまして、大学院に入りました。その時に宮本先生から大阪の方に来ないかと、特別研究生の席を空けておくからいらっしゃい、というお招きをいただきました。だいぶん迷ったんですけれども、ちょうどそのころ、秀村選三先生が助教授になって宮本先生の後を継がれることになりました。私はその若い先生のところで勉強をするということを望みまして、宮本先生には「九州でもう少し勉強をしたい」ということでお断りしました。そして、いろいろ先生から教えを受けながら大学院の生活を始めました。

入りまして間もなく、前にも申し上

げたと思うのですが、文化あるいは歴史関係の者がよく集まります九州文化史研究所が地階にございまして、そこで勉強をして、最初は当時流行のテーマでありました「地主制」をしようかと思って、しばらくはそこに通って勉強をしておりました。

匁銭研究をテーマにする

　しばらくして、これは宮本先生が関係されておったと思うんですが、全国九カ所の徳川時代の物価史の研究をされるということで、そのグループに入りまして、私も加わりながら勉強をしました。そこでこういうふうな大げさな題をつけたんですが（注：藤本隆士著『近世匁銭の研究』吉川弘文館、二〇一四年）、いわゆる近世の銭の問題は難関・難問ですね。これは標準の銭の売買・交換なんですが、この匁《もんめ》がついた銭（注：銭なのに単位が「匁」）がたくさん出てくることに気がつきました。で、いろいろな方に質問をしていますけれど、なかなかはっきりしたお答えがいただけなかったというのが事実です。

　それで、あのころは大阪大学の先生になりました作道洋太郎さんが貨幣史関係をやっておられまして、それで作道さんにも質問をしたんですけど、これは六十文銭で、正式な銭の交換に六十文を標準単位とする「匁」の計算単位であるという、非常に重要な指摘でありました。

　いろいろな史料を見ておりますと、八十文銭というものも出てまいります。それから筑豊の直方のあたりは五十文。こういういろいろな銭が出てまいりました。こうなると、簡単に取り扱っていいものかどうか非常に疑問を感じ始めました。

　それからだんだん貨幣史の研究に入っていくことになるんですけど、そういう史料と正式にぶちあたって、それを研究テーマにするということが、我々の研究では極めて重大なことを初めて知りました。

　それからいろいろ計算をしておりましたら、私はこれを匁銭と名付けたのですが、これが銭何匁になるのは六十文を何貫何匁。ですから一匁が六十文銭という公式の手立てが分かってまいりました。それからいろいろ探ってまいりますと八十文銭が出てきて、七十八文銭。圧倒的にたくさん出るのは筑前は六十文であります。

　これを深めていこうというふうに考えまして、しだいに貨幣史の方に〝のめりこんでいく〟というのは普通の言葉ですけれど、そういう形で迷いながら九州大学で。特に半地下ですけれど、文化史研究所という所がありました。そこには九州各地のいろいろな史料がございました。そこで私は経済史の研究室を、三階でしたが、与えられていたんですけれど、そこにはほとんどまいりませんで、文化史研究所でよく勉強をさせてもらいました。そこが私の主な研究室と言ってもかまわんですけども。特別研究生として、匁銭を何とか計算をはっきりしたいというふうに思ったものですから、しだいに貨幣史の研究に全身全霊で入り込むことになりました。

福岡大学に就職

ちょうどその頃、福岡大学に就職が決まりまして、福岡大学に行ってしばらくは西も東も分からなかったんですが講義を始めて。主にその講義を始めた最初のことは、地主制を最初に、一つ二つ地主制の論文を書いておりましたものですから、それをやっていて。これは客観的な問題ですけれど、福岡大学が正式に福岡大学に承認されるという昭和三十（一九五五）年の初めでございまして、それで就職をしたわけです。

そういう中で九州大学は非常に出入りが自由な大学ですから、私も今までどおり机を一つ占領してそこで物価史を勉強しておりました。そしたら、昭和三十七年に、福岡大学から海外研究の指名が回ってきまして、商学部から私が行くことになりました。それで法学部から法律で有名な古林《ふるばやし》先生が行かれることになりました。私は特別なこともないんですけど、ヨーロッパに立ちました。

その時に非常に勉強になったのは、ヨーロッパの貨幣の在り方と日本の徳川時代の在り方とは本質的に違うようなことを感じました。どこがどう違うのかというところまで分かりませんけれど、計算方法が向こうはきちっと両替をして交換をしていくわけですが、日本の場合は各藩によって八十文銭とか六十文銭とかいろいろな銭が使われておる。こういうようなことはヨーロッパではあまり、私はヨーロッパは素人なので大きなことは言えませんけれど、どうも違うような気がして仕方がありませんでした。

約一年ドイツに、イギリスに前半分と、それから後半はドイツでいろいろな研究をしておりました。その結果、ドイツの地方史を研究しておる、ちょうど日本経済史の研究室がハイマンという教授だったんですけど、そこでいろいろと勉強したのですが、ちょうどその年は古代の銭の研究がテーマとして取り上げられておりました。

私は古代はまったく分かりませんけれど、それに参加させていただきまして一緒に研究をしたら、古代社会とヨーロッパは似ているんですね。非常に国際価値観と言いますか、ドイツ古代ゲルマン時代の銭の計算と現代と共通するところが非常にあるんです。日本の場合は、徳川時代の初期でも明治以後、昭和のあの三十年代ではほとんど使われていないことが多いんですけど、そういう違いを初めて知ることができました。

　ヨーロッパから帰る時に何かをしようかと思ったんです。私は非常に肝が小さいものですから、陸軍にいる時は高射砲隊におりまして、そこで爆弾を落とされますと貨幣が飛び散ることがあるんです。そういうのを現実に見ておりまして、当時は日本の植民地でありました台湾が懐かしく感じられたんですけど、こんなに複雑な貨幣が古代社会にどうして行われていたのかということが疑問になりまして、しばらく勉強させていただきました。

　高射砲隊ですので、アメリカの空軍から爆撃を受ける以外は体があいているという部署だったものですから、帰ってきましたら基隆からだいたい台北の方に七十機から八十機ぐらいの編隊を組んで、そうですね、高度はだいたい五〇〇〇メートルから六〇〇〇メートル、高射砲がようやく届く所ですけれど、私たちは三次元の計算をしながら高射砲隊で勤務をしておりました。それがどういうことなのか分からなかったんですけれど、大学に入って勉強しているとだんだんその時の計算が役に立ってくることが分かってまいりました。

　そういう恩恵を受けながら敵と交戦するということは、大変な、軍隊の言葉で言えば、けしからんことになると思いますが、そういう勉強をしてノートに計算方法を書きながら蓄積しましたけれど、残念ながらそれは日本に帰ってくる時に台北に置かないと船に乗れないということになりまして、全部そこに置いて帰ってきました。

六十文銭換算方法を発見

たまたまボンの駅の前からちょっと左側に入った所に小さな電動機を販売しているお店がありました。そこで計算機みたいなものはないのかと言ったら「ある」と。

　それでいろいろと説明をしたら、このくらいの重くて図体が大きいんですが、そういうのがあるということで、それで銭の六十文単位で動かす、次は八十文単位で、あるいは七十八文で動かすというような計算方法をやろうとしたらどうしたらいいかと聞いたら、「簡単でここを少し改良したらできる」ということで、改良してもらって、それを持って帰りました。

　で、帰って来て九州文化史にその計算機を持ち込んで、ずいぶんあれは役に立ったと思います。しかし一年ぐらいしたでしょうか、今の電卓が普及してまいりまして、とてもこんなごちゃ

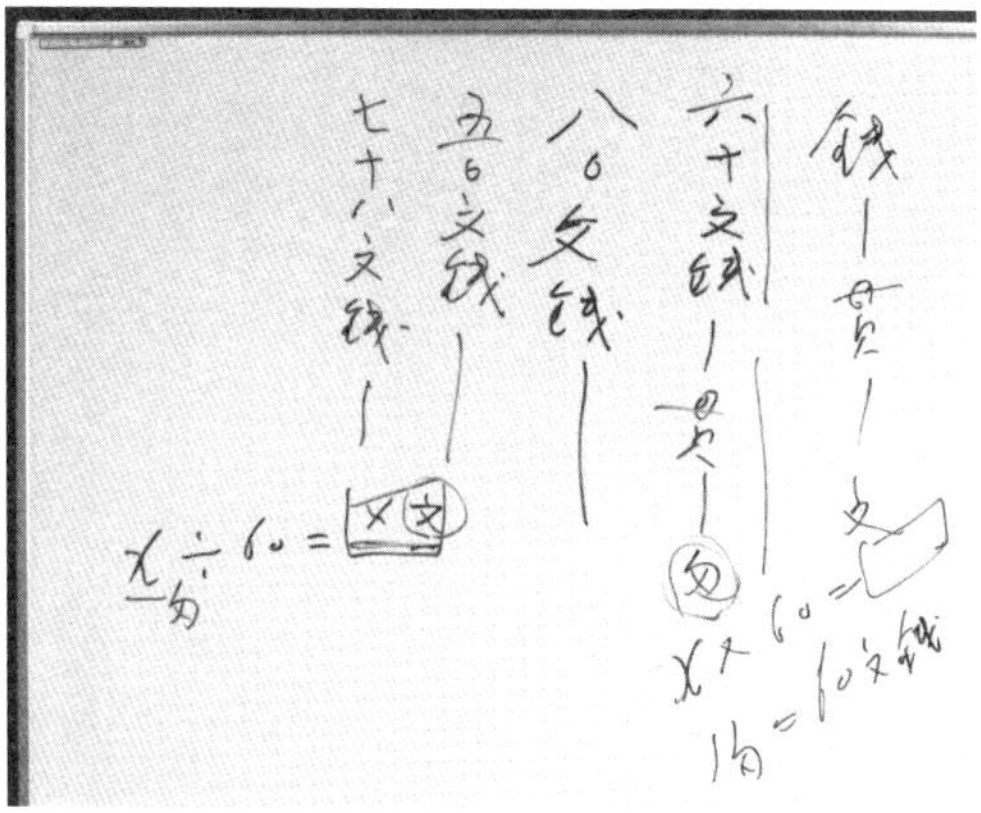

ごちゃやるのは大変なことですから、電卓の方に移って現在は福岡大学の私の所持品一覧の中に入っております。

そういうこともありまして、ドイツで計算できた銭の単位がいろいろありましたけれど、こういう匁銭の研究にはすごく役に立ったと思います。

そういうことでやっておりましたが、だんだん六十文銭、法令を服藤弘司さんという、後に東北大学の教授になられましたけれど、いろいろ聞いておりましたら「それは各藩でそういう計算法が決まっておるんじゃ」ということを教えてくれました。

それでいろいろ調べましたら、筑前福岡藩は圧倒的に六十文銭が多かったのです。そのことでやったのがこの一冊になりました。正式には、これは「匁銭」と書いてありますけど、これはいわゆる徳川が発行しておる貨幣では何貫何文で出てくるわけです。ところが、ここに書きましたように「六十文銭」という言葉が福岡藩では使われて。それが一番基本になる貨幣だということで。それが分かりますといくらでも貫、文に換算することができるんです。簡単に言いますと（板書）、ここのなまの物価（匁）が出されまして、それを六十文で割りますと何貫、それから何文で出てまいります。この「何貫何文」と、こちらがいわゆる「匁」ですから、こういう公式が分かってまいりますと非常に面白いことがだんだんと分かってまいります。

その頃、ヨーロッパにまいります年でしたか、秀村先生と一緒に生月島（長崎県）に行きました。益冨家の文書を見ておりますと、あそこはいろいろな銭が使われておりました。それも私の研究に作用を及ぼしてくるわけですが、一年置いて昭和三十八年に帰ってまいりまして、ほとんど文化史中心の生活にはまりこんでしまうような形になりました。

それから何十年かは、この匁銭と、いろんな形で展開します匁銭で、それは筑前の匁銭という風に考えていいのですが、とくに九州を勉強しておりますと「九六銭」というもう一つ別の概念が出てまいりました。

九六銭はいったい何だろうということが問題なのですけど、これは百文を九六％、九十六文で百文と一応仮に計算をするんですね。ただ「九六」と書いて、何貫何百何十何文ですね、これは文です、そこで九六銭が出てきました。そしていろいろ計算しておりました。長い歴史の中で私が勉強する、日本の歴史のごく一部でしょうけれど、五年か十年か経ちました。そうすると、九十六文を十倍しますと九六〇文。九六〇文を割ると、一斤一六〇文（注：一斤＝一六両＝一六〇匁）と関係をしてくることが分かってまいりました（注：九六〇は九六と六〇の公倍数）。これが問題なので、一六〇文の五匁ですね、「X＝六十文」のところで換算しております。それを計算しましたら、ちょうど割り切れるところ、今は数式を忘れましたけれど、そういう単位が生まれてまいりました。これが九六銭ということに。私は貨幣史の研究の中で快哉を叫ぶような発見でありました。

この中にも書きましたけれど、匁銭の源泉と流通、徳川時代の少額貨幣ということを書きました。ですが、銭は一枚一文で決まっているんですけど、銀の流通はその時々の銀貨の価値変動がありまして、それで動いていく。だから金と銭とはちゃんと一貫何匁で、一匁は十分、「分《ふん》」という単位で計算されておりますので。それから銭は一枚一文で千枚が一貫になるわけですけど、そういう形の中で金銭の貨幣の中で、徳川の計算法が匁銭で日本に入ってきておるんだということを初めて知ったわけです。

それも十数年してからだと思いますが、北九州の八幡で用事がありまして、古文書整理をしておりました。そこで計算をしていたら気がつきました。それが嬉しくて、そこのおばあちゃんにいろいろ話したら、「うん、匁銭があったよ。これは九十六文が一貫になるけど」ということを教えてくれて。

その後二、三年しておばあちゃんが亡くなられまして、それ以後、宇都宮文書は、能美《のうみ》安男君が、彼は黒崎出身ですが、この文書は小倉の図書館に入っていると思います、そういう関係で筑前と言いながらも小倉藩と福岡藩との、そういう銭の使い方は非常に異なっておる。そういうことを考えまして、同じ匁銭と言いながら、福岡の六十文銭一匁という基本単位と、九六〇文が、六桁だったかな、四桁か六桁だと思いますが、そういう形で福岡では流通をしていたということが初めて分かりました。これは論文で書いたものであります。

だいたいその土地の人間にとっては標準何匁というのが当たり前のように扱われておりますが、外部の者から考えるとこれは大変なことで、六十文であったり、基本が七十文であったり、八十文であったりする。

長州の銭の計算を調べましたら、これは秀村先生と一緒に行った時ですけど、夜いろいろしゃべっていたら、そういう問題が出て、長州では六十文銭が標準ではなくて八十文銭を使っているということを知りました。もちろん六十文銭も使われておるんですけれど、長州は八十文銭が多かったということを知りまして、大変気持ちのいい時間を過ごした記憶がございます。だいたいそういうことで一応前半の金銭、匁銭につきまして申し上げました。

――十分間休憩して、後半は捕鯨のクジラの問題をお話していただきます。

西海捕鯨と生月島益冨家

それでは二番目になりますけれども、捕鯨関係のことを申し上げていきたいと思います。ご承知のようにクジラというものは大きいですから一頭捕れるとどのくらいになるのか。とにかく現在で言えば億単位ぐらいになるような感じで迫ってくるんですけど、そういう中で生月島の益冨家を中心に私どもは調査研究をさせていただきました。

先代の益冨さんからいろいろ親しくしていただいて。最初にまいりました時には顔見知りがなかったものですから、ちょっと持ってきて「これで勉強しなさい」というようなことでありました。二回、三回、あるいは五回、十回となりますと、だいたい夏休みだとか冬休みには益冨さんのお家にお伺いしていろいろと史料を拝見させていただきました。

だんだん拝見する史料も多くなって、最後は「もう二階に上がって好きなだけ見なさい」というような許可が出ました。そして探していたら、最初は大きな箱がいっぱいありましたが、その中でも貴重な、それまで秀村先生が研究されておりました史料がその中に入っておりまして、それを見ながら、もう少し奥に入っていくと、ある時史料がいっぱい詰まっておる棚の下段がありました。その扉を開けてみたら、ダーッと史料が転げ落ちてまいりました。それがみんな鯨組関係の史料だったものですから、我々は驚くやら喜びもありましたけれど、こんなにたくさんあったら、とにかく我々は手に及ばないだろうけど、とにかく行くところまで行こうというような形で覚悟して。ちょうど秀村先生はその時はご一緒でなかったんですけれど、電話をしてものすごい史料が出たことを報告いたしました。先代の益冨さんが、そういう史料のあり方、その史料に対する接し方をご存じと言いますか、秀村先生から教わられたんだろうと思いますけれど、ちゃんと心遣いをされておられました。

いろいろ調べてみると、しだいに一回、二回、三回、四回とお伺いするたびに、だんだん深みにはまっていくようなことであります。最初はいわゆる「突き組」ですね。クジラを一頭捕るのに「突き組」という文言が出てまいりました。これは近世日本に四つの代表的な大きなものが、いわゆる紀州の、いろいろたくさん史料はありますけれど、紀州の捕鯨業、土佐の捕鯨業、長州の捕鯨業。それとこの西海捕鯨業。四つの捕鯨業がありますが、その中で一つ、「突き組」というのが出てくる。一頭をみんなで銛で突いて、突かれますとクジラは潜るそうです。そしてある時間がたちますとガバッと上がってくるんですが、それに縄をかけて何艘かの船で網元まで持って行って、そこでいろいろ小さく分けて販売をするという形になるらしいです。

ところが、この突き組から網組に代わるということが捕鯨業においては革新的な技術の開発であったわけです。網は役割分担が決まっておりまして、クジラを、網を張って、ここに船を浮かべておるんですが、そして一番先頭を切る突き組がこの船に乗っていて、クジラを追いかける。で、何艘かクジラを追っていくんですけれど、クジラが弱くなった時に縄をまずかけて、それから網をかけて、この網で張っている所に追い込むわけです。これは両方から縛って、クジラが逃げられないようにして、それで港の方に連れていくというのが漁法であります。

鯨組の変容

この生月は岬というところには、ちょうど緩やかな入り江があって、そこまでクジラを持ってくるんですね。そしてこれに入れる分担の者が待っていて、まず皮を取るとか、肉を取る、骨を取る。そしてここに小さな小屋が描いてありますけれど、こういうところで肉を小さく分けて、好きな者は自由に持っていけ、というぐらいたくさんあるものですから、こういう形でクジラをみんな煮て。それからここはみんな、こういう鉄板で肉を焼いて。で、問題はこの肉を焼いて何をするかというと、結局この突き組を成功させるために焼き肉を使うらしいんです。そういうことのために村の人たちもたくさんこれに寄って行って、クジラを分けてもらいながら、この分担したところに労働を加えて処理をして商品化していくということが基本的な鯨組の労働になっていくわけです。

これが益冨又左衛門……益冨本家の系図であります。非常にきれいな史料が残っておりました。これが本家初代、二代、三代と。この三代のマタヒロが武家になります。

もう一つ、二軒武家になるのが生まれてきますが、この一人が山県《やまがた》姓を名乗るわけですね。山県姓を名乗るというのは、昔勤めておったところの家臣の名前が山県だという説明がしてありますが、そこのところはそれ以上のことは分かりません。とにかく、そういう形で突き組から網組に変わっていくという技術的な大転換が行われる。それに対して藩は大変な恩恵を受けるわけで、平戸藩の「旗組」というのが正月平戸城下に集結しまして、平戸を防衛する一つの戦闘部隊をなすというようなことが書いてありますが、それ以上のことは分かりません。

そういう中で平戸を守る軍隊をそこで形成している。だから長崎が開港するまでは平戸と長崎が開港場だったようですが、平戸が閉められて長崎一本になっていきます。それの防衛を益冨が引き受けていたということが分かってまいりました。

そういう鯨組の突き組から網組に変わっていくこれは、発展する原因と言いますか、発展しなければならないのはクジラを捕獲する方法が一つ浮かんでまいります。

それから今度は捕獲して生月までクジラに綱をかけて引っ張って帰るんですが、その帰ってきて、皮組とか肉組とか骨組とか、とにかくクジラ一頭捕れば残るものが無いほどにみんな潤ってきたと書いてあります。

そういうクジラの収穫で皮・肉・骨と、それぞれの専門のさばき方を益冨の漁業では形成をしていくことになって。それはしだいに幕末になっていきますと、クジラが捕れなくなるということが書かれております。その原因はよく分かりません。史料にはそれ以上のことはまだ発見をしておりませんので分かりませんが、ただ平戸が一つのクジラのですね。

（板書）九州があって平戸がありますね。この沖が生月島なんですが、ここを通る。それからこれを帰っていく（往復に通過する）。これを捕獲するのが益冨なんですが、そのほかに壱岐ですね、それから五島の所まで。五島組、壱岐組。五島はこの益冨、それから壱岐のドイ。これほど漁場を広げていきますと、月に一頭ずつ捕っても大変な収穫になるわけです。この鯨組の収穫というのはバカにならないものだったと思われます。

捕鯨作業の華

一番労働で華をなすのは、いわゆる最初の銛を、これは空に向かって投げるんだそうです。で、これが背中に刺さるとクジラがグーッと潜っていくんですが、呼吸が苦しくなると上がってくる。それに今度は縄をかけて逃げないようにして網組にまでクジラの一体の大きなものを今度は浜まで、みんな漕ぐんでしょうけど、そういう形で持って行って、それから皮だとか肉だとか骨だとかいろいろな分担を分けて、分業が行われる。

その鯨組の華となるのは一番先陣と言うんですが、網をかけるために空に向かって槍（銛？）を投げる。それが一番捕鯨作業の華と言われておるわけです。この先陣になることが鯨組で成功をするということを意味しておるようです。

そういう形で平戸藩はもちろんクジラの油を採って、西国からと言われますが、これは調べてみますとウンカだとか秋のいろいろな雑種の虫害を防げるようなものがクジラから採れるということで捕鯨が盛んになっていったと考えられます。

ただ、一つ注意しなければならないのは、それだけ大きな資本とこのような労働組織を組み合わせた組織ができていくわけですが、先ほど言いました先陣になるような人たちは町と言いますか、生月で歩く時は肩で風を切って歩いていた。冬は寒いですから緞子の綿入れを着て町の中を歩いていたと言われております。それに逆らうと藩からずいぶんひどい裁判が行われて、現在テレビの特番で捕り物帖があるんですけど、ああいうような形で捕まえられて罰せられるということで、いわゆる鯨組を組織するだけで大変大きな特権を持っていたと言われております。

　もう一つは、そういう一頭を捕れば藩が、あるいは民も、公私にわたって潤ってくる。そういう時代が来るのですが、この生月島の横に入ってくるのは一年間にだいたい二十頭ぐらいだというんですね。それを捕まえるのがだいたい十二～十三頭ぐらいだった。それでも一頭捕ればお大名になると言われたぐらいですから、大変な漁獲量であったと思います。

　それほどの大きな収入が益冨に入って。それが上納金として平戸藩に納められるということが、細かに数字が上がっておりますけれど、そういう形で行われていたと思います。

　しかし幕末になって、十頭が八頭、六頭というふうにだんだん収穫が減ってまいりました。ですから一頭を捕りますと、それを丸まる岬の小屋で分担しておりました役割を、非常に厳しくその役割を決めておるようです。そういうことが一つと、捕った物を売らなければならないということが起こってくるわけです。よく史料で見られるのは、筑前福岡藩に益冨又左衛門が、兄弟になりますけど、本家を継いだ家というのは日本では非常に強い権限を持っておりまして、セイエモンなどが連れて福岡の町宿に泊まっておる。そこに福岡藩の相当に身分が高い侍だと思いますが、訪問をして、そこで話をつけられて売買が行われるということが度々行われておるようであります。

　ですから、そういうクジラを捕るということがどんなに大変なことかということで、九州の西側などで小さな捕鯨が時折行われて、捕まえたものはみんな収入になるものですから、その藩に決まりのものを納めて、その後は自分たちの収入になる。そういう捕鯨はありますけれど、益冨のように四大捕鯨の一つを担うような形で行われるのは、非常に後期のことだと考えられます。

残された課題

　そういうことが一つで幕末どうなったかということは、これからそういうことが許されるならば勉強したいんですが、まず明治維新が行われて新しく、小さなものですけれど大砲のようなものが使われて、明治十（一八七七）年から二十年頃までそれでクジラを追ったというような記録もありますけれど、だんだん経営は縮小して鯨組はほとんど姿を消すという形で益冨家の存在も軽んじられてくる。

益冨家の本家がありますけど、道を隔ててちょっと下に山県家があります。そこのお婆ちゃんに聞きますと、それ以後の史料をこれから探して。山県家の方は非常にお婆ちゃんが親切にしてくださいまして、現代でも後の史料集を出すという計画が進んでおりますようですが、そこのお婆ちゃんの話によると、明治維新以後、鯨組としては大きく伸びていくことはなかったというのが一つの結論だというふうに思います。

私も一度お伺いしましたが、私はむしろ本家の史料を中心にした研究が主でありますので、今まで申し上げたことがだんだん分かってまいりまして、平戸の殿様にうちは鯨組におったんだということを大きな声でしゃべる者たちがいる、ということを史料で見まして、なるほどなというふうに感じました。以上がだいたいのことになります。どうもお粗末でございます。

――ありがとうございます。前回がご誕生から終戦の頃まで。今回はその後九州大学に進学されて、経済史の分野で貨幣それから鯨組について研究を進めてこられたという流れのお話をいただきました。

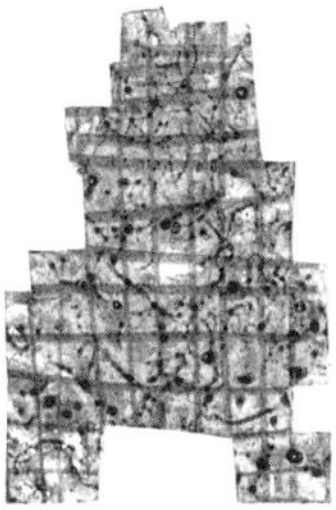

福岡地方史研究会入会のお誘い★研究者でなくても歓迎！

福岡地方史研究会は、福岡にあって地方史・郷土史に関心を持つ人々によって結成された、民間の自主的な研究団体です。福岡県立図書館の研修室でほぼ毎月1回の定例研究会（卓話発表）を開いています。

昭和37（1962）年の発足以来、これまで56年の歴史を持っています。会報の発行は56号を数え、例会の累計は610回を超えました。

発足以来、学界と在野の交流によって、また会員相互の研鑽によって、地方史研究の発展・深化を図ることを目的としています。

したがって、会員個々の研究テーマは、筑前地域を主たる対象としつつも、必ずしも福岡県の地方史に限るものではなく、関心は県外にも及んでいますし、また、広く文化史・社会史あるいは民俗学の研究者の参加もあり、対象となる時代も原始・古代・中世・近世・近現代と、各時代の研究者を含んでいます。

会員の中には、大学その他の研究機関や、地域の地方史研究グループに所属したり、それを主宰している人々、論文・研究書その他の著書を公にしている人々、古文書の整理・読解に取り組みながら、史料集の刊行に成果をあげている人々もいます。

対外的には、福史連（福岡県地方史研究連絡協議会）に所属して県下各地の地方史研究団体と交流・協力する他、会員個々が福岡県立図書館の各種事業・調査、あるいは『福岡県史』や市町村史誌の編纂に協力するなど、外部的な活動に積極的に取り組んでいます。

福岡地方史研究会では、月1回の定例研究会の他、年1回の会報発行によって、会員が研究成果を発表する機会を設けています。また、有志による「古文書を読む会」の活動は『福岡藩朝鮮通信使記録』の刊行に結実し、2001年2月、福岡県文化賞を受賞しました。

会員資格にはいかなる制限もありませんので、地方史研究に興味を持ち、研究を進める上で指針を得たい、史料の所在について情報を得たいという方、定例研究会その他に参加して継続して話を聞きたい、勉強したいという方は、どなたでもふるってご参加下さい。

▼お申し込み方法

①住所・氏名・電話番号を明記の上、年会費5000円（会報1冊代金含む）を添えて、会長方（福岡県糟屋郡須恵町須恵820―2　石瀧豊美）までお申し込み下さい。

②年会費または書籍代金を送金される場合は、左記口座宛て、郵便振替をご利用下さい。

〈振替　01740―2―19884　福岡地方史研究会〉

研究ノート

福岡市西区長垂山に残る道「油坂」について

山《やま》崎《さき》龍《たつ》雄《お》

はじめに

福岡市西区の長垂山(1)は、福岡・佐賀県境にある脊振山（一〇五四・六メートル）から続く丘陵が、西山（四三〇メートル）・飯盛山（三八二メートル）・叶が岳（三四一メートル）と高さを減じて海岸まで延びる先端にある山である（図1）。標高は一一七メートルと低いが、この山は古来、地域の境界となり、弥生時代は西の伊都国、東の早良国・奴国の境、古代以降は怡土・志摩郡と早良郡の境であった。それほど高くない山ではあるが、ヒト・モノの交流には障害となり、東西両地域をつなぐのは海路や山の谷あいなどを通る道に限られた。

この長垂山には油坂《あぶらさか》(2)と呼ばれる古道がある。油坂は西側の今宿青木から東側の生の松原に抜ける峠道で、近年まで生活道路(3)として利用されていた山道であったが、道路が整備され、交通事情が変化した現在では忘れられ、道は崩れ、荒れ果て、かつて道であったとは思えない状況である。

また、この道を海側へ越えた鉢窪というあたりから東側の生の松原一帯は、戦国時代末、糸島の国人領主原田氏と早良郡を支配していた大友氏がたびたび戦火を交えた地である。江戸時代の編纂資料『筑前国続風土記拾遺』巻之五十四には「鉢窪古戦場幷生の松原古城　長鳥古城」という記述がある。筆者は記録に残る城郭の実態はどうなのかを調べるために、二〇一一年三~七月にかけて現地調査を行い、山中に残る城郭遺構を確認した。調査報告については既に『北部九州中近世城郭情報紙33』(4)で報告したが、今回、縄張図の補正を行い、また新たな知見も得たため、この誌面で再報告し、考察するものである。

一　長垂山の自然と歴史的環境（図2）

本題に入る前にまず長垂山の地質について述べる。長垂山は大きく東西二つの峰がある、西峰は標高一一八・五メートルで、現在の長垂山。東峰が最高峰で一二七メートルである。この長垂山は国指定天然記念物「長垂の含紅雲母ペグマタイト岩脈」があることで有名である。この付近の地質としては、後期白亜紀の糸島花崗閃緑岩と早良花崗岩、それと後期古生代の三郡変成岩類の三者からなる山である[5]。ペグマタイトは戦時中、軍事使用を目的に採掘され、今も山の北側にはその採掘坑が残る。

歴史的環境については、長垂山が所在する西区は市内でも遺跡が多い地区であり、平地部はもとより、山地・丘陵地にも多くの遺跡が分布する。長垂山も例外ではなく、山の南側を通る西九州自動車道（今宿バイパス）建設に伴って行われた湯納遺跡[6]や宮ノ前遺跡[7]の調査では、弥生時代から古墳時代にかけての遺構・遺物が調査されている。東側平地部には小学校建設に伴って拾六町ツイジ遺跡[8]が調査され、弥生時代の大量の土器・木器が出土

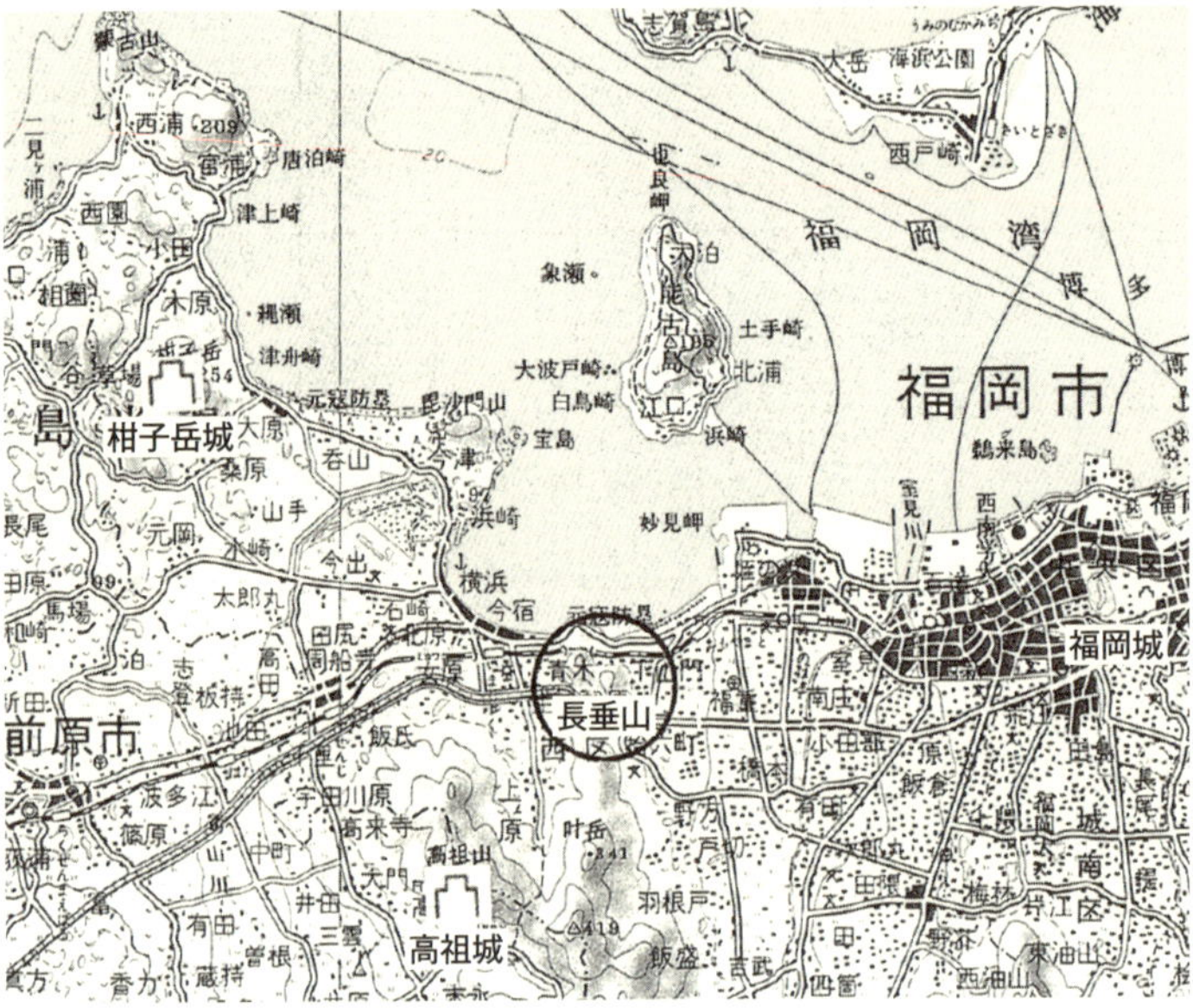

図1　長垂山の位置図（1/200,000 地形図「福岡」）

写真1　長垂山遠景（東から），2018年筆者撮影

している。西側山中には油坂古墳群、浅谷古墳群、東側山中には草場古墳群[9]、長垂山古墳群[10]など古墳時代後期の群集墳が造営されている。古代では山の東麓に鴻臚館・平安京に瓦を供給した斜ケ浦瓦窯跡[11]があり、近くには城

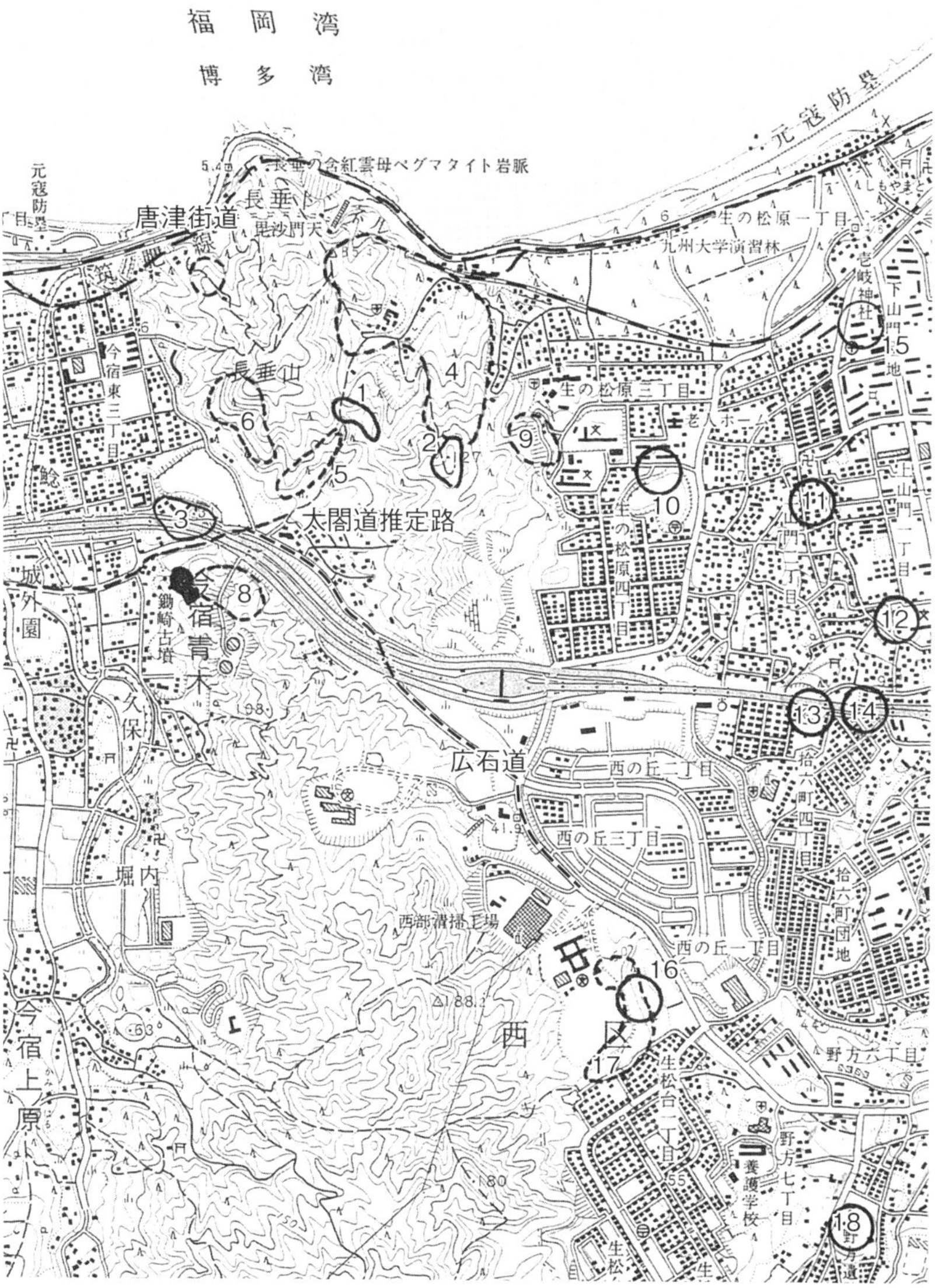

1：油坂砦(城跡１)，2：長鳥城(城跡２)，3：星山城(消滅？)，4：長垂山古墳群，5：浅谷古墳群，6：油坂古墳群，7：鋤崎古墳，8：鋤崎古墳群，9：草場古墳群，10：斜ケ浦瓦窯跡，11：城の原廃寺跡，12：拾六町ツイジ遺跡，13：宮の前遺跡，14：湯納遺跡，15：下山門遺跡，16：広石遺跡，17：広石古墳群，18：野方中原遺跡

図２　長垂山周辺遺跡の分布（1/25,000 地形図「福岡西南部」を基に作成）

の原廃寺跡[12]などもある。長垂山の南側には国史跡前方後円墳の鋤崎古墳[13]、福岡市立西陵高校建設に伴って調査された広石古墳群[14]がある。

以上のように、長垂山周辺には多くの遺跡が分布している。

二　長垂山に残る城郭遺構

写真２　油坂遠景（南西から），2011年筆者撮影

長垂山に残る油坂は、現在の西九州自動車道北側の今宿青木から、長垂山（一一八・五メートル）東側の谷あい、春日病院の東側を通り、大谷に抜けるルートであるが、海側大谷から行くと、春日病院から内陸に入ったあたりまでは民家があり道があるが、人家が尽きた先は雑木が生茂り、足元も悪く、道があったとは思えない。最高所を抜け青木側に出る部分にはかろうじて道が残り、右側に地蔵堂がある。山を抜けた谷間はかつて水田であったが、今は荒れている。開発が油坂近くまで迫り、保全が望まれる所である。

今回報告する城郭遺構は二カ所で確認した（図3）。一カ所は油坂の最高所一帯（城跡1）、もう一カ所は最高所である東側山頂一帯で確認した（城跡2）。

⑴　城跡1（図4）

油坂は西峰と東峰をつなぐ尾根を掘り切って通る道で、この道の最高所（標高七〇メートル）で検出した。上幅二〇メートルを超える切通しh1（一部崩落がある）から南東峰に続く尾根筋で堀切一条を確認した。確認規模は約一五〇メートルの範囲である。

切通し部西側では、西から北側に土塁状の高まりd1を延ばして、生の松原に向かう方向の視界を遮り、クランク状に道を曲げる。東側は堀切尾根頂部から切通し上面北側斜面に沿って、土塁状の低い高まりd2が延びる。そしてそこから横堀状に一段下がり、その北側には東西に延びる低い土塁状の高まりd3がある。この部分は土塁と堀を組み合わせることで、防御を固めている。

切通し西側には、東側尾根頂部の平坦面に対応する位置に狭い平坦面が有るほかは、目立った地形整形は見られない。この西側平坦面から東側尾根頂部に櫓門などの構造物を掛けた可能性がある。切通し東側頂部から尾根筋を東に約五〇メートル先の南に曲がる屈折部がある。

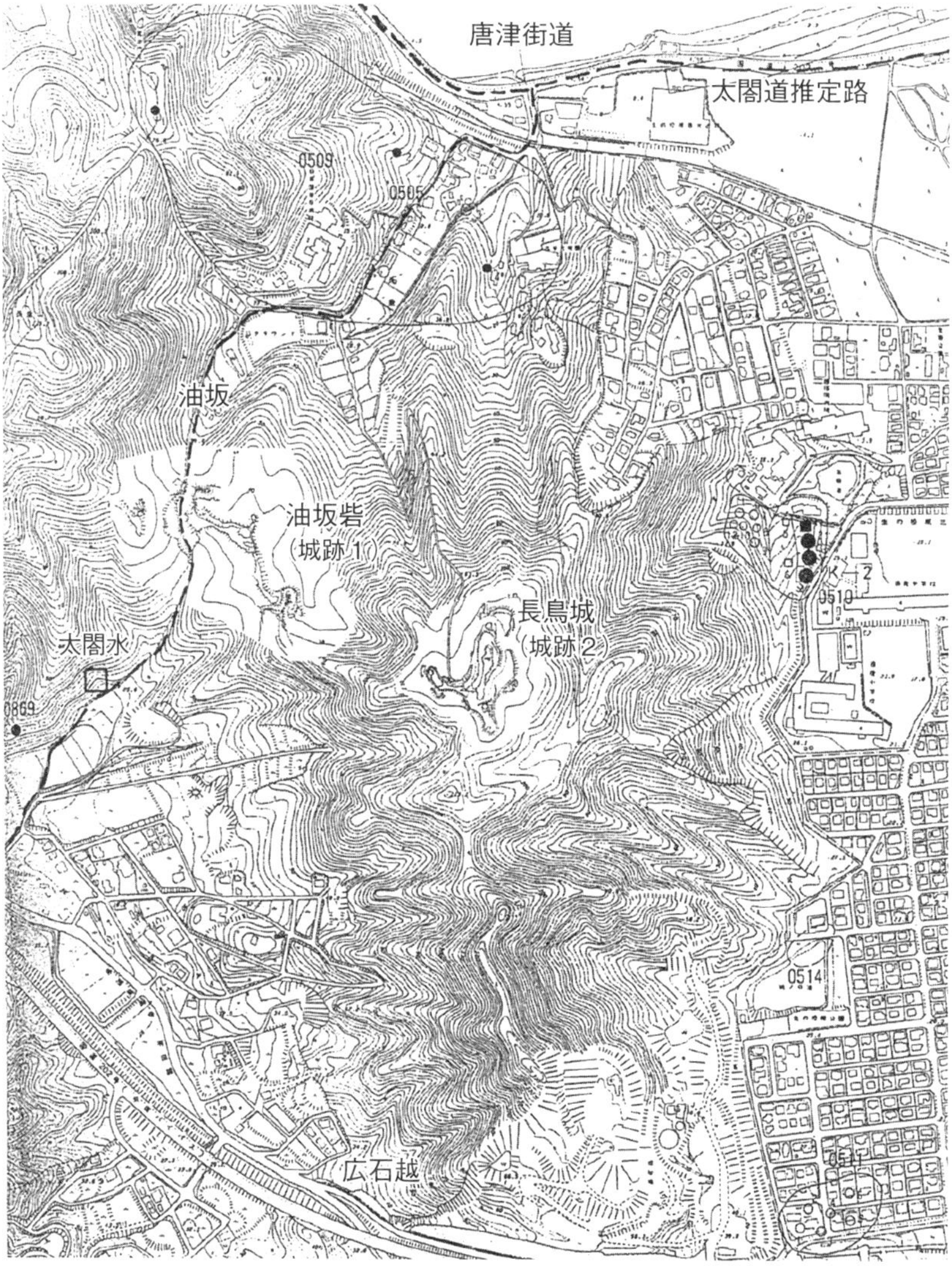

図3　長垂山にある城跡と油坂（1/10,000）
「福岡市文化財分布地図（西部Ⅰ）」1994年を基に筆者作成

この部分は幅二〇メートル程の緩やかな傾斜の平坦面があり、この平坦面東側縁辺には低い土塁d4が巡り、東側斜面も西側に比べて傾斜が強い。切通しからこの部分まで油坂を防御するための中心部分であろう。

更に屈折部から続く南東側尾根筋には上幅一〇メートル程の尾根を切断する堀切h2があり、堀切h2は西側では竪堀状の堀底道となる。東側には北側と東側に土塁d5・d6があり、堀底通路は北から東に折れ、また南に折れるよう工夫しており、外枡形と言えないにしろ固い防御である。この部分が虎口で、出撃の拠点であったと思われる。この先の南尾根は目立った造成面はなく、城域はここまでと考え

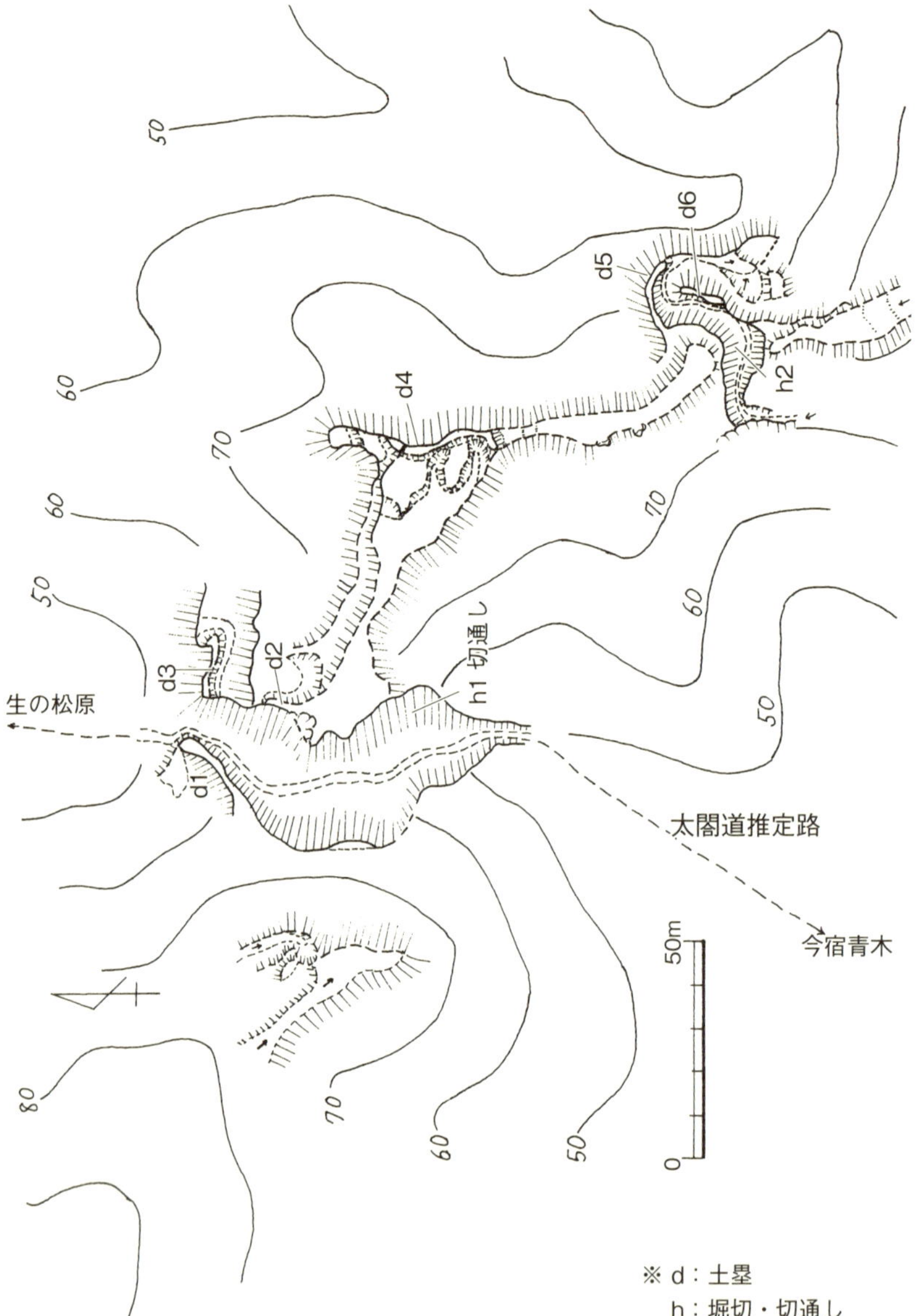

図4　油坂砦（城跡1）縄張図 (1/2,000), 2011年筆者作成

る。

油坂は昭和の初めまで、長年道として使用され、後世の改変を受けている可能性があるが、現状で見る限り大規模な改変はなく、旧状をとどめていると考える。

(2) 城跡2（図5）

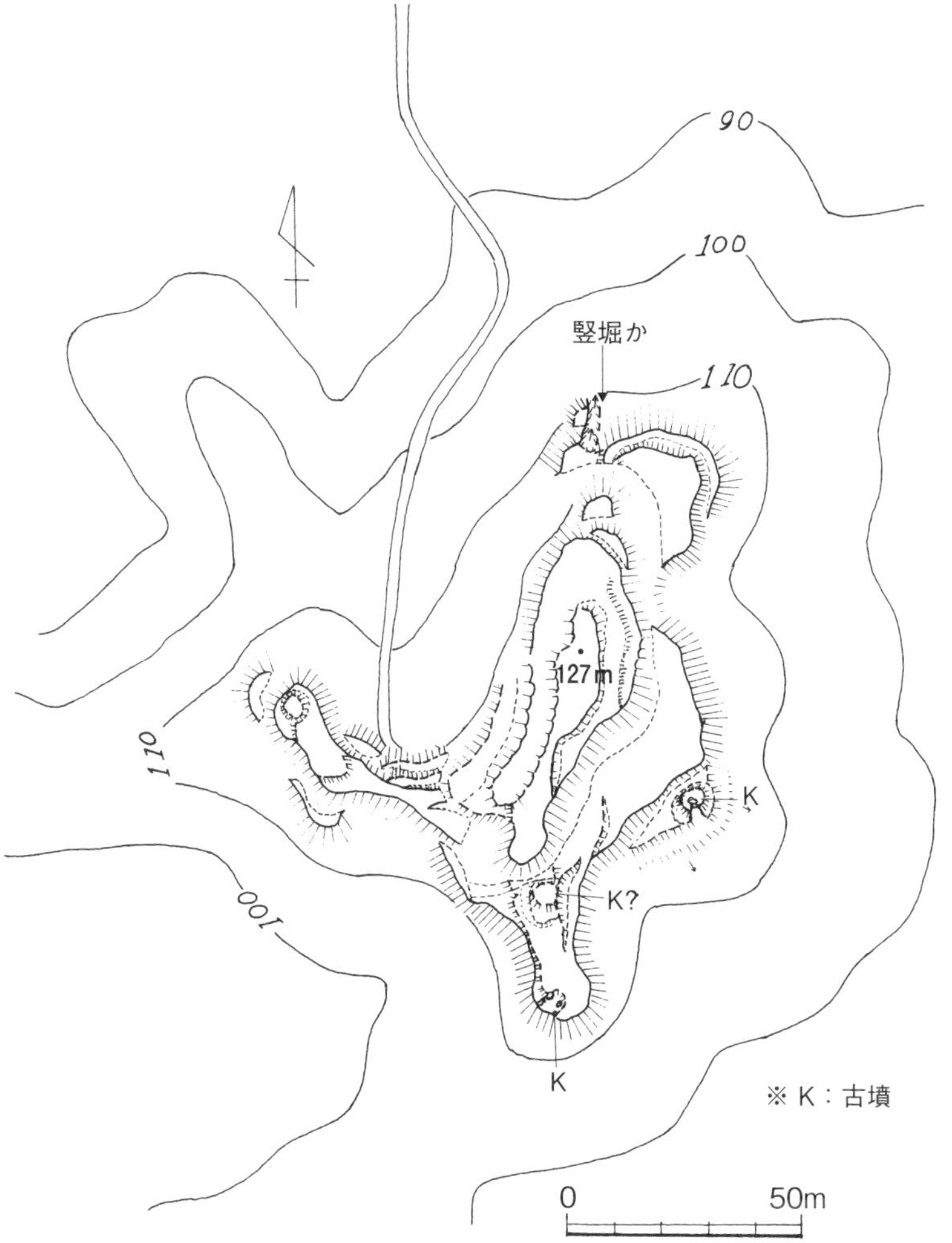

図5　長鳥城（城跡2）縄張図（1/2,000），2011年筆者作成，2018年補測作成

長垂山東側の大字下山門と今宿青木の境となる最高峰に所在する城郭遺構。山頂部約一〇〇メートル四方で確認した。城域には古墳時代後期の円墳が数基あり、横穴式石室が開口しているものもある。城造成で古墳を壊すまでには至っていなかった。山頂と派生する尾根頂部を粗く平坦に整形する程度の造成で、斜面には狭い腰曲輪が付く部分もある。斜面の切岸造成もはっきりしない。地形図を見ると山頂まで通じる道があり、山頂部の主郭も西側を中心に削られるなど後世の造成を受けている。このことから明確な城郭ではないと考える見方も

あるが[15]、筆者の現地踏査から見て、ここが適地と考える。また主郭下南側で碍子片が散布していたことから、送電施設のようなものがあったのかも知れない。

三　両城郭についての考察

(1) 両城遺構について

前節ではそれぞれの城郭遺構について述べた。ここではそれらと数少ない文献史料との照合を試みる。明治五(一八七二)年に福岡県が廃藩置県の翌年から編纂した『福岡県地理全誌』[16]は、江戸時代末期の福岡県のすがたを多岐にわたって記述した記録で、江戸時代に編纂された地誌類を基にしている。この中の「巻之一百三十二　早良郡之七　下山門村」の項に「城原城址」、「長垂城址」がある。「城原城址」は「村ノ西南ノ松原ヲ経テ。怡土。志摩ニユク道ノ山間ニ城ノ原ト云所アリ。東西百間。南北五十間許アリ。本郡外郭の要衝ノ地ナリ。周ノ田字ヲ今モ堀ト云。(中略)鎮西要略(歴代鎮西要略)ニ曰筑前国怡土郡兇徒起打破小田部。生松原。姪浜城。松浦。草野。佐志田平五島之徒官軍ノ余族也ト見ヘタリ。生松原ノ城トアルモ。生ノ松原ノ城ノ事ナルヘシ」とある。また『筑前国続風土記拾遺』にも同様の記述がある。

それらからすると、「城原城址」は現在の油坂最高所で確認した城跡1に該当するが、「周ノ田字ヲ今モ……」という記述については、現状で見る限り田はなく、堀跡もなく、記述が混在していると思われる。福岡県が行った中近世城館の悉皆調査[17]によれば「城原城址」を生松原城として長垂山東側の平地部に推定している。

次に「長垂城址」については「城原の西山中ニ在リ。山上平地三段余。城内相馬陣ナリト云地アリ。鎮西要略ニ曰明応五年前少弐政資拠高祖城取掠長鳥。飯守。小田部。荒平等之地。遮大内軍士而父子同守大宰府。秋冬之比及也中国軍曹之在九州者告急請救也如曳櫛歯矣ト云リ。長鳥城ト云ルハ此所ナルヘシ」とある。これは最高峰の東峰で確認した城跡2が該当するであろう。

以上から長垂山で確認した二カ所の城郭遺構は、城跡1が『筑前国続風土記拾遺』にある「生松原城」か『福岡県地理全誌』にある「城原城」であるが、筆者は油坂の頂部にあることから見て、(仮称)「油坂砦」とする。城跡2は長垂城(もしくは直鳥城)で、福岡県の悉皆調査報告書では長鳥城としていることから長鳥城とする。

さて、両城郭遺構の築城・落城時期や築城主体についてであるが、確かな文献記録が少なく、出土物もなくてよく分からないが、油坂砦は天正十四年には原田氏の防衛線として利用されていることから、城郭遺構としての廃城は高祖城落城と同時期と思われる。長鳥城については、天正年代には山東側の早良郡山門村に原田氏の在郷の家臣、柴田氏・清水氏がいる[18]ことから、長鳥城は原田家の城であった可能性がある。

(2) 星山城について

長垂山周辺にはもう一カ所、星山城という城があった。

『筑前国続風土記拾遺』巻四十八の長垂山の項に「……又広石より直に十六町村に出る小道有。石引道と云。又広石油坂両道の口に星山と云小山有。按に大宰少弐貞頼（在職一三八七〜一四〇四年）より出せる文書に星山城と見えたるは此地なるへし。（中略）星山ハ其喉に當れは城を置て固めとせしにや」とあり、長垂山周辺に星山城があったことが書かれている。

写真３　油坂切通し h1（南から），2011年筆者撮影

この星山城は「王丸文書」[19]、「妙法寺文書」[20]、「油比文書」[21]などいくつかの文献に名前が出てくる。「王丸文書」の大内持世が王丸六郎に宛がった書状には、年不詳正月一八日に大丸六郎を星山に在城させている。「妙法寺文書」では年不詳であるが、小弐貞頼から榊掃部入道と進藤弥三郎に宛てた書状で、両人に星山城で奔走するものがあれば注進するよう命じている。「油比文書」の小弐貞頼書状では、年不詳十月廿二日の文書は、星山城に人数がないので重富次郎四朗に宿直を賞している。

これらの文書類で、星山城の位置が「筑前国早良郡」になっている。このように立地的には早良郡と志摩郡の境にある城で、立地として重要であったが、江戸時代の地誌類には古城跡としての記録はない。すでに戦国時代には廃城になっていたと思われる。

現在では、星山城の位置は長垂山南西で、油坂と広石道を今宿青木方面の平地に抜け出て合流した所で、池を挟んで西側の独立した丘にあったと推測されている。この丘は西九州道建設や民間開発で消滅しており、城も消滅したと考えられている。各文書の注釈で城の位置が早良郡と志摩郡に分かれており、推定されている場所以外に存在する可能性がある。更に、現地踏査を進めて可能性を探りたいと考えている。

四　長垂山を巡る戦い

長垂山周辺で行われた主な合戦を上げる。

(1) 生の松原合戦

十六世紀後半、糸島の国人領主原田氏と筑前の大友方が長垂山周辺で戦ったもので、糸島の原田氏に詳しい丸山雍成氏は『改正原田諺』[22]や『豊前覚書』[23]を基に長垂山一帯で四回にわたって行われた生の松原合戦を分析している[24]。第一次生の松原合戦は永禄十一（一五六八）年八月二日に行われた戦いで、中国地方の戦国大名毛利氏と筑前守護であった豊後の大友氏の間で、北部九州の覇権をめぐって、筑前国の国衆を巻き込んで行われた戦いの一環である。毛利方に助力した原田了栄の子親種を救うために、原田了栄は生の松原まで救援の兵を送り、戸次勢と戦い退けた。第二次は天正七（一五七九）年七月に行われた。小田部勢を主力とする立花勢と原田勢が油坂から鉢窪、生の松原、十郎川で戦い、原田勢が立花勢を撃破した。この戦いで早良郡以西、志摩郡を含めた大半が原田氏の支配下となる。

第三次は天正八（一五八〇）年八月、柑子岳城に籠る木付鑑実を救援するための立花勢と原田勢が生の松原で対陣激突し、痛み分けで引き揚げた。その後、柑子岳城は落城し、木付氏は立花城に退き、以後志摩郡全域が原田氏の支配下に入る。

第四次は天正十（一五八二）年二月、早良郡山門村まで進出した立花勢と、原田勢が戦い、立花勢を撃退したものである。

(2) 豊臣秀吉の九州平定時の戦い

天正十四（一五八六）年、島津氏との戦いで劣勢に立たされた大友宗麟は、天下統一を目指す豊臣秀吉に助けを求める。要請を受けた豊臣秀吉は大友救援を名目に大軍を派遣する。豊臣秀吉は筑前の国衆に軍門に下るよう事前工作を行うが、軍門に下ることを潔しとしない原田信種は、豊臣方の先鋒小早川氏からの降伏勧告を受け入れず、長垂山から飯盛山まで、長垂山と油坂には各五百人、日向峰に六百人の兵力を配し、防衛を固める。小早川・黒田両氏の大軍は油坂の防衛線を難なく突破し、、高祖山本城に迫ったため、原田信種は衆寡敵せずと降伏する。これで糸島の戦国の戦いは終わりを告げる。

(3) 南北朝期の戦い

これについては長垂山の歴史では従来触れられていない。後醍醐天皇は新田氏、足利氏、楠氏など有力武将の協力で、鎌倉幕府を打倒し京都に天皇親政による朝廷主体の新政権を樹立するが、貴族・寺社中心の復古的な政治方針から武家層に不満が高まり、それら不満勢力の支持を受けた足利尊氏は朝廷に反旗を翻し、後醍醐天皇を京都から追放し、光明天皇（北朝）を新たに樹立し室町幕府を開く。後醍醐天皇は奈良の吉野に逃れ、朝廷を開く（南朝）。

以後、足利家の内紛を含んで、半世紀に及ぶ全国的内乱が続く。九州では南朝の後醍醐天皇の皇子懐良親王、それを支持する菊池氏などの南朝方有力武将と、北朝方の九州探題・少弐氏・大友氏などと激しく抗争する。また足利氏の内紛を原因とする観応の擾乱も起こり、九州では一方の当事者で九州に逃れてきた足利直冬を南朝方に迎えたため、激しい合戦が各地で続く。

康安元（正平十六、一三六一）年、南朝方と北朝方の合戦が糸島地域で行われた。「深堀時勝軍忠状」[25]に「……右、去七月十七日、馳参筑前国長鳥山御陣、致宿直之口、……」とあり、長垂山が「長鳥山御陣」という名で合戦の場として出てくる。このことから今回報告する長垂山の城郭の築城が南北朝期に遡る可能性も考える。

五　その後の油坂

以上、長垂山で確認した城郭遺構について述べたが、ここでは近世以降の油坂について述べ、終わりとしたい。天正十五（一五八七）年の豊臣秀吉の九州平定後行った国分けで、糸島を領していた原田氏は他地へ国替えとなった。その後は、新たに筑前国主となった小早川氏が治める。慶長五（一六〇〇）年の関ケ原合戦後の江戸時代は、筑前国主となった黒田氏が治める。江戸時代初め、豊前小倉から博多を通り、肥前唐津に向かう唐津街道が整備され[26]、主要交通路として利用される。街道は長垂山では海岸に沿って通る道に造られ、油坂は山越えの脇道となった。

豊臣秀吉が朝鮮出兵の拠点とした肥前名護屋に向かう道を太閤道というが、この太閤道は各地に太閤水（井戸）など豊臣秀吉に関わる遺構・地名を残している。この太閤道を研究されている牛嶋英俊氏は、長垂山地区ではこの油坂を太閤道ルートに比定し、青木に出る山中にある地元で山田地蔵と呼ぶ地蔵堂近くの湧き水（現在は荒れている）を太閤水としている[27]。現在の太閤水は海岸の道沿いにある長垂寺[28]下にあるが、地区に残る伝承の薬水を明治時代以降に太閤水としたもので、豊臣秀吉時代のものではない。油坂は現状で見た限り、大規模な人数が通行しやすいように通路が整備されていない。豊臣秀吉が通ったにしても、秀吉本隊のみで、あまり大人数の通行ではなかったのかも知れない。

また江戸時代、福岡藩は島原・天草の乱後、長崎警護を佐賀藩と共に一年交代で命じられる。当初は長崎街道経由で長崎に向かったが、その後長崎街道経由、唐津街道経由の二ルートとなった。唐津街道を経由して長崎に赴く藩士が油坂を通って行った、とある方からお聞きした。絵図『長崎道中記』[29]を見る限り経路を詳細には示しておらず、はっきりしない。また文献史料も、行路の経路を明確に示すものが管見になく不明である。この油坂を長崎警護で利用したのかは筆者としては判断しかねる。ただ福岡藩主が志摩郡を巡検する際は、公道である唐津街道を使用しているという[30]。この件に関しては検討課題である。

このように長垂山一帯には多くの文化財・歴史が存在し、由緒ある道がある山であるが、まだまだ市民にその歴史的価値が知られていない。宅地開発は周辺まで迫り、貴重な文化財が失われてゆく恐れがある。今回この小論を通して、その価値をお知らせすることで、長垂山が有する文化的価値の保護、その活用につながれば幸いである。

なお、この誌面を作成するにあたっては、福岡市博物館の宮野弘樹氏、そして有田和樹、大内士郎両氏らにご教示をいただいた。文末ではありますが、記して感謝の意を表します。

◆注

(1)『糸島郡誌全』(福岡県、一九二六年)の今宿村の項には、南の方から続く山が海浜にさし出て、長く垂れ下りたる意味からと、清賀上人が油瓶を打ち割り、流れ出た油が長く垂れ下った伝説から来た、という説がある。

(2)『筑前国続風土記』には、清賀上人が油山の住僧寂忍と油交易の争論を起こし、その結果長垂山で油瓶を打ち割るという故事が記述されており、それが油坂という名の由来である。

(3) 地元今宿の郷土史研究家大内士郎氏によれば、昭和初めころまで、姪浜へ行く際は、山越の近道として油坂を利用していたという。

(4) 山崎龍雄「長垂山に残る城郭遺構」『北部九州中近世城郭情報紙 33』北部九州中近世城郭研究会、二〇一七年、五〜八頁

(5) 唐木田芳文監修『福岡県地学のガイド』コロナ社、二〇〇四年
(6) 栗原和彦・上野精志・柳田康雄「湯納遺跡」『今宿バイパス関係埋蔵文化財調査報告書』第5集、福岡県教育委員会、一九七七年
(7) 酒井仁夫「宮の前遺跡E」『今宿バイパス関係埋蔵文化財調査報告』第1集、福岡県教育委員会、一九七〇年／下条信行・沢皇臣編『福岡県大字拾六町 宮の前遺跡（A～D地点）』福岡県労働者住宅生活協同組合、一九七一年／九州大学考古学研究室編『宮の前遺跡』福岡市埋蔵文化財調査報告書第13集、福岡市教育委員会、一九七一年
(8) 山口譲治・松村道博編『拾六町ツイジ遺跡 城原小学校建設地内遺跡調査報告書』福岡市埋蔵文化財調査報告書第92集、福岡市教育委員会、一九八三年
(9) 加藤良彦『草場古墳群―第3次調査報告書―』福岡市埋蔵文化財調査報告書第301集、福岡市教育委員会、一九九二年／松村道博『草場古墳群2―第2次調査報告―』福岡市埋蔵文化財調査報告書第1104集、福岡市教育委員会、二〇一〇年
(10) 加藤良彦『長垂大谷遺跡』福岡市埋蔵文化財調査報告書第845集、福岡市教育委員会、二〇〇五年
(11) 村岡和夫・松村道博編『草場古墳群・斜ケ浦瓦窯址』早良鉱業株式会社、一九七四年／加藤良彦『斜ケ浦瓦窯跡2』福岡市埋蔵文化財調査報告書第1233集、福岡市教育委員会、二〇一四年
(12) 比嘉えりか「古代8 城ノ原廃寺」『新修福岡市史 資料編 考古1 遺跡から見た福岡の歴史―西部編』福岡市史編集委員会、二〇一六年、六三〇～三五頁／玉泉大梁「壱岐村城ノ原廃寺跡」『福岡県史蹟名勝天然記念物調査報告書』第6輯、福岡県、一九三一年、一二七～三一頁
(13) 杉山富雄編『鋤崎古墳―1981～1983年調査報告―』福岡市埋蔵文化財調査報告書第730集、福岡市教育委員会、二〇〇二年
(14) 山崎純男・柳沢一男・濱石哲也編『広石古墳群―福岡市西区拾六町広石所在古墳群の調査―』福岡市埋蔵文化財調査報告書第41集、福岡市教育委員会、一九七七年
(15) 岡寺良編『福岡県の中近世城館跡Ⅱ―筑前地域編2―』福岡県文化財調査報告書第260集、福岡県教育委員会、二〇一五年、二〇～二一頁
(16) 西日本文化協会編『福岡県史 近代史料編 福岡県地理全誌(6)』福岡県、一九九五年
(16) 岡寺良編『福岡県の中近世城館跡Ⅱ―筑前地域編2―』福岡県文化財調査報告書第260集、福岡県教育委員会、二〇一五年
(17) 同注(15)文献、二〇～二一頁
(18) 丸山雍成「中世後期の北部九州の国人領主とその軌跡―原田氏とその支族波多江氏を中心として―」『大蔵姓原田氏編年史料』広渡正利編、文献出版、二〇〇〇年、三八

六～八七頁

(19)『新修福岡市史 資料編 中世2 市外所在文書』福岡市史編集委員会、二〇一四年、六五九頁

(20)『新修福岡市史 資料編 中世1 市外所在文書』福岡市史編集委員会、二〇一〇年、五九六頁

(21)『新修福岡市史 資料編 中世2 市外所在文書』福岡市史編集委員会、二〇一四年、九二五頁

(22)怡土郡在住の福岡藩士児玉琢（一七七三～一八二九）が文政十四（一八二一）年に著わしたもの。

(23)『豊前覚書』は元和元（一六一五）年、筥崎座主旧家臣城戸清種が父豊前守知正の物語及び自らの行実見聞を記したもの。城戸清種著、川添昭二・福岡古文書を読む会校訂『豊前覚書』文献出版、一九八〇年

(24)同注(18)文献、三六八～七八頁

(25)『新修福岡市史 資料編 中世2』福岡市史編集委員会、二〇一四年、七六三頁

(26)福岡藩は筑前国内を通る主要街道を慶長末年ころには整備し、寛永年間までには、主要街道と宿駅は整備されたと思われる。『福岡県史 通史編 福岡藩(一)』西日本文化協会二〇〇〇年、八七一～七六頁

(27)牛嶋英俊『太閤道伝説を歩く』弦書房、二〇〇六年、一九二～一九四頁

(28)『糸島郡誌』の「今宿村」の項には、大正十五年青木眞五郎所有の長垂山沿岸の高地を開き長垂青木山遊園とし、今川橋にあった毘沙門天を青樹山長垂寺として移築建立した、とある。

(29)江戸時代の文久二（一八六二）年高畠由寿筆で、福岡より長崎に至る道程を描いた絵図。唐津街道ルートと長崎街道ルートが描かれている。通行に必要な情報が書かれている。一瀬智『長崎街道 世界とつながった道』展図録、福岡県立九州歴史資料館、二〇一二年

(30)唐津街道に詳しい有田和樹氏のご教示による。

◆参考文献

河島悦子『唐津街道――大里から博多へ そして唐津へ』海援社、一九九九年

『新修福岡市史 資料編 考古1 遺跡からみた福岡の歴史―西部編』福岡市史編集委員会、二〇一六年

研究ノート

太閤様の造った道・再考

近世道造りの先駆け

中《なか》村《むら》修《おさ》身《み》

Ⅰ　はじめに

道は、原始時代から今日まで日本列島の隅々まで行き渡りつながっている。しかし、時代と場所によって担った役割は異なり、造り変えられていることもある。

私の住んでいる北九州市八幡西区の折尾から上津役《こうじやく》までの間に、幅約一メートルの江戸時代に造られた道が遺っていた。その沿線には黒田の殿様が泊まった庄屋屋敷や恵比寿堂、そして観音堂などが随所にいにしえの面影を残しており、恵比寿堂では毎年、恵比寿講が行われていた。

このように生活に密着した道が二十数年前までは裏通りのあちこちに遺っていたが、車社会の発展に伴い新しい道が造られ、消滅した部分が多々見られる。ましてや一時代を担い大動脈となった道も、自動車が通るバイパスの建設により忘れ去られ、歴史の彼方に流され、分からなくなっている。

歴史好きの私は、史蹟を訪ねることが多い。その折、各地の伝承や地名を耳にする。ここ数十年の間に耳にした太閤道、太閤水、太閤塚、太閤橋など「太閤」が付く伝承は特に気になっている。そもそも「伝承とは何か」であるが、言い伝え、語り継がれた事柄であろうか。そのように理解すると、そこには歴史の一片を見ることが可能だと思う。

そのような観点から、北部九州を中心に分布する太閤道伝承の検討の結果を、一九九二年九月に「太閤様が造った道」として『歴史手帖』第20巻9号に発表した。その時、今回、第三太閤道とした道にほぼ並走して遺る太閤道伝承は、資料も少なく、関白秀吉が島津攻めの折に通った道と重複しない部分があることや、すでに中世には成立していた可能性もあったため論及しなかった。

その後の調査で、太閤秀吉が再整備した道（太閤様が造った道）であると思うに至り、再び筆を執ることとした。さらに、一九七〇年頃から一九九二年にかけて、いわゆる薩摩道沿いにわずかしかなかった太閤道伝承が、ここ数年の調査では極めて多くなったことが分かり、歴史書や観光パンフレットなどに「太閤道」の記載が見られるようになった。これが多くの人に伝わっている今日、「太閤伝承」と言わざるを得ない。このことは、伝承から歴史の真実、真相を探るには適切な史料批判が必要なことを示している。

Ⅱ　太閤道関連伝承

太閤とは、関白職に在った人物が、息子にその職を譲った後に使用する名称である。織田信長亡き後、明智光秀を打ち取り、急速に力をつけた豊臣秀吉は関白職を得るが、天正十九（一五九一）年十二月に養子豊臣秀次に関白職を譲り、自らは太閤と称した。

九州では、島津攻めと朝鮮出兵に関するものであろうか、関白塚、関白道、関白陣、それに太閤道、太閤溝、太閤坂、太閤水、太閤塚、太閤松、太閤渡《わたし》などと関白ないしは太閤をかぶる伝承が語られている。いずれも豊臣秀吉に関する伝承である。

関白伝承と太閤伝承の分布を見ると、南九州では関白伝承が圧倒的に多く、関白秀吉が島津攻めした事績を反映している。北部九州では太閤伝承が圧倒的に多く、数例関白伝承がある。北部九州の場合、関白秀吉時代の島津攻めと太閤秀吉時代の朝鮮出兵の事績が反映していることを念頭に置かなければならないが、太閤をかぶる伝承は天正十九年以降の出来事と関係していると見てよいのではないだろうか。

個々の要素について検討する。

太閤道の伝承は福岡県福岡市、糸島市、佐賀県唐津市、多久市、さらに福岡県広川町などに遺っており、そこでは幅約二メートルの道が復元できる。また、伝承地同士は現存する里道などを介して繋がる例が多い。なお、太閤堂を「たいこうどう」と読み太閤道に充てる見解は、地元の人々は太閤道を「たいこうみち」と称しているので、個々に十分検討を要する。

太閤塚の伝承は、関白塚も含めて、おおよそ十カ所にあり、塚（土盛り）が遺っている。消滅したものにも土盛りが伝えられている。おそらく、後世の一里塚であろう。このように見てくると、秋月（福岡県朝倉市）の太閤松は一里塚に植えられた松と解せないだろうか。関白は塚が造られ始めた時代の目安となる。

太閤水の伝承は、太閤井戸伝承も含めておおよそ十一カ所で確認できる。いずれの太閤水、太閤井戸も湧き水地で、太閤道筋に設けられており、飲み水確保さらに休憩地としての意味合いを持っている。

太閤橋伝承は、橋の建設が極めて稀な時代の橋の建設を物語る伝承である。

太閤水、太閤塚などは太閤道に併設されている。また、北部九州の中世の道には見かけない施設である。

Ⅲ　道の名前

太閤道の名前の意味を明らかにする一助として、北部九州の幹線道路の名前を見ておこう。

江戸時代の道の名前には、国名が付く幹線道路と都市名が付く幹線道路がある。

平成二十九年の夏、北九州市門司区吉志《きし》に調査に出かけた時、地元の人にいろいろと尋ねていると、吉志に「豊後道」があることをご教示いただき、大きな衝撃を受けた。以前に、前田洋氏から吉志に「豊後道」があると聞いていたことや肥後国（熊本県）にも「豊後道」があることが頭に浮かんだからである。

これと同様な例として、その熊本県北部に「豊前道」が遺っている。熊本県下の人はこの道は豊前国小倉に至る道と説明されるが、熊本県を出ると「豊前道」の名前が使われなくなる。同じ道の名前が付いている例の二つ目の「豊前道」は、大分県日出町が起点の道であるが、これも豊後国（大分県）を出て豊前国に入ると「豊前道」とは呼ばなくなる。熊本県下の「豊前道」は一部「薩摩道」とも呼ばれ重複しており、役割の変化を示す例であろう。ちなみに「薩摩道」は福岡県筑紫野市を起点に熊本県下までで、鹿児島県に入ると「薩摩道」とは呼ばない。

伝承だけでは道名の解明には説得力に欠けると指摘されかねないので、道標（追分石）で補足しておこう。

江戸時代の道標には、小倉道、中津道、博多道、唐津道、彦山道など都市の名前が刻まれている。手許資料が豊富な近世の小倉道《こくらみち》＝中津道を参考に実態を見ることとしたい。

中津城下（大分県中津市）―三毛門（福岡県豊前市）―沓川―八屋―椎田―大橋（行橋市）―苅田―曽根―小倉城下（北九州市小倉北区）を通るこの道を、小倉の人は

「中津道」と呼び、一方中津の人は「小倉道」と呼んでいる。ちなみに中津城下のこの道の出入り口を「小倉口」と呼び、一方小倉城下のこの道の出入り口を「中津口」と言う。

この道筋に立つ道標を調べてみると、面白いことが分かる。中津城下から歩いて約三時間の福岡県築上郡築上町椎田二口橋袂の道標の各面に次のように刻まれている。

従是東中津道

従是西香春道

従是北小倉道

この他にも、中津城下から小倉城下までの道に立つ道標には、小倉城下方向を小倉道、中津城下方向を中津道と、二つの道の名前を記した道標が少なくとも三本ある。[1]このことから、道標が立っている場所からの行先を道の名前として採用していることが分かる。この暗黙の約束を念頭に置きながら、当時の道の名前を豊前小倉城下と筑前福岡城下（福岡市中央区）の場合で見ておこう。

小倉城下起点の他の道を見ると、香春町（福岡県）から小倉城下方向も「小倉道」と言うと同時に、小倉城下香春口から香春町方向は「香春道」の名前が使われている。さらには黒崎宿（北九州市八幡西区）から小倉城下方向は「小倉往還」ないしは「小倉道」と呼び、同じ道を小倉城下筑紫口（北九州市小倉北区）から黒崎宿方面へは「黒崎道」と呼ばれていた。[2]

次に筑前福岡城下の例を「御城廻普請伺絵図」に見ると、東取入に続く石道口（石堂口）を出て東に真直ぐ進む道を「豊前小倉道」と記しており、決して唐津道とは言っていない。さらには、西取入口を出て糸島市方向への道には「肥前唐津道」と記している。一方で、福岡城下へ向かう各道筋に立つ道標には「博多道」の名前が刻まれている。

これらの道標は江戸時代後半に建てられたものであるが、道の名前は藩内（国内）の政治・経済・文化の中心都市を基準とし行先の都市名を用いる。これは江戸前期に確立されていたと思われる。その原型は古代の道までさかのぼる。[3]

このように見てくると、道の名前には行先都市名ないしは国名が充てられる、さらには、行先が同じであれば別の道でも名前は同じになることが分かる、とともに「太閤道」の名前は極めて特異であり、太閤秀吉が意識されていると言わざるを得ない。

鞍手町長谷の太閤溝

Ⅳ　太閤道

太閤道関連伝承の分布を見ると、三本の道が浮かび上がる。以下、それぞれについて説明する。

1　第一太閤道

一本目は、小敷（北九州市若松区）─木屋瀬（北九州市八幡西区）─長谷（福岡県鞍手町）─倉久（福岡県宮若市）─三郎丸、大穂町（福岡県宗像市）─山ノ口（福岡県福津市）─三代（福岡県新宮町）─大橋、箱崎（福岡市東区）─別府（同城南区）─原、生の松原（同西区）─青木（同西区）─小松崎、深江（糸島市）─佐志、上場台地（佐賀県唐津市）─肥前名護屋城（佐賀県）への道で、便宜上第一太閤道と呼ぶことにする。

①太閤溝

第一太閤道解明のとっかかりは、福岡県鞍手町長谷にある太閤溝であった。太閤溝は山腹部から西裾にかけ、斜面が溝状に掘られており、山腹部は幅約六メートル、深さ約三メートルで、丘陵裾では幅約一〇メートル、深さ約五メートル、長さは約二〇〇メートルあろうか。この溝と類似の溝は鞍手町八尋にもあったと伝え聞く。さらに里道などを繋ぐと白山峠の切通へと続いていた。初めて見たところ、何のために掘られた溝であろうかと首をかしげながらも、長谷の太閤溝は糸島市二丈町国松にある太閤道の形状と極めて似ていることから太閤道と考えてしまった。

ある時、若松区在住で近世史に造詣の深い小川賢氏より『筑前国続風土記』の鞍手郡項に太閤道のことが記されているとご教示いただいた。早速調べてみると、内容は宮若市倉久と同市四郎丸を通る太閤道のことである。しかも、『筑前国続風土記』には、太閤道は豊臣秀吉公が朝鮮出兵のため肥前名護屋城に下られた時に通られたのでこの名が付いた、と記されている。しかし、太閤溝に関してはどこにも書かれていない。

再び太閤溝を調査したところ、太閤溝は東端が掘り残されるなど道として機能していないことが分かった。また、太閤溝の南側約五〇メートルに福岡県直方市神崎から長谷への道が並走していることも分かった。『西川村

上：直方市神崎の太閤道
下：唐津市佐志の太閤道
　横にある一里塚

誌』はこの道を「豊臣秀吉が往昔肥前名古(ママ)屋城に趣く際旧新入村神崎から長谷へ赴し長谷から八尋にでそれから白山峠を赴へて笠松村に至ったので俗に之の道筋を太閤堂と云」と記している。堂は道の誤記と見る。

太閤道についてはそれなりの説明を引き出せたが、太閤溝に関しては完全に問題解決を先送りにしてしまうこととなった。

②太閤道

小敷から木屋瀬を経由し長谷までの間の太閤道については、今後の調査進展に俟つとして、太閤道伝承地と遺跡を追ってみると、長谷から白山峠（鞍手町）、倉久を通り宗像市三郎丸に至る。その西先は三代（福岡県新宮町）、香椎浜男（福岡市東区）までは近世の西往還とほぼ重複している。

多々良川近辺は伝承で追うことは困難であるが、城戸清種が元和元（一六一五）年に書き残した『豊前覚書』によると、多々良川右岸の大橋（福岡市東区）、から原田（同）そして箱崎（同）への道がたどれる。筥崎八幡宮東側を通過。[4] その西側一帯は慶長七（一六〇二）年からの福岡城建設のため著しく変貌していると考えられるので今後の調査に俟ちたいが、寛永四（一六二七）年の「幕府隠密復命書」（長崎歴史文化博物館蔵）の絵図には、箱崎と博多（福岡市博多区）の間を直接結ぶ道は書かれていないことは確認しておく必要があるだろう。

次に太閤道が確認できるのは、別府《べふ》（福岡市城南区）や原村（同早良区）、庄原（同）さらに姪浜（同西区）の南を経て下山門《しもやまと》村（同）の北を通り生の松原（同）を通る道に太閤道の名が遺っている。糸島市二丈町小松崎や同鹿家《しかか》の山中を通過している。

肥前国唐津城下では、名護屋口を出て肥前名護屋城への道筋を地元の人は「名護屋道」と呼び「太閤道」と呼ぶこともあるという。これは近世唐津城下建設着工の慶長七年以降の呼名であって、太閤秀吉期の太閤道は虹の松原の形成時期[5]などを考えると、佐賀県浜玉町渕上から唐津市鏡を通り、松浦大橋辺りで松浦川を渡り[6]唐津市和多田、同神田辺りを通ったのではと推測する[7]。これに続く唐津市佐志辺りから上場台地に上がり名護屋城まで幅約二メートルの太閤道が延々と続いており、豊臣秀吉公が文禄・慶長年間に朝鮮出兵の最大の軍事基地とした佐賀県唐津市鎮西町の名護屋城に達する。

③太閤塚

第一太閤道に併設された太閤塚、関白塚または一里塚と呼ばれるものが五カ所に遺っている。

鞍手町長谷　一里塚
宮若市四郎丸　太閤塚（三十数年前に消滅）
福岡市西区原　太閤塚
福岡市西区周船寺　関白塚
唐津市佐志　一里塚（太閤道横）

福岡市西区周船寺の関白塚について『筑前国続風土記拾遺』は「文禄中秀吉公此地を通行し賜し時憩賜し所と伝」と記している。一般論ではあるが、休息は茶屋ないしは陣屋で行い、塚を休息の場所とする例はほとんどない。太閤塚の用途は江戸時代の幹線道路に設けられた一里塚と同じである。関白と書いていることを気にする人もおられようが、秀吉が太閤を名乗り始める時期から見て矛盾はなく、関白が太閤を称する直前から幹線道路整備は始まったことを暗示している。人々は関白と太閤のわずかな時差を感じ取っていたように思われる。

④太閤水

太閤水伝承は、第一太閤道筋に八カ所が遺っている。

若松区大字小敷
宗像市大字徳重（柳井澤）
宗像市大字三郎丸
福津市大字八並字山ノ口
新宮町大字三代
福岡市西区今宿青木[8]
糸島市二丈町深江字小浜
唐津市鎮西町（太閤井戸）

太閤水の逸話の内容はそれぞれ少しずつ違っている。本来の意味は若松区小敷の「太閤水」の伝承に象徴されている。『筑前国続風土記』に「豊臣秀吉公が筑前に下り給ひし時、此所にて人をして地を掘らしめて水を得たり。頃《（マ　マ）》刻に則石を畳て井とし玉ふ。後人是に依て太閤水と号す」と。用途は飲み水の確保であり、人々は井戸であることを認識していたようである。

福津市大字山ノ口の太閤水の伝承を『宗像伝説風土記

上巻』は次のように記載している。少し辻褄の合わないところもあるが。

「天正十三年関白太政大臣となった秀吉公は九州の豪族島津義久を討伐のため、羽柴秀長を先発隊に、天正十五年三月二十五日、自ら諸将を率いて、赤間ケ関を通り筑前国に入った。黒崎、木屋瀬、赤間を過ぎ山ノ口の峠に差しかかったのは、新緑ようやく梢を彩り、急ぐ道に肌に汗を感ずる時節であった。山ノ口の峠を越す者は誰もが一息入れたいところであった。まして鎧兜に身を固めた将兵は、四月初旬とはいえ、暑さと大部隊の人いきれと埃で、顔は真っ黒になって、兜の下から噴き出る汗は、拭っても流れ止まらなかった。馬上の秀吉公はあまりの暑さに堪えかねて、石田三成に水を所望したおり、利休がこの水を挿し求めて、献じた」

二十数年前まで、山ノ口の現地では太閤池と呼んでいたが、『筑前国続風土記』には「太閤水」となっていることを紹介したところ、「太閤水」の説明板が建てられた。長い間に名称が変化した例である。山ノ口の太閤水の解釈は設置場所が太閤道筋であることを拠り所に飲み水の確保と見た。

柳井沢の所在地は太閤道が木屋瀬から赤木峠（宗像市）越えで赤間（同）に至ることを示唆している。

⑤太閤橋

いつぞや、西往還の宿場町・原町の町おこしの皆さんに太閤道と交差する宗像市大穂町の小さな川（たかせ川）に架かる「太閤橋」の存在をご教示いただくとともに、説明を求められた。残念ながら当時は説明できなかった。その後、橋に関する資料を目にする機会を得たので書き留めておくことにする。

そもそも、昔は道が造られても橋を架けることはない。大宰官道を通る人々が嶋門駅（福岡県芦屋町）近くの遠賀川（現在の西川）を渡る際は舟を使用していた。[9]

橋と言えば、城戸清種は『豊前覚書』に、多々良川（福岡市東区）の橋の建設について次のように書き残している。

「天正十九辛卯年御先手ニうきたのさいしょう殿下ニ付而　同正月十一日ニ隆景様鵜飼新右衛門尉殿へ被仰渡候間　某新右衛門殿名島へ被召寄被仰渡候分ハ箱崎の前之橋多々良川ノ橋被仰付候間　座主へ談合仕かけ候へと被仰渡候間　談合仕候てより新右衛門殿橋かけ之所見被申候へと　よひ候て　塩たゝへ申候時分なわをはり見被申候へは弐百間御座候　是を皆かけ候事難成候間　両方より五十間ツ丶、つきよせ百間之橋かけ候へと被申渡候人力之儀ハ三笠一郡之人数其上社領箱崎一村之人足御渡

若松区小敷の太閤水（上）と新宮町三代の太閤水（『筑前名所図会』西日本新聞社，1973年より）

被成候由　其上ニハ惣右衛門羽仁二兵衛と申人両人ヲ相添正月十五日より大工をよせ松木つもり仕　右之人足方々山取ニ遣不足分ハ松原のかれほこにてかけ申候

二月十二日ニ出来申候　はし百間よこ四間之土橋にて候　是を調候てより多々良川の橋五十三間二月中ニかけ調候てより右被相添候奉行両人同心仕新右衛門方を以両所之橋成就仕候由露申上候処　三人共ニ被召出被成御感候宰相殿御下候間ハらちをいわせ候へと御意候間其分ニ候　一同年三月五日ニうきた宰相殿ハ下被成右之橋御通初候てより上勢皆なこやへ御通被成候（後略）」

北部九州では最も古い橋建設の事例ではなかろうか。これら二つの橋は規模や位置記載から、「箱崎の前之橋」は現在宇美川に架かる箱崎橋であり、「多々良川ノ橋」[10]は多々良川左岸の大橋の辺り、今の多々良大橋の位置に造った橋と見られる。橋造りの様子が分かり興味深いが、ここでは、うきた宰相殿をはじめ上勢（上方勢）は皆これらの橋を通って肥前名護屋へ向かっており、直接的な命令は小早川隆景であるが、まさに太閤道を意味している。

なお、『豊前覚書』には年号を天正十九（一五九一）辛卯年と記されているが、それは清種の誤記で、天正二十壬辰年が正しいとされている。

文禄元（一五九二）年豊臣秀吉自ら朝鮮に渡ろうと肥前名護屋城に下向した折に書かれた「豊臣秀吉九州下向記」に「（前略）廿日　晴　西風　小倉ヨリ筑前ノ宗像迄御陣替　小倉ヨリ十里　小倉ヨリ五里来テ川ニ舟橋架カヽル　馬乗渡也（後略）」と記している。

渡河地点は、太閤道が通る木屋瀬と植木の間を北へ流れる遠賀川と考えられる。

理由として二つ挙げておこう。『宗像伝説風土記　上巻』は、秀吉の進軍道順として黒崎、木屋瀬、赤間、山ノ口を挙げている。文禄・慶長期に黒崎（八幡西区）は存在しないが、洞海湾西部と見れば、これまで見てきた第一太閤道の道筋と類似する。もう一つ、朝鮮役出陣のため主人佐竹嘉宣に従い肥前名護屋に在った大和田重清は、文禄二年八月八日に肥前名護屋を発ち、壬九月六日に常陸水戸に帰国するまでのことを「大和田重清日記」に、「文禄二年八月十八　七時　名護屋被打立（中略）八　廿日　上木迄八里　宿悪テ刑少同宿仕。（中略）廿一こくらへ六里　上木の町にて待申テ御供仕（後略）」と書き留めている。上木は直方市植木のことで、遠賀川を挟んで木屋瀬に接している。両所の関係について触れるべきかもしれないが、ここでは植木と木屋瀬は第一太閤道に深く関わっていることを述べるに留めておく。

ところでこの舟橋の設置は、太閤秀吉一行の川渡りに際する臨時的なものであり[11]、当時遠賀川に橋は架かっていないと見られる。天正二十（一五九二）年多々良川に橋を架けた例は、最も古い例ではなかろうか。

遠賀川に架かる橋は、明治二十五（一八九二）年頃の鉄道敷設や人道としては大正三（一九一四）年の芦屋橋（芦屋町）が早いようである。

このように紹介すると、太閤橋伝承がある宗像市たかせ川は小さな川なので、大きな川と同次元で語るのは……との声も出そうである。逆な見方をすれば、小さな川は橋がなくても通行の妨げにはならない。川に橋を架けることがなかった時代に太閤様（太閤秀吉政権）のお声がかりでたかせ川に橋が架けられたことが、太閤橋伝承を生み出した理由ではなかろうか。

中世の道では見なかった要素（太閤水、太閤塚、太閤橋）を加えられた第一太閤道はそれ以前の道とは別に造られていることが明らかとなった。さらに、第一太閤道は豊臣政権が肥前名護屋城下と摂津国大坂を結ぶ幹線道路とした建設であることは、肥前名護屋城が太閤道の起点となっていること、下関市王喜町などの太閤水の所在からも明らかである。

2　第二太閤道

二つ目は佐賀城下（佐賀市）―小城市（佐賀県）―多久市（同）―笹原峠（唐津市）―千々賀（唐津市）―名護屋城までの道を便宜上第二太閤道と呼ぶこととする。

①太閤道

太閤道伝承地は五カ所が遺っている。

小城市栗原丹坂峠
多久市渋木
唐津市厳木町笹原峠
唐津市厳木町厳木川左岸
唐津市大字千々賀字宇の木

これらの太閤道伝承地は里道や山道などで繋がっている。幅一・五～二メートルの道幅に復元できる。佐賀城下を出た辺りと唐津市千々賀以北は今後の調査研究が俟たれる面はあるが、佐賀城下から肥前名護屋城までの間に天正十九年以降に新しく造られた道と考えられる。地元の原田重和氏は長年の研究を踏まえて「古代幹線道路を今日の峠道（笹原峠）に付け替えたのは文禄元年にここを通った豊臣秀吉である」とする。古代幹線道路も笹原峠の太閤道も確認できるので、太閤秀吉が肥前名護屋の維持のために新しく造った道であることを示す重要な指摘である。

②太閤井戸（太閤水）

第二太閤道筋では、「太閤井戸」、「井倉の清水」の伝承が三カ所遺っている。

小城市栗原三里　太閤井戸
多久市渋木　太閤井戸
唐津市厳木町中島　井倉の清水

三里の太閤井戸は太閤道（丹坂峠）に併設されている。「太閤井戸」は、その名称から飲み水確保が想定できる。「太閤井戸」の一つに付く説話は、「秀吉が杖でたたくと湧きだした井戸」と伝えている。一見霊水信仰に見えるが「（水が）湧きだした井戸」と言われていることと太閤道横に位置していることから、飲み水の確保を示唆している。さらに隅田川脇の「井倉の清水」にも『松浦記集成』によると、「秀吉が名護屋入りの時この清水を汲み奉《ママ》げたところ、飲み大に賞味した」趣旨の伝承が遺っており、「太閤水」と同じと考えられる。

第二太閤道筋には太閤塚は見当たらないが、豊臣政権下で名護屋城下と佐賀城下を繋ぐ太閤道に太閤水が併設されている点は見落とせない。

③名護屋の渡

名護屋の渡は佐賀市立大和中学校の東約三〇〇メートルを南へ流れる嘉瀬川にあり、古代からの幹道に設けられた渡し場である。肥前名護屋城から約五〇キロメートルの位置にある。太閤秀吉の渡河や舟橋の話が伝えられている。

太閤秀吉が肥前名護屋へ向かう途中の遠賀川や唐津川（松浦川）を渡る際、一時的に舟を繋いで橋（舟橋）を設けていること、母の葬儀を終えた文禄元年十月に秀吉が佐賀平野を通って名護屋城に入っていること、さらに当名護屋渡は古代からの幹線道路であることを考え合わせると伝承は信ずるに足る。太閤秀吉がこの渡を通って肥前名護屋城へ向かったことが名護屋渡の名称の由来であろう。

ここで第二太閤道についてまとめておこう。名護屋渡と丹坂峠（太閤道）などの位置関係を見ると、一本の道とすることにはいささか抵抗を感じる。また、古地図の中にも名護屋渡と丹坂峠（太閤道）を結ぶ道は見出せない。二つとも歴史を反映していると見られるので、一つは肥前名護屋へ向かう途中に古くからの幹線道路を太閤秀吉が通った証であり、他の一つは太閤秀吉が造った道と位置付けるのが良いのではなかろうか。もちろん、多久市や唐津市に入ると多くが重複しているようである。

3　第三太閤道

三つ目は、小倉南区―香春町―大隈（福岡県嘉麻市）―旧八丁越え―秋月（朝倉市）―大城済《おおきのわたし》（福岡県久留米市）―府中―一条（福岡県広川町）―原（同山川町）―（以下略）を便宜上第三太閤道と呼ぶこととする。

第三太閤道には、太閤道、太閤坂（嘉麻市大隈）、太閤水（熊本県南関町）、太閤松（朝倉市秋月）などが今に伝わる。

①太閤道

太閤道については、小倉南区、香春町、広川町、みやま市山川町に遺る四つの伝承地がある。

小倉南区の太閤道は、慶応二（一八六六）年の小倉戦争に従軍した長州藩士山形小輔の日記「懐旧記事 巻之四」[12]に「直に其根拠香春を取らんが為に三道より進撃せんことを議し即ち一は奇兵隊を以て大貫口を虚撃（ママ）し一は奇兵の一部と八幡隊とを以て徳力を攻め一は鴻城隊をして敵の左翼を衝き太閤道に向はしむべしとの戦略を定め十日黎明期の如く三道より竝進む　此日予は太閤道より進軍せり」と進軍経路の一つとして太閤道が記されている。この後に彼らは龍ケ鼻の堡塁を攻め取ったことが記されていることを考慮に入れると、太閤道は小倉南区石田から同志井を通り同木辺峠への道を指しているように思える。一方、文中の「大貫口」も把握できないし、「敵の左翼を衝き太閤道に向はしむべし」が気になる。新しい資料も見当たらないので「太閤道伝承」の存在に注目し、これ以上踏み込まないことにする。

採銅所（香春町）の太閤道は、田川郡と京都郡境の標高三五〇メートルを超え南北に延びる尾根筋にあるという（割石清氏のご教示）。近年いつの間にか、関白秀吉が島津攻めにここを通ったと語られるようになった。

この尾根筋には天正十四（一五八六）年冬、秋月方高橋元種立て籠る香春岳城攻めの秀吉勢の城郭が複数陣取っており、これらを縫うような道を設けるのは不自然である。また、南北に延びるこの尾根筋に並行して南北に延びる谷筋には古代から現代まで小倉と田川間をつなぐ幹線道路が並走しており、進軍のため新たに道を設ける必要性があるのであろうか。

ちなみに、島津氏攻めに際して、関白秀吉はおおむね中世から在る道を通り政治的・軍事的要衝を抑えながら薩摩へ進軍している。豊前国小倉からは京都郡内を通り、豊前国の政治的軍事的要・馬ケ岳城（行橋市）へは天正十五年三月二十八日に入り、続いて同年四月一日、板原陣（田川市伊田原）に御動座し岩石城攻めを視察。ここから筑前国大隈（嘉麻市）、秋月氏の里城・荒平城へは同月五日に入っている[13]。

蛇足ではあるが、古代の道（大宰府官道）から約五〇〇メートル南に位置し東西に走る道、換言すれば、馬ケ岳城の北を東西に通過する道は、天正十四年には機能していた。この頃、古代の道は忘れ去られたようである。

次に第三太閤道沿いで太閤道の伝承地を確認できるのは広川町一条である。三十年程前は往時と思われる道が遺っていた。道幅は約三メートルあったようだ。この他に福岡県みやま市山川町原に「太閤道」の伝承がある（『山門郡誌』）。「一条太閤道」の西側に古代の幹道が並走している。太閤秀吉が島津攻めに通った道はこちらで、その後に「太閤道」が整備されたと考えられる[14]。

嘉麻市益富城の北側大隈町に太閤坂という坂道がある。これは、「太閤」を尊重すると太閤様が整備した幹線道路という意味であろう。

②太閤松

秋月氏の御膝元朝倉市秋月の太閤松は、伝承としては遺っているが、その場所は特定できない。太閤塚と同じ意味で幹線道路に設置される一里塚の先駆けであろうか。

ここで参考とすべきは、天正十五年四月頃の筑前国秋月の様子を『九州御動座記』は「（前略）秋月云所非海道　山中節所にて旅人なとの通用稀に而　他国へは其名の不聞者也　秋月は在名則古処と名を付候　家数数多なる所也　数千間何もをひた〻敷躰也（後略）」と、町は立派であるが海道（街道）としては機能をしていないことを書き記している。太閤松は幹線道路に設置されるものと見れば、天正十五年以降、太閤時代に幹線道路の整備が行われたことを示しているのではなかろうか。

③太閤水

熊本県南関町大津山公園の観音堂下にある太閤水は、「秀吉公正法寺に御陣を居られし時この水を汲みて奉りしとなり」との伝えがあり、古くは「太閤御前水」と呼んでいたと聞く。これに類似した伝承に、熊本県玉名市石貫広福寺の「御前水」がある。これら御前水は寺院に設置され、聖水、霊水信仰に繋がる。一方太閤水は、太閤道に併設され、飲料水の確保が伝えられており、区別が必要ではなかろうか。第三太閤道には太閤水が見られないことは今後の課題である。

④太閤済《わたし》

普通、大城済《おおきのわたし》ないしは大城渡と呼ばれている太閤済は、久留米市北野町大城と浄土宗鎮西派本山善導寺がある久留米市善道寺町の間を流れる筑後川を船で渡す場所である。関白秀吉の軍勢が高良山に入る時、ここを渡っている。ここでは「太閤」済と呼ばれていること、秋月から筑後府中（久留米市）を通り一条太閤道を最も自然につなぐ地理的位置にあることを指摘しておく。なお、中世は筑後川の渡としては大城済よりも大宰府から筑後府中の途中にある神代の渡（久留米市）が主であった。

北九州市小倉北区から久留米市北野町の大城済を通り薩摩までの道の内、豊前国、筑前国と筑後国内で太閤道、太閤水の伝承地を見ることができる。一条の太閤道と古代駅路の関係や太閤松の例などから、第三太閤道も豊臣秀吉政権による幹線道路の整備建設を読みとれる。

V　まとめ

かねてより人と物の動きに強い関心を持っており、近世初頭の道に強い関心を持っていたこともあり、遺跡見学などの折に耳にする伝承を整理してみた。

太閤道は、これそのものが単なる伝承ではなく太閤秀吉期の道であり、それに併設して太閤水、太閤塚を設けていることが分かる。第一太閤道、第二太閤道は肥前名護屋城下整備に伴う幹線道路建設である。肥前名護屋と直接的な関連を見出しがたい第三太閤道の道路整備が行われていることは、太閤秀吉という豊臣政権の政策の一つであったことを読み取ってよいのではと考える。

さらに、この政策は江戸時代の道路政策の先駆けと考えられることができる。

◆注

（1）三本の道標とは、福岡県豊前市八屋の道標、同築上町椎田高塚の道標、同行橋市大橋中町の道標のことである。

（2）みやこ町歴史民俗博物館蔵の「豊前小倉領絵図」には「黒崎道」と記し、黒崎歴史ふれあい館蔵の「黒崎宿元和寛文年中之古図」に「豊前小倉エ通ル往還」と記している。

（3）古代大宰府へ向かう道として、福岡県遠賀郡内に大宰官道、同京都郡内に大宰府官道がある。また、大宰府からは田河道、日田道や鞍手道などが確認され、一つの道を行先に向かって呼んでいた、と見られる。

（4）『筑前国続風土記拾遺』は、宝永六（一七〇九）年頃の福岡市東区箱崎周辺の古道と新道に関して、次のように記している。「〇以にしへの往還筋は東より原田の西南一町余より南に転して八幡宮の後於通りて馬出村の東北口に至れり古道跡今も有其行程凡八町余其間に川二流有て橋を渡せり寛文三年に宿の東仏華寺の古址を開きて新道を筥崎より直く原田のかわへつけかへたり即チ今の街道是也寺址の地今ハ民家となりて新町といふ〇村の東に川二流有西に阿るを新橋川と以ふ水源ハ宇美村より流来れり八幡宮の南にて郷口川といふ東北多々良川に落合て北海に入今一流の東成るを原田川といふ水上を左谷より出て共に北海に入る二川ともに往還筋に土橋有」と記している。「二川ともに往還筋に土橋有」は太閤橋の項で述べる筥崎の前橋と多々良川ノ橋に関する記載として注目したい。

（5）日本列島の沖積世の海浜砂丘は、その形成時期によっておよそ四期に分けられる。佐賀県唐津市虹の松原砂丘も同様であるが、今回問題となるのは現在の砂丘の形がいつ頃完成したかである。海浜砂丘は海からの砂の供給によって形成され、砂丘の形成時期には砂が風によって運ばれてくるので、それを抑えようと松の植林をする。唐津藩主寺沢志摩守は潮風や飛砂から農地を守るため松の植林を振興している。このことはこの時期、砂が吹き寄せられ砂丘が形成されていることを物語っている。言い換えると、この時期以前の虹の松原はそれほど大きくなかったと考えられる。

（6）唐津市の太閤道の位置を当稿で鏡山麓を推定した。その論拠について二つの資料を挙げておく。

『直茂公譜考補　六巻』に「（前略）一、太閤殿下　海上殊に穏に早九州の地に御着有り、筑前路を御旅行、肥前之内鏡海道御通り也、於是直茂公より為御待儲鏡松原に茶亭を御用意被成　太閤殿下を御馳走有ル、奉行ハ鍋嶋平五郎茂里なりしか、朝鮮出勢の先手を承る故俄に被引替、馬渡弥七左衛門茂清勤之、太閤御機嫌能彼茶亭に御入なされ、少時御休息有り、遠路の労を被晴、四月下旬奈古屋に到て御着まします（後略）」と記している。

文中、太閤秀吉が通ったのは鏡海道（街道）と記されている点は尊重されるべきであろう。松原に覆われていた鏡街道は現在の唐津市鏡辺りを通る幹線道路で、文禄・慶長頃まで遡らせて考えることは可能であろう。

もう一例挙げておく。「慶長年中肥前国絵図」（松浦家文庫、平戸松浦資料館蔵）には、唐津市虹の松原に道は描かれていなく、海から離れた南側に道が書かれている。

（7）唐津市上場台地には太閤道比定地にいくつかの説がある。佐志の一里塚と太閤道は太閤秀吉時代の太閤道を整理する鍵が見え隠れしている。佐志の一里塚は変則的な四叉路に位置している。一里塚の左手西北に延びる農道を太閤道とする説が有力である。一里塚そのものからは表裏を決めかねるが、この一里塚には子宝信仰が付着し陰陽石などが祀られている。これらは、いずれも太閤道とされている道とは違う南北に走る道路を正面としている。南北に延びる道が太閤道で、左手西北に延びる道は近世の幹線道路と考えられる。

（8）本稿では、福岡市西区今宿青木の太閤水を長垂山南側とした。昭和五十年代の調査のことであるが、長垂山北側海岸の「太閤水」を見学した時、西尾さんという老人からこの「太閤水」について「造った」との話を聞いた。その意味に引っ掛かりながら、改めて今宿青木の太閤水の所在を今宿青木の住民の方にお尋ねしたところ、長垂山の南側、生の松原を過ぎた辺りの海岸から山道を通り大きな切通しを越えた山道沿い右側に湧き水地だと、三人の方から教示を得た。そこには「太閤水」と書いた板が吊り下げられていた。この道をさらに進み谷あいを出た所で、福岡市西区鋤崎古墳が見える。さらに、福岡藩「長崎道中記」（絵図）では、福岡藩が長崎警備に使用した道は長垂山の南側を通っていることは参考となる。

（9）「三代実録　巻廿三」『大日本史大系　第四巻』貞観十五年五月十五日項。

（10）注4を参照されたい。

（11）舟を水面に浮かべて繋ぐ構造の舟橋を常時設置すれば、川を使った運輸の妨げになるから舟橋の設置は臨時的、一時的な設置と見なければならない。

（12）一九二六年、山縣有朋「懐舊記事巻之四」『含雪山縣公遺稿』

（13）日程全体は、「九州御動座記」（九州史料刊行会編、一九六七年）を参照。伊田原に関しては、「卯月三日付豊臣秀吉書状」（『武家事紀巻三十』）と拙著『北九州・京築・田川の城』（花乱社、二〇一六年）一三九頁から一四二頁を参照されたい。

（14）進軍する際、すでに現存する道路を使うのが普通ではなかろうか、特に敵地においては。

陶工高原五郎七と高原焼について

副《そえ》島《じま》邦《くに》弘《ひろ》

一　はじめに

本誌第五四号にて、筆者は「渡り陶工高原五郎七について」を書き、その中で陶工高原五郎七のことを次のように述べた。

高原五郎七（生没不詳）　桃山期から江戸初期の陶工。別名竹原《たかはら》五郎七とも言う。また製品を総称して五郎七焼ともいう。文禄・慶長の役（一五九二～九八）の際に渡来した朝鮮陶工や豊臣秀吉の御用焼物師ともいわれ、父は高原道庵（与兵衛か）で難波の人。大坂の陣に際しては、高原焼系の陶工の棟梁として大坂城に籠城して戦い、その後肥後の山本郡高原郷（現・熊本市北区植木町植木）方面に逃亡したとの伝承がある。

また元和～寛永（一六一五～四四）頃に筑前から肥前の椎ノ峰窯・岩谷川内窯などで陶技を発揮し、自らも青磁・染付を焼いた。その後、キリシタンの嫌疑を受けて失踪した。四国の土佐を経て大坂天満にて没したといわれている。いずれも不確かなことが多い。

ただし、元和二（一六一六）年頃と推定されるが、博多承天寺の愚老（登叔）和尚の書簡が初代酒井田柿右衛門の父圓西に大坂の五郎七を紹介したことが、「酒井田旧記集」(1)に残っている。

また、『肥前陶磁史考』(2)などを踏まえながら高原五郎七の大坂での晩年を追ってみたい。

二　高原五郎七の晩年

鹿苑寺の鳳林承章の日記『隔蓂記《かくめいき》』[3]には、高原五郎七の製品や五郎七焼などの名が書き上げられている。これは京三条で求められた。

寛永十九（一六四二）年正月四日の条に、

「自五兵衛[4]、為年玉、高原五郎七作之茶碗被恵之。別而見事成茶碗也。（中略）即、今日五兵衛持参之茶碗立茶也」

同年正月二十九日には、

「茶入者玉津嶋、茶碗五郎七焼、釜者白浪、水指者古備前」

同年二月十日の条には、

「玉津嶋之茶入・高原茶碗・古備前水指・白波之釜」

などと記録されている。このことから単なる伝承の人物ではないと考えられる。

これらのことを考えながら、高原五郎七について時系列[5]にまとめる。

慶長元（一五九六）年　高原五郎七豊臣秀吉の聚楽第に御用陶工として召抱えられる（父は難波の人高原道庵与兵衛という）。朝鮮陶工という説もあり。

元和元（一六一五）年　大坂の陣に際しては、高原焼系棟梁として大坂城に籠城後、大坂から九州へ。

元和二（一六一六）年　筑前の承天寺を頼って行く。その後、肥後山本郡高原郷に滞在し筑前に戻り、暫時この地方に滞在し作陶する。

元和五（一六一九）年　五郎七、肥前に入り、椎の峯山（現・伊万里市南波多町府招）に滞在し作陶する。

寛永二（一六二五）年　五郎七、椎の峯山を去る。

寛永三（一六二六）年　五郎七、南川原（現・西松浦郡有田町南川原）の藩窯に移動する。今村三之丞が弟子に入る。

寛永七（一六三〇）年　五郎七、岩谷川内山（現・西松浦郡有田町岩谷）の藩窯に。

寛永十（一六三三）年　キリシタンの疑い[6]が起こり、逃亡し大坂に戻る。

寛永十二（一六三五）年　大坂天満にて五郎七死去。没年齢六十歳前後と推測される。

これらのことは、肥前三川内の『今村家文書』[7]の中に「三河内皿山今村三之丞家伝」が残っている。その中で「当皿山元祖申伝之覚」によって高原五郎七の動向が理解できる。

当皿山之元祖申伝之覚

今村三之丞唐津江罷越焼物細工手筋見申度逗留仕候処筑前之者竹原五郎七ト申候焼物師所々江釜塗候而色々細工仕候由其時分龍造寺領南川原江来りて逗留仕ル三之丞茂白手焼物細工見覚申度日雇取として五郎七方江参候へは焼物取廻宜敷ニ付細工之弟子ニ可仕由申を幸ニ逗留仕候内白手之宇和薬合せ方決而見せ不申候調合之時分二階江上り斗り合せ申ニ付何分ニモ知得不申兼而右薬之土灰水越之仕上ケハ女日雇ニ仕らせ候右日雇ニ椎ノ嶺前田徳右衛門娘女房を雇呉候様ニ相頼申談候其後女房江は委細申含土灰下拵二階江上り申前広水汲候物ニ而斗り改置せて調合所江出シ候得は常之通斗り合せ召仕候残りハ下ケ原戻候を密々ニ土灰ニ品を斗り改候処召仕候入高相知候其後様子見合女房召連逃去候へは五郎七方々江追手を出シ尋させ候由ニ三日ハ山奥江入候ニ付終に尋出得不申候其後五郎七上方江罷登り病死ニ付三之丞ハ大村領三ツノ又江皿山取立逗留仕候処御国江罷帰候様ニと被召呼候ニ付早速ニ罷帰焼物釜芦ノ本ノ釜塗立焼物仕候得共宜キ品も出来不仕方々江相廻焼物土見改候而取集焼申候次第に三河内之釜色合も宜ク出来仕ル（後略）

この文書は五郎七と今村三之丞との関係を記録しているもので、三之丞は唐津に行ってやきもの細工の技術を習得するため修業していた。そこへ筑前から五郎七がやって来た。この焼物師は各地で窯を起業し、各種のやきものを作っていた。その当時、五郎七は佐賀藩領の南川原に逗留していたので、三之丞も白磁の焼成を見習うため日雇いとして五郎七の作業場に出入して細工方として取り立てられた。

この南川原は藩窯で、白磁の釉薬の調合は決して見せるものではなく、調合するときは工房の二階に上がり、計って混合の割合を知るために、三之丞は妻を使って、その解答を得た。目的を果たし、三之丞夫婦は、南川原から逃亡した時、五郎七は追手を出して捜査したが見つけきれず、五郎七は自分も大坂に戻り、その後病死したので解放された。

このことから三之丞の成功談となってくる。五郎七の釉薬の技術を盗み取ることによって、三河内焼が大成していったことが記述されている。

以上が今村家先祖の話で、五郎七の大坂への移動と病死を裏付ける文書となっている。

三　高原焼の成立とその後

高原焼の成立には不明な点が多く、諸説が存在する。それをまとめると次の通りである。

(1)　高原藤兵衛は肥後国高原郷（現・熊本市北区植木町）の出身で、慶長（一五九六～一六一五）末期頃に摂津国能勢（現・大阪府豊能郡能勢町）で開窯して茶器を焼成していたのを、片桐貞昌（石州）が将軍家綱に推挙して御茶碗師として仕えるため江戸に赴き、浅草本願寺前に屋敷を賜り、邸内に窯を築き、江戸高原焼を興した（『工芸鏡』[8]より）。

(2)　慶安年間（一六四八～五二）に高原市左衛門が大坂で茶器の焼成を始め、二代高原平三郎（平兵衛）が承応年間（一六五二～五五）に江戸に下向して、浅草で陶器を作り、のち大坂に帰って市左衛門の跡を継承する。四代の時、大坂小橋（現・大阪市天王寺区小橋町付近）で陶業を続けたが、のちに楽焼に変わっていた（『陶器類集』[9]より）。

(3)　前述の「一　はじめに」に論述したように、高原五郎七は豊臣秀吉の御用焼物師で、父親は高原道庵与兵衛、大坂難波に焼物窯を開窯し、高原焼と称していたもので、大坂の陣以後、初代酒井田柿右衛門の父圓西と博多承天寺の住職との関係で、紹介された高原五郎七を導き入れた。その手紙の中には「一体用成事にて、洛《（楽）》焼扨又南京写白手の陶物等細工被致候」[10]と記されている。これが基になって柿右衛門焼が生まれたことになってくる。「鍋島勝茂書状」に登場する高原市左衛門尉は、鍋島藩の公儀御細工に関わっており、これが高原五郎七と同一人物ではないかとも考えられる。

寛永十（一六三三）年頃に肥前を去り、大坂に戻ることになり、父の窯がある大坂難波に帰って、翌年の寛永十二（一六三五）年大坂の天満で病死したという。

大坂の高原焼については、その製品は京や大坂を中心に売買されていた。[11]「五郎七焼」という名称で京三条のやきもの屋町で店売されていたもので、自由に製品から選べた。

ところが、江戸の民間書肆が営利のために刊行した大名・幕府役人などの名鑑であった『武鑑』[12]の寛永四（一六二七）年版に、幕府の御用職人として、

御茶碗師
浅草門跡前　　高原平兵衛

と、名が見出せるとされている[13]。

これが御茶碗師としての初出である。高原平兵衛は高原五郎七の弟子と伝えられているが、五郎七が豊臣秀吉の御用焼物師として大坂難波に窯が開いた時の弟子ということになってくる。大坂城が落城した元和元（一六一五）年以後、この高原焼の窯は父親である道庵与兵衛が守っていたと考えられる。

後日、五郎七が九州から戻り、その数年後に大坂天満で病没した後に高原姓を継承した、といわれるが、それ以前の寛永四（一六二七）年に高原平兵衛を名乗っているので、寛永二、三年頃に大坂から江戸に下向していることになってくる。

高原平兵衛が浅草門跡前に幕府から屋敷を賜っている。その場所を嘉永六（一八五三）年版の江戸切絵図[14]の中の東都浅草絵図（図1）で見てみると、高原屋敷は図1の絵図で縦軸二・横軸ホに位置する。寺町地区に屋敷があって町屋となっている。東本願寺の表門通をはさんだ東側で本法寺の横、南隣に金龍寺があって、町人は俗に「門セキ前」[15]という。

すなわち浅草門跡前というのは、東本願寺門跡前である。明暦三（一六五七）年一月十八日、江戸の大火[16]で焼失し、同じ場所に再建されている。浜町（現・東京都中央区日本橋浜町）にあった西本願寺門跡もこの大火で焼失したため、幕府から築地の埋め立て地に移転するよう命令が出され、再建された。これが現在の築地本願寺である。

高原家は幕末まで継承され、東本願寺門前通にあって、江戸高原焼の棟梁として、将軍家御用茶碗師に従事していたことが分かる。

四　考察

徳川将軍家は柳営[17]と呼ばれる。柳営御庭焼は千代田御庭焼と称されている。江戸城内の吹上御苑で焼かれた陶磁器で、元禄年間（一六八八～一七〇四）に五代将軍綱吉により開窯された御庭焼である。瀬戸の陶工を召して、諸侯・旗本への御料品および贈答品を焼成した。一時中絶したが、文政年間（一八一八～三〇）十一代将軍家斉に再興され、青花磁器を焼成したというが、製品はほとんど見られない。

江戸幕府は、二代将軍秀忠、三代将軍家光によって、政治的・文化的にも完全に社会統制されつつあった。

三代将軍家光によって、徳川将軍家は文化の府としても際立たせしめたものにするために、特に江戸城の作

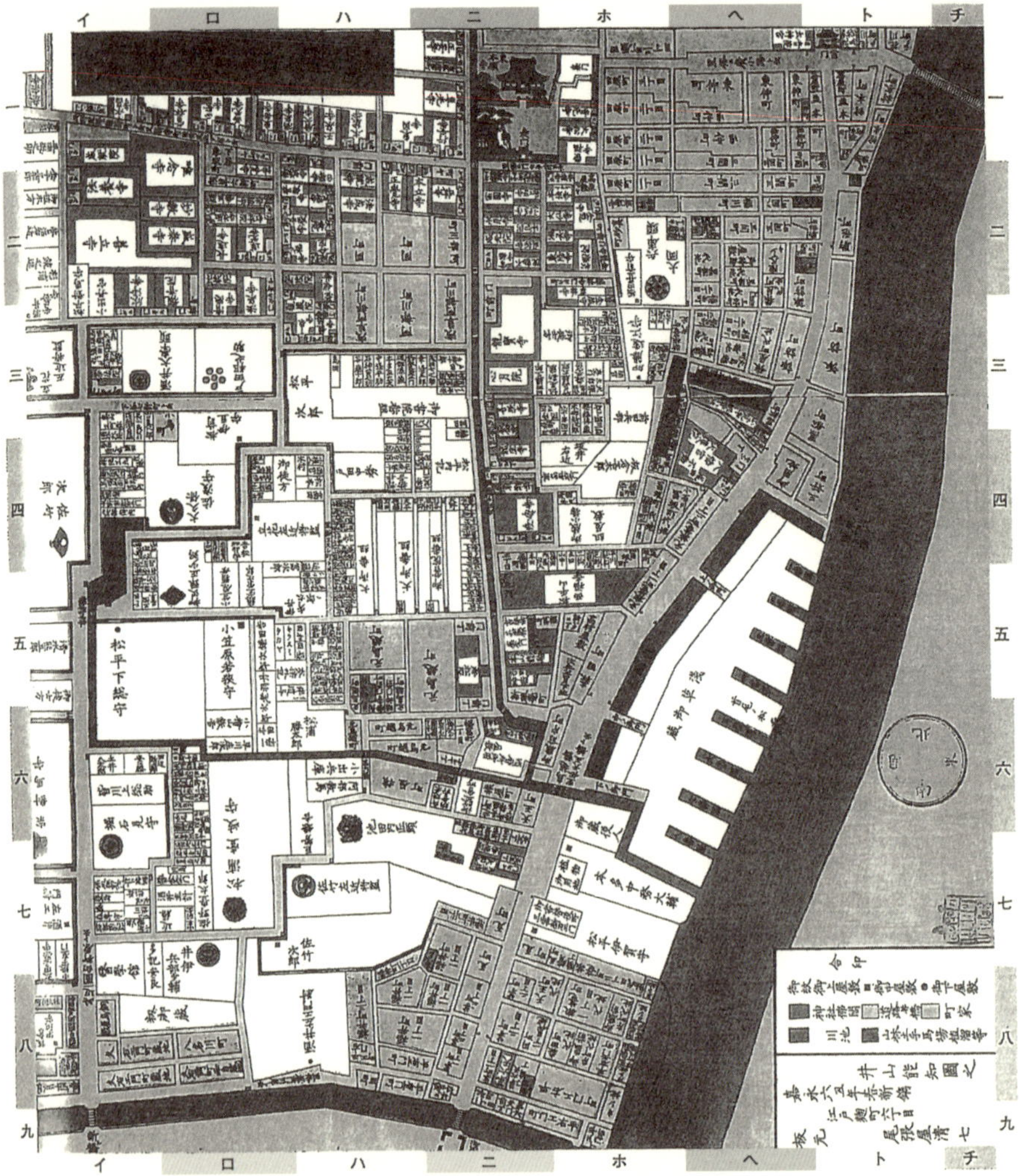

図1　「東都浅草絵図」嘉永6（1853）年版（氏家幹人他『江戸東京切絵図散歩』〔山川出版社，2010年〕より）

事・造園を盛大にし、小堀遠州を京都から召して指揮にあたらせ、西の丸の山里茶屋や造園を完成し、茶湯は秀忠・家光両代がとりわけ盛んで、茶道具の名物は将軍家に集中をはかり、諸大名に茶を賜り、また諸大名家の茶会に臨むなど、足利将軍家の盛時をしのいだ。

　小堀遠州には茶道御師範の称号が与えられ、御茶道衆⑱（御数寄屋衆）の職制も整い、わらべ唄にうたわれている御茶壺道中の制⑲も定まった。寛永十五（一六三八）年の島原の乱の平定で戦乱は絶え、太平の世が訪れ貴族将軍が確立したが、その反面、諸大名の転封改易が激甚し、御法度づくめの身分社会が生まれる。これによって幕府は二五〇年余も太平が維持されたわけである。

このことによって、幕府には、お抱え商人職人たちが生まれてくる。幕府御用としては七カ所の差配があり、そこの命によって仕事となるわけである。

それをまとめる。

①作事方御用

建物の築造や修繕を担当した。一七一六年以後、本丸外廻、表向御座敷廻、諸門、櫓などの建築・修繕を管掌した。

②腰物奉行御用

将軍の佩刀をはじめ、諸大名などからの献上、また諸大名などへ下賜される刀剣に関する一切を司った。

③細工所御用

細工所を江戸城本丸内に設け、若年寄の配下にあるその長官を細工頭といった。

④弓矢鎗奉行御用

江戸城・各城門常備の弓・矢・鎗の修理・管理とその製作を監督した。

⑤納戸方御用

将軍手元の金銀・衣服・調度類を出納・管理し、賜与または献上の金銀・時服・物品などを取り扱う。

⑥数寄屋方御用

御三家・溜間詰への茶供進などを職務にするため茶道具管理・修繕などを行う。

⑦賄方御用

江戸城本丸で消費する米穀・野菜・魚などの食料・調味料・嗜好品・燃料を調達、その出納を管掌。膳・椀・湯桶・生花・草履・下駄などの日用品を差配した。

これらの経済活動によって幕政が維持され、日々が守られていくわけである。

『角川日本史辞典』の付録「江戸幕府お抱え商人職人一覧表」[20]では、職名を五十音順に並べて四頁分のお抱え商人・職人を雇用し、その変遷を示している。武家だけではなく町人たちも幕府を支えていたことになってくる。

この一覧表の中には、御茶碗師・御焼物師の名が上がっている。その原点は『武鑑』の中に記されている。

橋本博氏が編集された昭和四十年の『改訂増補 大武鑑』[21]を使用して時系列に表示したい。表1がそれである。それを見ると、高原平兵衛の名跡は、文化六（一八〇九）年にも見出せる。

ところが平兵衛の名が文政六（一八二三）年には消えて、高原家棟梁として高原次郎右衛門が登場してくる。

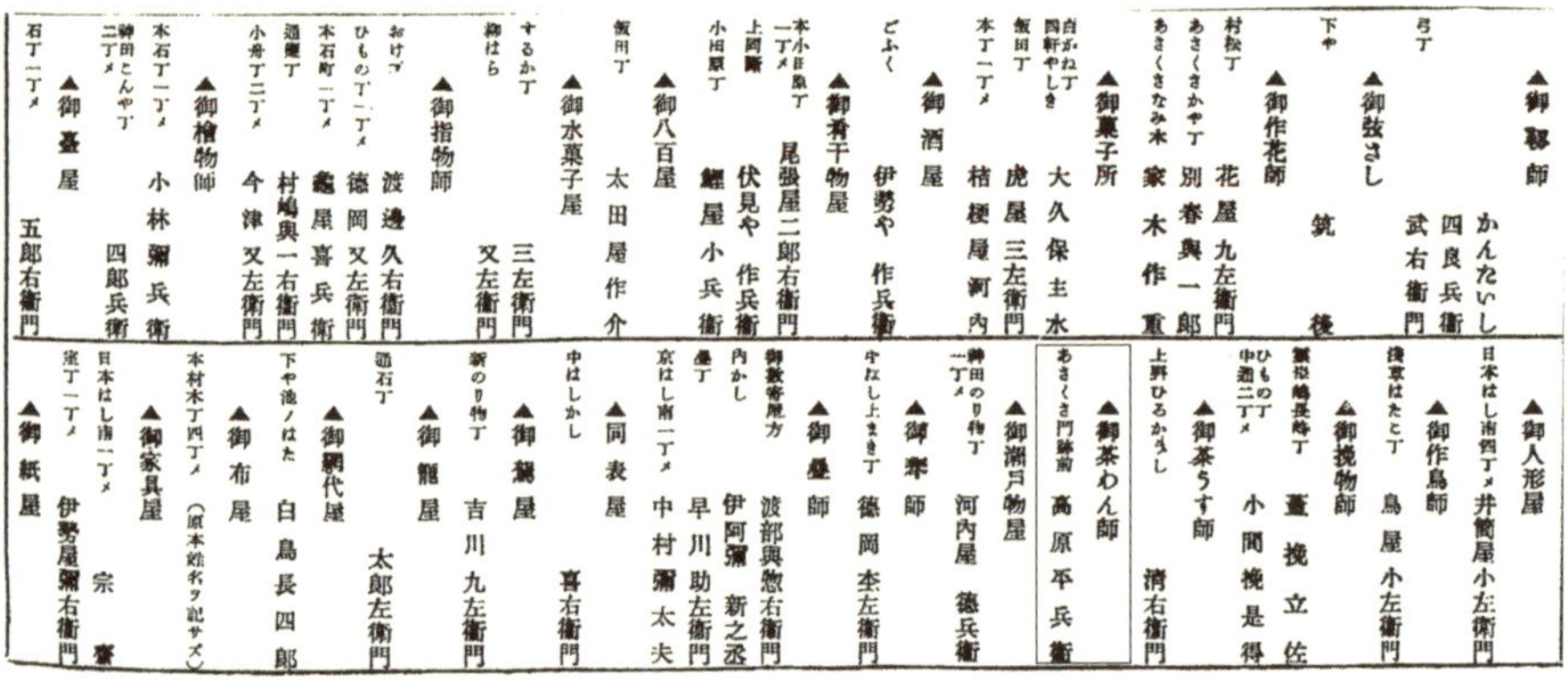

図2－1　『武鑑』宝永元(1704)年（元禄17年改元。『改訂増補　大武鑑』より）

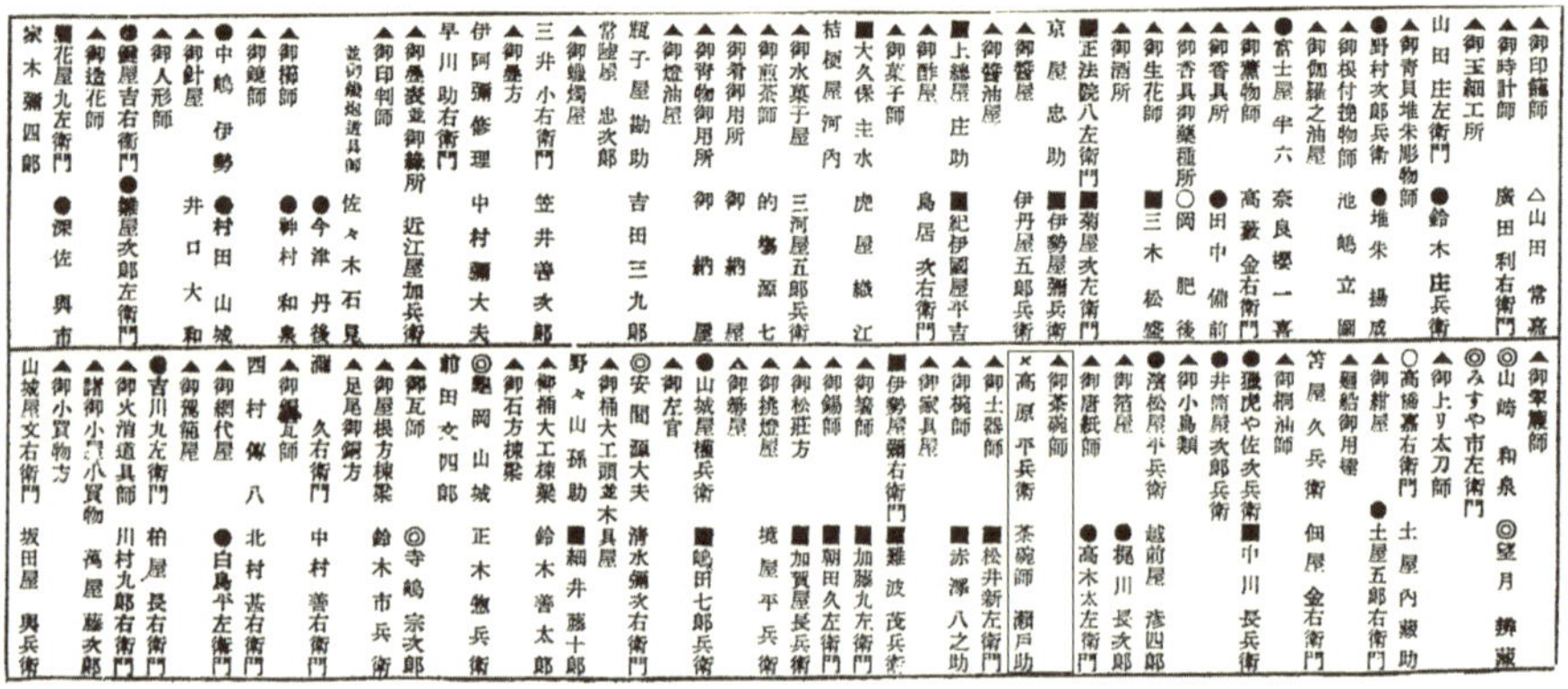

図2－2　『武鑑』明和4(1767)年（『改訂増補　大武鑑』より）

棟梁名の改名か指導者としての変更かである。

その後、高原藤兵衛が棟梁格（肝煎格）に昇り、以後は次郎右衛門と藤兵衛の名跡を交互に継承して、幕府に跡目相続をもって仕えていった。

御茶碗師の高原家については、図2を通して確認してほしい。もう一人の茶碗師瀬戸助について述べてみたい。

『武鑑』では、明和四（一七六七）年版に見える（図2−2）。

▲御茶碗師

×高原平兵衛　茶碗師　瀬戸助

と記録されている(22)。

両者の関係は、高原平兵衛が肝煎で、職人が瀬戸助となってくる。この関係は明治元年の幕府の崩壊までつづく。

では、瀬戸助とは。江戸時代に各地で製陶を行った陶工の名で、人物についても諸説あり、詳細は不明である。一説によれば尾張国瀬戸の生まれで、十七世紀中頃に越

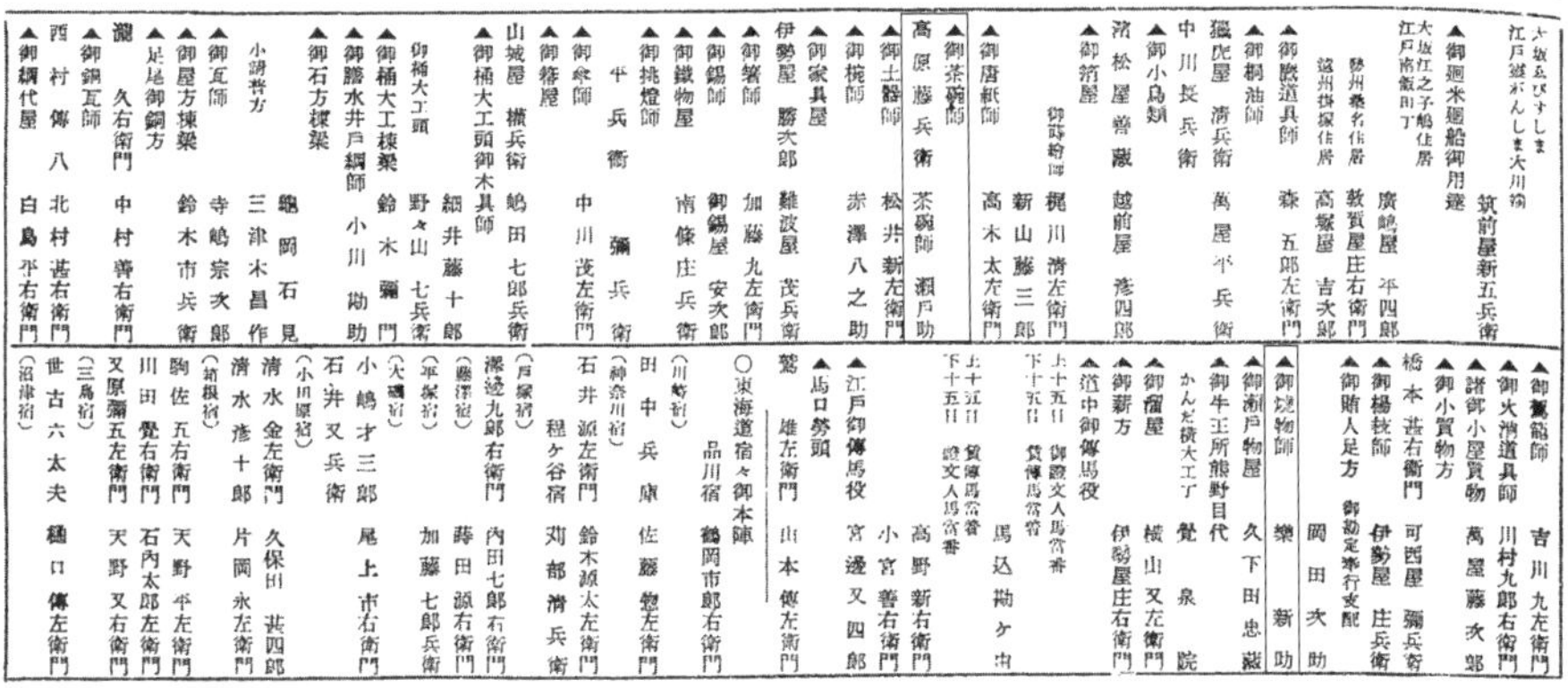

図2－3　『武鑑』天保14（1843）年（『改訂増補 大武鑑』より）

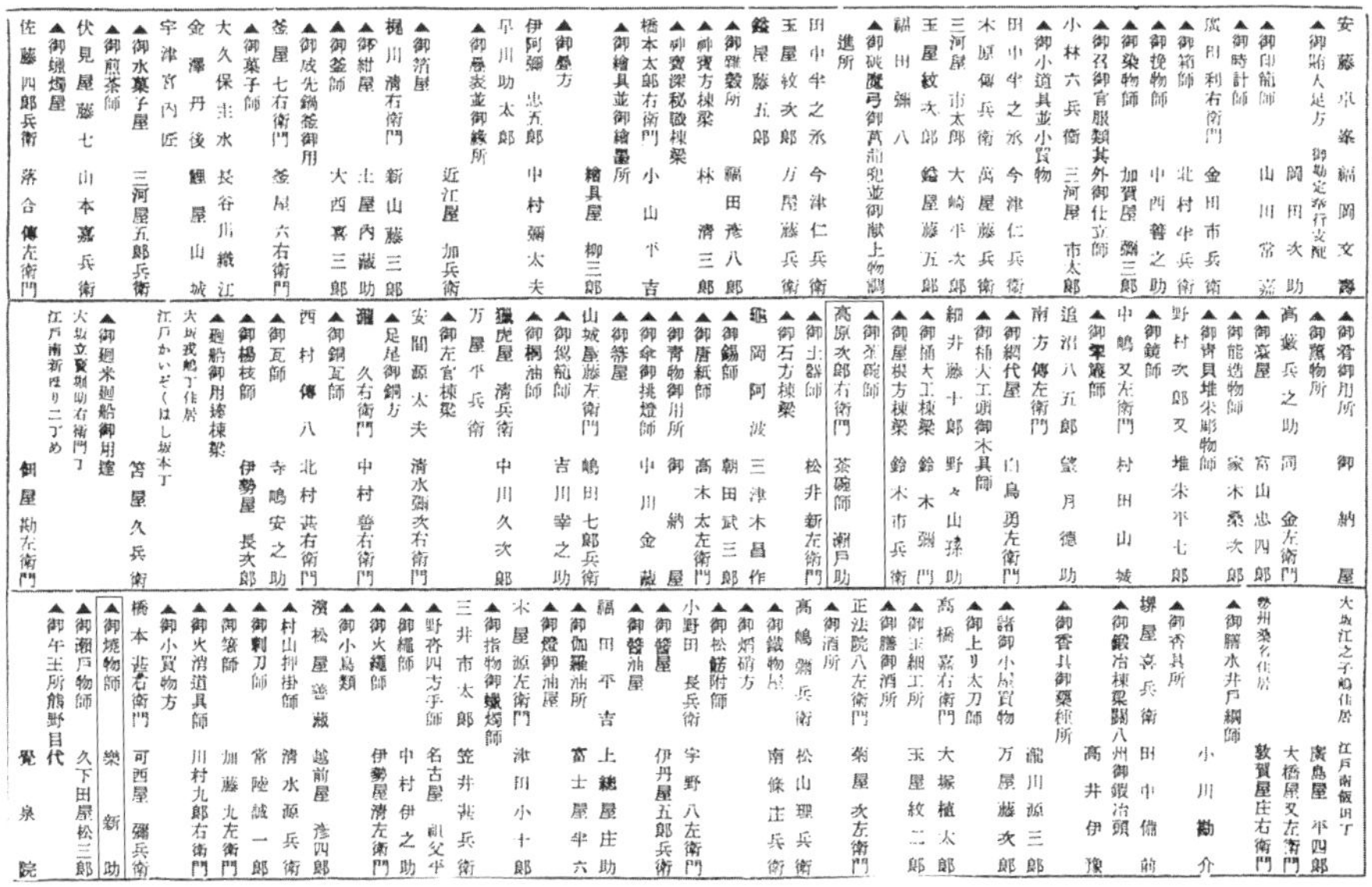

図2－4　『武鑑』明治元(1868)年（『改訂増補 大武鑑』より）

前国へ行き、のち江戸に移り徳川家の茶碗師となったとする説が『観古図説』[23]に記録されている。詳細は次のとおりである。

（前略）福井藩の旧臣酒井外記ノ下邸アリ茲ニテ陶器ヲ作ル窯アリ、今ニ頽レ残レリ　此後徳川氏ノ数茶碗ヲ作ル　其形甚宜シケレバ　世上ニ瀬戸助ノ中服小服ト称セリ、瀬戸助ノ印ヲ押ス、遂ニ徳川氏ノ数寄屋掛リノ茶碗師ト成テ　代々東京鍛冶橋外面西紺屋ニ住ス。

（『観古図説』より）

瀬戸助が住んでいた西こんや丁を文久元（一八六一）年版絵図で示してみる

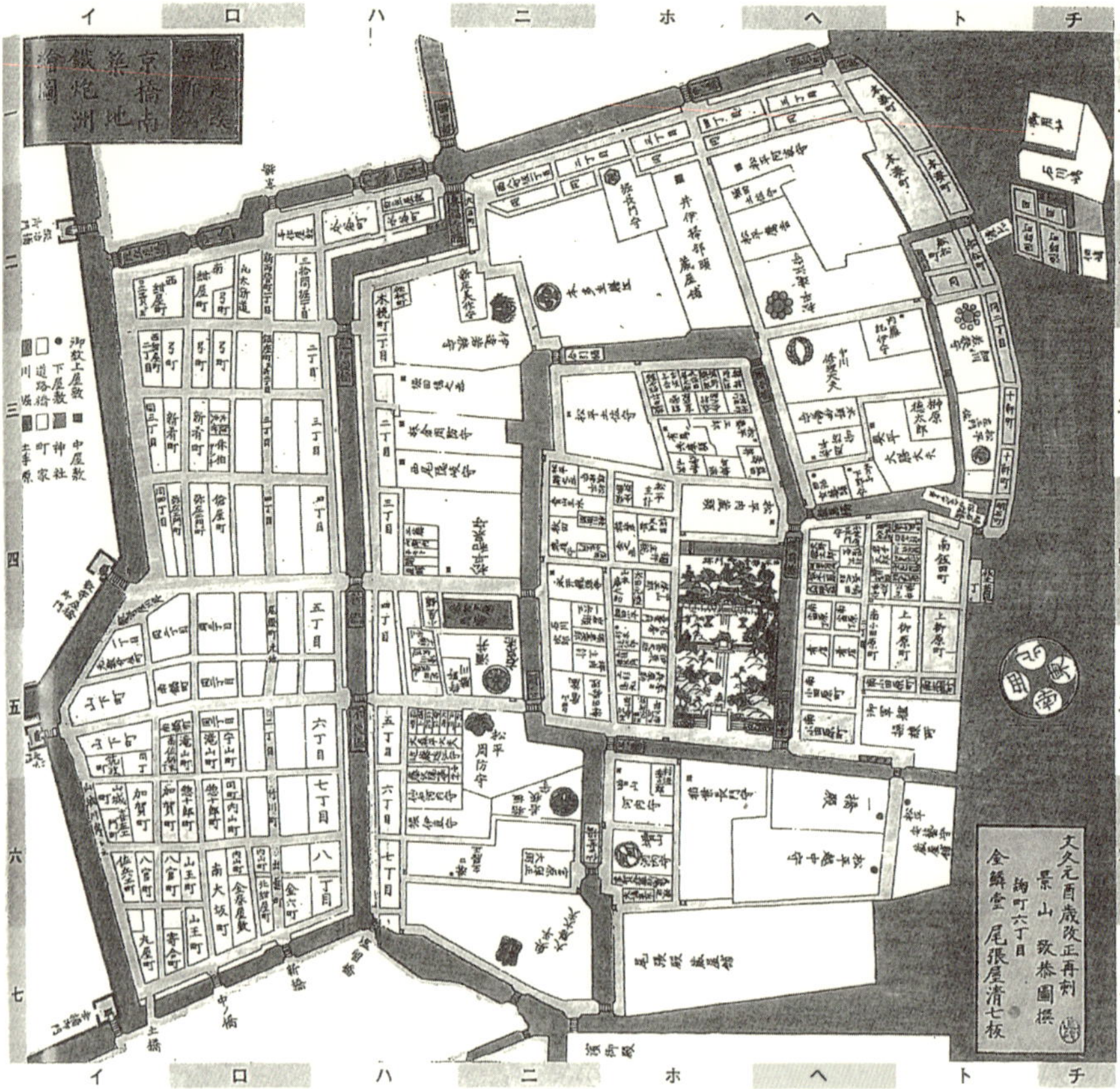

図３　「万延改正新鐫　京橋南築地鉄炮洲絵図」文久元（1861）年版
（氏家幹人他『江戸東京切絵図散歩』〔山川出版社，2010年〕より）

と、図3になる。「万延改正新鐫　京橋南築地鉄炮州絵図」で見ると、町家の中に南紺屋町の西にある「西紺屋町　○立売ト云ウ」（二・イ）で、「西本願寺御門跡」（五・ホ）の位置にある。西紺屋町で生産された物品は立売できるわけである。

また、寛政三（一七九一）年版の『武鑑』には「御焼物師　楽新助(24)」が登場し、幕末まで名跡が記されている。

表1は、陶工関係の職人名を『武鑑』と「江戸幕府お抱え商人職人一覧表」から年代ごとに抜き出したものである。

寛永九（一六三二）年に制度化された茶壺道中の茶壺は元和八（一六二二）年、数寄屋方の命によって、近江国甲賀郡信楽村に、腰白・耳付の信楽焼茶壺を作らせ、これを信玄壺(25)といい、御用茶壺としてその後も将軍家へ献上された。

五　おわりに

陶工高原五郎七について三回にわたっ

て論究したが、今回でまとめとする。高原五郎七の陶芸技術は世代を超えて継承されていったことが理解できた。

五郎七は秀吉の御用陶工で、大坂の陣以後九州に入り、肥後から筑前そして肥前の陶磁器に影響を与え、肥前の三川内磁器を生んで、大坂の父親の窯に戻り、父親とともに大坂難波に五郎七焼（高原焼）の窯を作り、そこで弟子たちをつくりつつ病死した。その弟子たちが高原焼を大成させ、江戸へ下向して、江戸高原焼を誕生させ、将軍家の御用茶碗師として幕末まで継続していった。

江戸幕府では数寄屋方御用として、御茶碗師肝煎が高原家一統と茶碗師瀬戸助一門を中心に、御焼物師として楽焼から楽新助一門等を入れ、茶壺については信楽焼で、この茶壺を使用し、御茶壺道中も制度化となった。

仮説であるが高原五郎七は、伝承の人物ではなく、大坂の陣で豊臣氏が滅んだ時、九州の肥後に逃亡し、筑前から肥前有田の酒井田家に行って職人渡世で生活し、鍋島藩の御用陶工となり南川原から岩谷川内に移動し、大坂に戻り、寛永十二（一六三五）年に大坂天満にて病死した。

その弟子たちが五郎七焼あるいは高原焼として販路を京坂に広げ、江戸に下向して将軍家御用の江戸高原焼として幕末まで名跡を残した。

大坂に残った高原家の窯の職人であった久野正伯が承応二（一六五三）年、土佐藩に招かれ尾戸焼を築窯した。その弟子である森田久右衛門が大坂の高原焼の窯元を訪ねている。それは延宝六（一六七八）年であった。

大方のご批判をいただければ幸いである。今後の精進をお誓いして筆を擱く。

◆注

（1）『酒井田柿右衛門家文書』の中にある。

（2）中島浩気『肥前陶磁史考』（復刻、青潮社、一九八五年）の三三六頁に「高原五郎七を聘す」で記述されている。

（3）京都鹿苑寺（金閣寺）の住職鳳林承章（一五九二～一六六八）の寛永十二（一六三五）年から寛文八（一六六八）年に至る三十四年間の日記。印刷刊本は思文閣から全七巻、一九九七年に出版されている。

（4）五兵衛の姓名は大平五兵衛である。岡佳子「唐物屋覚書」（『寛永文化のネットワーク　隔蓂記の世界』思文閣出版、一九九八年）の中にある。

（5）拙稿「渡り陶工高原五郎七」（『福岡地方史研究』五四号、二〇一六年）三八頁。

（6）久米邦武『有田皿山創業調子』（明治十三〔一八八〇〕年）の中にあり。

(7)渡辺庫輔『三川内焼今村氏文書』「三河内皿山今村三之丞家伝」親和文庫(一九六九年)による。

(8)商工業の歴史学者横井時冬(一八五九〜一九〇六)が明治二十七(一八九四)年十二月に著した二冊本の列伝構成の日本工芸史概説書。巻二(下巻)に「陶器工」がある。

(9)高木如水の『陶器類集』(三冊本、青木嵩山堂、明治三十三〔一九〇〇〕年)は国ごとに焼物について説明を行っている。

(10)『肥前陶磁史考』の中の博多承天寺和尚が五郎七を紹介した書簡で、酒井田圓西に宛てた書の一行。

(11)岡佳子「洛中三条界隈と桃山茶陶——瀬戸物屋から唐物屋へ」(『三条界隈のやきもの屋』〔図録〕美濃陶磁歴史館、二〇〇一年)より。

(12)『武鑑』は江戸時代、大名・旗本の氏名・系譜・官位・職務・石高・家紋など武家の大要を記した書物。「大名武鑑」は諸大名の氏名・本国・居城・石高・官位・家系・内室・参勤交代の期日などを記し、「旗本武鑑」は知行所・職務などを中心に記してある。寛永年間(一六二四〜四四)に原型が現れ、一六四七(正保四)年で形態が整った。民間書林が毎年刊行している。

(13)高橋尚子「御用窯集成」(『歴史読本』二三巻一二号、新人物往来社、武家茶道の系譜、一九七八年)。若干疑問点あり。

(14)氏家幹人他『江戸東京切絵図散歩』山川MOOK3号、山川出版社、二〇一〇年。

(15)門跡は、江戸幕府では宮門跡・摂家門跡・准門跡制度化した。ここの場合は宮門跡親王が継いでいた。

(16)明暦大火のことで、別名振袖火事ともいう。火元は本郷丸山本妙寺。江戸市街の大半を焼き、焼失町数八百町、焼死人十万。江戸初期の町の様相は失われた。

(17)「将軍の陣営・幕府」の意の漢語的表現。狭義では、将軍家を指す。

(18)いわゆる茶坊主で、江戸幕府では奥坊主百人、表坊主二百人を置き、同朋頭の支配を受け、茶室管理をはじめ城中作法の便を図った。

(19)江戸時代、将軍家使用の宇治茶を詰めた御物茶壺を江戸に運んだ行列道中。これの恒例制度化は寛永九(一六三二)年である。承応元(一六五二)年から茶壺の多くは甲州街道の谷村(現・都留市)の勝山城の山頂の茶壺蔵に収めて越夏させる例となり、元文二(一七三七)年まで約八十年間、これが続いた。この茶壺のことを、庶民は甲州であるため信玄壺と呼んでいた。その後、江戸城富士見櫓で茶壺を保存したため東海道を利用した。行列の格式は、摂関家・宮門跡に準じるとされ、権威ある行列とされ、通行する道筋の町村はその応対に苦労した。それがわらべ唄となった。

(20)高柳光寿・竹内理三編『角川日本史辞典』(一九六六年版)の付録。

(21)橋本博編『改訂増補 大武鑑』(全三巻、索引付、復刻版、名著刊行会、一九六五年)。

（22）『武鑑』では、人名の上に見出の記号が付加されている。例えば高原平兵衛の上に×がついている。これは棟梁の印あるいは頭の印である。▲は項目の印。

（23）日本の陶磁器を初めて科学的に研究した書。蜷川式胤《にながわのりたね》著、全九巻（陶磁編七巻、城郭編一巻、瓦編一巻）、明治十（一八七七）年刊。復刻版は『陶器全集』の12・16・23・29巻にある。編集は小野賢一郎と加藤唐九郎他で、昭和六（一九三一）年、復刻版は昭和五十一（一九七六）年、思文閣から。

（24）御焼物師楽新助は、京焼の楽焼の長次郎一統から新助名跡で職人を出していた。また瀬戸助についてもこれと同じ。

（25）俗称名で、甲州で有名であった武田信玄から取ったもの。

表1　江戸幕府お抱え職人表（陶工）

年代	内容	（図）	書肆
宝永元年（元禄17年改元）（一七〇四）	御茶わん師 あさくさ門跡前 高原平兵衛	（図2－1）	
宝永7年（一七一〇）	御茶碗師 あさくさ門跡前 高原平兵衛		須藤権兵衛蔵版
正徳3年（一七一三）	御茶碗師 浅草門跡前 高原平兵衛		山口屋権兵衛版
享保3年（一七一八）	御茶碗師 高原平兵衛		須原屋茂兵衛蔵版 一覧表
享保17年（一七三二）	御茶碗師 高原平兵衛		須原屋茂兵衛蔵版
元文6年（寛保元年改元）（一七四一）	御茶碗師 高原平兵衛		
延享3年（一七四六）	御茶碗師 高原平兵衛		須原屋茂兵衛蔵版
延享4年（一七四七）	御茶碗師 高原平兵衛		須原屋茂兵衛蔵版
明和4年（一七六七）	御茶碗師 高原平兵衛 茶碗師 瀬戸助	（図2－2）	須原屋茂兵衛蔵版
明和6年（一七六九）	御茶盌師 浅草門跡前 高原平兵衛 西こんや丁茶盌師 瀬戸助		
安永2年（一七七三）	御茶碗師 高原平兵衛 茶碗師 瀬戸助		須原屋茂兵衛蔵版
寛政3年（一七九一）	御茶碗師 高原平兵衛 茶碗師 瀬戸助 御焼物師 楽新助		須原屋茂兵衛蔵版
寛政4年（一七九二）	御茶碗師 高原平兵衛 茶碗師 瀬戸助 御焼物師 楽新助		一覧表

文化4年（一八〇七）	御茶盌師 茶盌師 御焼物師	高原平兵衛 瀬戸助 楽新助	
文化6年（一八〇九）	御茶碗師 茶碗師 御焼物師	高原平兵衛 瀬戸助 楽新助	須原屋茂兵衛蔵版
文政6年（一八二三）	御茶碗師 茶碗師 御焼物師	高原次郎右衛門 瀬戸助 楽新助	須原屋茂兵衛蔵版
天保4年（一八三三）	御茶碗師 茶碗師 御焼物師	高原次郎右衛門 瀬戸助 楽新助	
天保7年（一八三六）	御茶碗師 茶碗師 御焼物師	高原次郎右衛門 瀬戸助 楽新助	
天保14年（一八四三）	御茶碗師 茶碗師 御焼物師	高原藤兵衛 瀬戸助 楽新助 （図2－3）	
天保15年（弘化元年改元）（一八四四）	御茶碗師 茶碗師 御焼物師	高原藤兵衛 瀬戸助 楽新助	一覧表
弘化4年（一八四七）	御茶碗師 茶碗師 御焼物師	高原次郎右衛門 瀬戸助 楽新助	
嘉永5年（一八五二）	御茶碗師 茶碗師 御焼物師	高原次郎右衛門 瀬戸助 楽新助	

嘉永7年（安政元年改元）（一八五四）	御茶碗師 茶碗師 御焼物師	高原藤兵衛 瀬戸助 楽新助	須原屋茂兵衛蔵版
安政6年（一八五九）	御茶碗師 茶碗師 御焼物師	高原次郎右衛門 瀬戸助 楽新助	
萬（万）延元年（一八六〇）	御茶碗師 茶碗師 御焼物師	高原藤兵衛 瀬戸助 楽新助	須原屋茂兵衛蔵版
文久元年（万延2年改元）（一八六一）	御茶碗師 茶碗師 御焼物師	高原次郎右衛門 瀬戸助 楽新助	
元治元年（一八六四）	御茶碗師 茶碗師 御焼物師	高原藤兵衛 瀬戸助 楽新助	須原屋茂兵衛蔵版
慶応2年（一八六六）	御茶碗師 茶碗師 御焼物師	高原藤兵衛 瀬戸助 楽新助	
慶応3年（一八六七）	御茶碗師 茶碗師 御焼物師	高原次郎右衛門 瀬戸助 楽新助	出雲寺萬次郎蔵版
明治元年（一八六八）	御茶碗師 茶碗師 御焼物師	高原次郎右衛門 瀬戸助 楽新助 （図2－4）	

＊『改訂増補 大武鑑』（橋本博編）、『角川日本史辞典』（高柳光寿・竹内理三編）付録より作成。書肆については、不明分は白紙とした。一覧表は『角川日本史辞典』の付録からである。

追悼　近藤典二氏

近藤先生と私

有田《ありた》和樹《かずき》

平成二十九年十二月十八日、近藤典二さんが亡くなられた。九十三歳であった。

近藤先生（以下、先生）に初めてお会いしたのは、私が筑紫野市歴史博物館の嘱託学芸員として勤務していた平成十六年頃だった。私は、その頃、長崎街道の山家宿にあった御茶屋に興味を持ち、街道や宿場町についての研究を始めた頃であった。

同年、博物館が発行している『ちくしの散歩』で山家宿の御茶屋で執筆してよいとの話があった。私にとって初めて人目に触れる印刷物だったので、近世交通史が専門で、筑紫野市山家の出身であった先生に一度見てもらい、またいろいろお話を伺えたらと、ご自宅に押し掛けたのがきっかけであった。それから、度々自宅にお邪魔しては色々なことを教わり、勝手に弟子を称していた。

その後、私は博物館を退職して別の仕事に就いた。歴史とは全く無縁の体力仕事だったので、研究に集中できず、時間もなかなか取れない時期でもあった。しかし、私の地元である前原宿の研究を始め、街道と宿場町の研究には以前にも増して取り組んでいた。

この頃、先生のお宅には年に四～五日程行っていた。講演される際は、車で送迎したり、先生がぜひ確認したいという筑前町にある旧長崎街道沿いの「敬止義塾址碑」を確認しに行ったりと、できる限り先生の知っていることを受け継ぎたいと思っていた。

平成二十四年の閏年、先生の奥さんが亡くなられ、先生は一人暮らしとなった。奥さんには自宅にお邪魔した

近藤典二氏，2006年撮影

時、手作りのケーキをいつも頂いたり、とても可愛がってもらっていた。亡くなられたのを知ったのはお通夜が終わった後だったが、駆けつけて最後のお別れはできた。それから一年経って、奥さんの命日にお参りに行った。先生に会うのもこの日が一年ぶりであった。奥さんが亡くなられた後、連絡を取るのも躊躇していたが、元気そうであった。いきなり一人暮らしになられたので心配していたが、ご飯を炊くことを覚えたとか、家事を習っておけばよかったなど、なかなか話す相手も来ないとみえて、いろいろお話しした。

1984年12月11日，筑紫丘学館にて

先生はこの頃、小説をよく読んでいるらしく、最近読んでいる本の中で、自宅の近くである福岡市南区若久に住んでいた作家の夏樹静子の小説に、姪浜の五島山というのが出てくるが、五島山は本当にあるものなのか、実際どこにあったのだろうかという話をされた（五島山は私が後に地図や地元の方に聞いて、今の姪浜駅の南にあったことが分かった）。

こういう何気ない所から疑問点を見出して、研究に発展させる姿勢が先生の研究の原点であったと思う。また、この時、郷土史の研究は、誰から頼まれることなくすることが大事である、何かのためにすると、とたんに媚びが出てつまらなくなる。最近は、歴史家ぶったものが多くて面白くない、という話もされていた。

先生の自宅は福岡市南区筑紫ケ丘にあって、いつもは一階でお話しする。座敷には、女性漢詩人の原采蘋が、文政年間（一八一八〜三〇）に出土した太宰府の水城の木樋に書いた「秋成」の扁額が掲げられており。先生は自宅を秋成書屋と名付けていた。

書斎は、二階の南側に面した部屋であった。この場所に最初に家を建てた頃は、脊振の山並みが望める小高い丘であったそうだ。書斎には、学習机とその後ろにテーブルが置かれ、壁には古い本棚に茶封筒に整理された資料がたくさんあった。すぐ隣には四畳ほどの部屋があって、そこにも古い本棚にたくさんの本が詰まっていた。先生のお父さんである近藤思川さん時代からの本もあった。

平成二十六年の六月頃、蔵書の一部を渡したいとの連絡があった。先生が渡したかったものは『福岡県史』と

『筑紫史談』であった。特に、福岡県史は先生が交通史に興味を持つきっかけともなった人物である郷土史家の伊東尾四郎さんからもらった物であるという。今後の研究に必ず役に立つので是非差し上げたい、ということであった。また、その後、蔵書の中で役に立つものがあれば持って行ってほしいということで引き取りに行った。その昼は二人で出前の鰻を食べた。

　平成二十九年十一月頃、久しぶりに近くを通ったので自宅のベルを鳴らしたが留守であった。たいていは家におられるので夜になって電話をかけてみたが、電話にも出られなかったので留守番電話にメッセージを入れておいた。

　数日たって横浜に住む娘さんから電話があり、先月末から入院しているとの知らせが届いた。お見舞いに行きたいと言ったが、手術後の副作用で会いに行っても分からないかもしれないとのことだったので、お見舞いに行くのは控えておいた。それからまもなくして亡くなられた。

　お通夜と葬儀は家族葬だったが、晩年の近藤先生とおそらく唯一たくさん話した者として出席し、式の間中、近藤先生との思い出を回想していた。出棺の際、棺にはたくさんの花と先生が書かれた三冊の本が入れられていた。

　お葬式の後、数カ月経ってお参りに行った。そして、先生の書斎の整理を行った。

　できるだけ資料は散逸させてはいけないと、その大部分は筑紫野市歴史博物館に寄贈させてもらい、書籍類は、私の書斎の蔵書となった。私自身、今はなかなか研究の時間がとれない時期ではあるが、近藤先生の姿勢を受け継いで研究に臨みたいと思う。

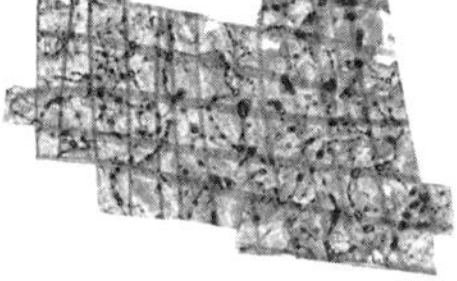

近藤典二氏主要著作目録

（二〇一八年七月、石瀧豊美作成）

『日本歴史』八四〇号（二〇一八年五月）の「学界消息」の欄に、編集部より求められて石瀧が寄稿した一文（訃報）をまず掲載します（一部修正及び補記・追記あり）。

◇近藤《こんどう》典二《のりつぐ》氏の訃　前福岡地方史研究会会長の近藤典二氏は、二〇一七年一二月一八日に逝去された。享年九三。一九二四年三月一二日、福岡県筑紫郡山家村（現筑紫野市）生まれ。九州帝国大学法文学部国史学科一年時に徴兵。敗戦後に復員、復学。一九四七年卒業。母校筑紫丘高等学校（旧制筑紫中学校）教諭となり郷土研究部を創設、部誌『儺川《なせん》』(1)を発行。二六年間にわたって顧問を務めた。一九七三年から四年間、『福岡県教育百年史』編さん事務局次長(2)。門司高等学校教頭を経て、一九八二年筑前高等学校校長で退職(3)。福岡大学非常勤講師も務めた。生家のあった山家は長崎街道の宿場町だったことから近世交通史（街道・宿場町）を専門とし、教育史に及んだ。自治体史では『鳥栖市史研究編　第一集　鳥栖地方の宿場』（鳥栖市役所、一九七〇年）を執筆、一九九二年から編さん委員会副会長として『筑紫野市史』、また、編纂顧問などとして『福岡県史』に関わり、県史「近世研究編　福岡藩」一（一九八三年）、「通史編　福岡藩」一・二（一九九八年・二〇〇二年）、「通史編　福岡藩　文化」上（一九九三年）に執筆（共著）。著作に『山家郷土史話』（私家版〈謄写版〉、一九五四年）(4)、『筑紫野の地方史』（葦書房、一九八四年）、『筑前の街道』（西日本新聞社、一九八五年）、『教師の誕生――草創期の福岡県教育史』（海鳥社、一九九五年）がある。編輯代表として『筑紫丘四十年史』（筑紫丘高等学校、一九六八年）、共著に『福岡歴史探検　①近世福岡』（海鳥社、一九九一年）、『はかた学6　博多町人と学者の森』（葦書房、一九九六年）などがある。一九六三年福岡地方史談話会創立に加わり、これを改称した福岡地方史研究会会長（一九九〇～二〇〇〇年）、福岡県地方史研究連絡協議会理事および副会長を歴任した(5)。福岡地方史研究会会長時に同会編『福岡藩分限帳集成』（海鳥社、一九九九年）を刊行した。

（石瀧豊美氏寄）

【補記】

（1）『儺川』のルビを「ながわ」としたのを「なせん」と訂正した。

（2）筑紫丘高校教諭から『福岡県教育百年史』編さん事務局次長に転じ、昭和四十八～五十一年度（一九七三年四月～一九七七年三月）在任、次いで門司高等学校教頭として赴任した。

『福岡県教育百年史』の刊行は次の通り。

第一巻『資料編　明治（Ⅰ）』一九七七年三月

第二巻『資料編　明治（Ⅱ）』一九七八年三月

第三巻『資料編 大正・昭和（Ⅰ）』一九七八年一一月
第四巻『資料編 昭和（Ⅱ）』一九七九年一〇月
第五巻『通史編（Ⅰ）』一九八〇年九月
第六巻『通史編（Ⅱ）』一九八一年三月
第七巻『年表・統計編』一九八〇年三月

編纂体制を実質的に支える役職にあって、百年史を構想し、史料の収集・発見に努め、資料編・通史編刊行の準備をされたのだが、第一巻刊行時点で事務局を離れることになったのは不本意であったと思われる。通史編の分担の中には近藤氏の名はない。そのため、以下の著作目録には『福岡県教育百年史』を記載しなかった。

（3）定年退職を退職に改めた。

（4）発行所・発行年を「福岡県文化会館、一九八一年」としたが、「私家版（謄写版）、一九五四年」と改めた。

（5）「理事を歴任した」を「理事および副会長を歴任した」と改めた。

【追記】わかる範囲で受賞歴を記す。
二〇〇二年 福岡市文化賞
二〇一一年 福岡県地域文化功労者・福岡県教育文化表彰

▼単著

『山家郷土史話』、私家版（謄写版）、一九五四年
＊昭和二十年十二月～二十一年二月、終戦後に帰郷した記念に「山家村郷土史」を書き、それを元に新たに書き直して収録。奥付はない。

『鳥栖地方の宿場――長崎街道の田代・轟木・中原』〈鳥栖市史研究編 第一集〉鳥栖市役所、一九七〇年
『高原善七郎翁小伝――百年祭記念』手塚博文、一九七二年
『筑紫野の地方史』葦書房、一九八四年
『筑前の街道』〈西日本選書〉西日本新聞社、一九八五年
『教師の誕生――草創期の福岡県教育史』海鳥社、一九九五年

『筑紫野の地方史』表紙

▼共著・編著（など、単行本収録分）

【Ⅰ】県史・市史
『福岡県史 近世研究編 福岡藩㈡』西日本文化協会編、福岡県、一九八三年
『福岡県史 通史編 福岡藩 文化㊤』西日本文化協会編、福岡県、一九九三年
『福岡県史 通史編 福岡藩㈠』西日本文化協会編、福岡県、一九九八年
『福岡県史 通史編 福岡藩㈡』西日本文化協会編、福岡県、二〇〇二年
『筑紫野市史 下巻 近世・近現代』筑紫野市、一九九九年
「解説」（『筑紫野市史 資料編（下）近世史料』筑紫野市、二〇〇〇年）

＊以上、執筆分担、論文掲載など。

【Ⅱ】その他

『筑紫丘四十年史』福岡県立筑紫丘高等学校、一九六八年

＊編輯代表

『博多津要録』第二巻、西日本文化協会、一九七六年

＊巻十三・巻十四の第一次原稿作成に当たる。

『福岡県百科事典』上・下巻、西日本新聞社福岡県百科事典刊行本部編、西日本新聞社、一九八二年

＊執筆項目名省略

「筑前六宿の人馬仕組について――明和以前における人馬継立の問題とその対策」（藤野保編『九州と生産・流通』〈九州近世史研究叢書　第八巻〉国書刊行会、一九八五年）

『福岡歴史探検　①近世福岡』福岡地方史研究会編、海鳥社、一九九一年

＊執筆項目＝「関ケ原の合戦余話　黒田両夫人の大坂脱出」、「小早川隆景の二日市伝馬制札」、「雑餉隈と姪浜　福岡郊外の宿場」、「お伊勢参り」、「筑前六宿のはたご屋」、「長崎・薩摩街道の追分石」、「山家宿の守り神・エビス石神」、「シーボルトが歩いた山家宿」、「最後の山家宿代官・梅田茂苗」、「出稼ぎ人の行倒れ」、「天山ののろし台　亀井昭陽の日記から」、「秋月藩校の登級生」、「伊能忠敬と青柳種信」、「二つの和魂漢才碑　平田国学の普及」、「逮捕された青年僧・和田玄遵」

「筑前六宿の人馬仕組について――明和以前における人馬継立の問題とその対策」（林英夫編『近世――馬と日本史3』〈馬の文化叢書　第四巻〉馬事文化財団、一九九三年）

「原田宿と鬼木家文書」（図録『国境の宿場　筑前原田宿展』筑紫野市立歴史民俗資料館、一九九二年）

「旅に生き旅に死す　原采蘋」（『近世に生きる女たち――福岡歴史探検②』福岡地方史研究会編、海鳥社、一九九五年）

「筑前の「夜明け前」」（『はかた学6　博多町人と学者の森』朝日新聞福岡本部編、葦書房、一九九六年）

＊朝日新聞西部本社版の連載。

「刊行の辞」（『福岡藩分限帳集成』福岡地方史研究会編、海鳥社、一九九九年）

近藤思川著・近藤典二復刻改訂『筑前六宿山家風土記――長崎街道筋』夢むらさきクロスロード四〇〇事業実行委員会・山家の史跡等を守る会（筑紫野市）、二〇〇二年

＊近藤思川は近藤典二氏の父君。底本は思川建碑期成会、一九六五年発行

▼論文・コラムなど（発行所は初出のみに記載）

「二日市聚落の成立とその発展過程についての一考察」（『西日本史学』二号、西日本史学会、一九五〇年三月）

「万葉集に見える蘆城駅家の性格」（『儺川《なせん》』四輯、筑紫丘高等学校郷土研究部、一九五一年二月）

＊『儺川』は那珂川の漢語表現。筑紫丘高等学校郷土研究部誌。一四～二〇輯以外は未見。

「安志岐の庄について」（『儺川』六輯、一九五三年二月）

「蘆城駅家の位置」（『儺川』七輯、一九五四年二月）

「みみらく考」（『儺川』一〇輯、一九五五年二月）

「三宅と高宮考」（『儺川』一一輯、一九五八年三月）
「志々伎小考」（『儺川』一二輯、一九五九年二月）
「「宿駅」雑考」（『儺川』一三輯、一九六〇年三月）
「山家宝満宮の棟札銘をめぐって」（『儺川』一四輯、一九六一年一月）
「筑前領内宿駅の助郷について」（『日本歴史』一五八号、日本歴史学会、一九六一年八月）
「市場町としての二日市集落について再考」（『儺川』一五輯、一九六二年二月）
「ある庄屋の記録」（『儺川』一六輯、一九六三年三月）
「〝儺川〟について」・「福岡藩の宿駅雑考 その二」（『儺川』一七輯、一九六四年三月）
「筑前六宿(3) 内野宿の巻」（『西日本文化』一一号、西日本文化協会、一九六四年七月）
＊第2回は近藤思川「山家宿の巻」（同一〇号、同年五月）
「福岡藩主の長崎往来と農民の交通労働」（『儺川』一八輯、一九六五年三月）
「御通方御定書について――福岡藩内宿駅の大名送迎についての規定」（『福岡地方史談話会会報』二号、福岡地方史談話会、一九六五年九月）

『儺川』第15輯表紙

「長崎街道について――その宿駅人馬賃銭を中心として」（『西日本史学』一七号、一九六六年三月）
「戊辰戦争に人足頭として従軍した庄屋の記録」・「石田三成の年貢請取状と那珂川町仲の佐伯氏のこと」（『儺川』一九輯、一九六六年三月）
「野間村の庄屋喜右衛門の文書」（『儺川』二〇輯、一九六七年三月）
「天保十年六月の大庄屋の一斉免職」（『儺川』二一輯、一九六七年四月）
＊一九六八年ヵ。
「長崎街道の宿駅としての田代」・「第3回福岡県地方史研究協議大会に出席して」（『福岡地方史談話会会報』九号、一九七〇年一月）
「福岡の日雇人足請負人」（『福岡地方史談話会会報』一〇号、一九七〇年八月）
「福岡藩の大庄屋と触口――明治初年の郡方改正をめぐって」（『福岡地方史談話会会報』一一号、一九七一年一〇月）
「巻頭言 歴史と現実」（『福岡地方史談話会会報』一二号、一九七二年四月）
「福岡藩の大庄屋系譜考」（『儺川』二五輯、一九七二年七月）
「〈交通〉幕末の福岡」（『荒津文化』二号、福岡市荒津文化観光振興会、一九七二年七月）
「「福岡県教育百年史」の編さんについて」（『地方史ふくおか』一五号、福岡県地方史研究連絡協議会【略称・福史連】、一九七三年四月）

「「福岡県教育百年史」の編さんについて」・NK生「岐阜県から送ってきた明治末年の「福岡県教育会々報」」（『福岡県教育百年史［月報］』一号、福岡県教育百年史研究会、一九七四年一月）

＊発行者近藤典二、「全ページ私一人の手書き原稿」のオフセット版（『教師の誕生』二〇八頁）。一七号まで発行。福岡県立図書館所蔵分は一一・一二・一七号（最終号、一九七六年六月）を欠く、未見。なお、国会図書館は一～一五号を所蔵するが「著作目録」作成時点で見ることができなかった。同館は発行者を「福岡県教育百年史編さん事務局」とする。

「明治初年の小学校の卒業証書と福岡県中学校修猷館」（『福岡県教育百年史［月報］』二号、一九七四年二月）

「福岡県の教育史について」（『筑紫丘』八号、筑紫丘高等学校、一九七四年三月）

無署名「小籏陳《おばたのぶる》——明治の教師たち その1」（『福岡県教育百年史［月報］』三号、一九七四年三月）

無署名「多難な教育百年史の前途——昭和四十九年度の予算を前にして」・「県立中学思川分校と公立御笠中学校」（『福岡県教育百年史［月報］』四号、一九七四年四月）

無署名「県立橘中学校と立花銑三郎文書」（『福岡県教育百年史［月報］』五号、一九七四年五月）

「県立中学田主丸分校と公立田主丸中学校」（『福岡県教育百年史［月報］』六号、一九七四年六月）

「伊能忠敬の測量日記と筑前の村方史料七点」（『地方史ふくおか』一九号、一九七四年六月）

「県立甘木中学校の廃校と公立変則学校の設立」（『福岡地方史談話会会報』一四号、一九七四年七月）

「県立甘木中学について」（『福岡県教育百年史［月報］』七号、一九七四年七月）

「県立中学山内分校と公立中洲校」（『福岡県教育百年史［月報］』八号、一九七四年八月）

「県立中学飯塚分校と中垣安太郎」（『福岡県教育百年史［月報］』九号、一九七四年九月）

「県立中学宗像分校と公立宗像中学校」（『福岡県教育百年史［月報］』一〇号、一九七四年一〇月）

「県立中学香春分校と公立香春中学校」・「宮永七郎の卒業証書」（『福岡県教育百年史［月報］』一一号、一九七四年）

＊未見、発行日不明。題は一部推測。

「県立中学箱崎分校と公立経史学校・箱崎中学校」（『福岡県教育百年史［月報］』一二号、一九七五年一月）

＊未見。題は一部推測。

「新たに発見した明治中期の福岡県公報」（『福岡県教育百年史［月報］』一三号、一九七五年三月）

「関ケ原の役における黒田如水・長政の室」（『歴史手帖』三巻三号、名著出版、一九七五年三月）

「官立長崎師範学校の開校と杉山貞」（『福岡県教育百年史［月報］』一四号、一九七五年七月）

「「福岡県公報」発行の起源」（『福岡県教育百年史［月報］』一五号、一九七五年一一月）

「巻頭言　経済不況と教育」（『福岡地方史談話会会報』一五号、

一九七五年一二月）
「「福岡県教育百年史」第一・第二巻について」（『福岡県教育百年史［月報］』一六号、一九七六年三月）
「四年を終わって」（『福岡県教育センター通信』三九号、福岡県教育センター、一九七七年一月）
「古文書調査と地方史家の自戒」（『地方史ふくおか』二六号、一九七七年五月）
「書評　『郷土史学習の展開』」（『歴史と地理』二七〇号、山川出版社、一九七八年三月）
「北九州の交通史③　明治初年の交通の文明開化――杉山貞の長崎遊学日記から」（『ひろば北九州』二巻一号、北九州都市協会、一九七九年二月）
＊連載の①・②は未見。
「橋詰武生氏を偲ぶ」（『福岡地方史談話会会報』一九号、一九八〇年四月）
「野村望東尼と大名町明石」（『福岡地方史研究会会報』二〇号、福岡地方史研究会、一九八一年四月）
＊一九八〇年四月に会の名称を「談話会」から「研究会」に変更、これにともない誌名も変更。
「平田内蔵介の手紙――幕末筑前の国学の展開」（『県史だより』二号、福岡県地域史研究所、一九八一年一〇月）
「福岡藩の関番所と郷足軽」（『福岡地方史研究会会報』二一号、一九八二年四月）
＊注5に「諸通執行之定追考」（『福岡藩社会経済史の研究』近刊）とあるが、同書の刊行は確認できない。
「筑前六宿について――端城と関番所と烽火場との関係」（『地方史ふくおか』四一号、一九八二年五月）
「関番所と郷足軽――筑前唐津領の場合」（『福岡地方史研究会会報』二二号、一九八三年四月）
「塾の断想――原采蘋の山家学問所」（『照星』四号、一九八五年二月）
＊未見、発行所不明。
「近世末期の手習塾」（『福岡地方史研究会会報』二四号、一九八五年四月）
「藪集成と佛山堂詩鈔」（『地方史ふくおか』五一号、一九八五年七月）
「『古文書を読む会』から」（『地方史ふくおか』五三号、一九八六年一月）
「筑前の街道――「二日市庄屋覚書」について」（『福岡地方史研究会会報』二五号、一九八六年四月）
「享和二年の御笠郡村明細帳の写本について」（『地方史ふくおか』五七号、一九八六年一二月）
「井上精三さんのこと」・「筑前の平田国学」『福岡地方史研究会会報』二八号、一九八九年三月）
「資料紹介　平田篤胤門人帳」（『地方史ふくおか』七〇号、一九九〇年三月）
「巻頭言　会長をうけついで」・「学校事始――小倉県の場合」（『福岡地方史研究』二九号、一九九一年五月）
＊誌名を『福岡地方史研究会会報』から変更。
「「地方史研究協議会」の福岡大会に参加して」（『地方史ふくお

か』七七号、一九九一年一二月）

「巻頭言　史伝の効用」・「箱崎の商人いわしや貞右衛門考——屏風の下張り文書から」（『福岡地方史研究』三〇号、一九九二年五月）

「山家宿の朋友達——下代の送別会」（『県史だより』六一・六二合併号、一九九二年七月）

「世相をどうみる」（『地方史ふくおか』八一号、一九九二年一二月）

「巻頭言　面白い歴史」・「遊行上人の筑前廻国」（『福岡地方史研究』三一号、一九九三年五月）

「福岡藩の山林について」（『福岡県地域史研究』一二号、福岡県地域史研究所、一九九三年一一月）

「福岡藩の御茶屋と町茶屋」（『西南地域史研究』八輯、文献出版、一九九四年三月）

「棒引きの金銀預かり証文」（『交通史研究』三三号、交通史学会、一九九四年四月）

「巻頭言　『測量日記』非情」（『福岡地方史研究』三二号、一九九四年六月）

「福岡藩の陸上交通」（『西南地域史研究』九輯、一九九四年九月）

「義務制と自由」（『地方史ふくおか』八九号、一九九五年一月）

「遊行上人の筑前廻国」（『福岡県地域史研究』一三号、一九九五年一月）

「巻頭言　戦後五十年」・「人馬賃銭の請払い勘定について」（『福岡地方史研究』三三号、一九九五年五月）

「秋月藩の家臣団」（『西南地域史研究』一〇輯、一九九五年一〇月）

「近世初期の筑前の宮座資料について」（『地方史ふくおか』九三号、一九九五年一一月）

「中世末、近世前期における筑前の宮座」（『福岡県地域史研究』一四号、一九九六年三月）

「巻頭言　世の政と人の心」（『福岡地方史研究』三四号、一九九六年五月）

「満生家文書目録 1 解説」（『筑紫野市文化財調査報告書』五四集、筑紫野市教育委員会、一九九七年三月）

＊『筑紫野市文化財調査報告書』には他にも執筆していると思われるが不明。

「巻頭言　絶望からの脱出」・「山林古老伝　全」（『福岡地方史研究』三五号、一九九七年六月）

「宿駅としての太宰府」（『福岡県地域史研究』一六号、一九九八年三月）

「巻頭言　硝子戸の中」・「「筑紫妻敵由来」の裏文書の謎を解く」（『福岡地方史研究』三六号、一九九八年五月）

「地域史研究の課題」（『地方史ふくおか——創立30周年記念誌』〔「ふくおか歴史の道——福史連30周年記念論文集」との合冊〕一九九八年六月）

「巻頭言　四海困窮」・「大庄屋勘吉と俳人月湖」（『福岡地方史研究』三七号、一九九九年五月）

「商品流通と上前銭」（『地方史ふくおか』一〇三号、一九九九年一二月）

「長崎路宿駅における人馬賃銭——丸山雍成氏の「長崎路宿駅

における人馬賃銭――賃銭増額をめぐる幕藩政治折衝の経緯」（『交通史研究』39号、１９９７）を読んで」（『交通史研究』四五号、二〇〇〇年四月）

「巻頭言『三四郎』の下宿」・「上前銭《うわまえせん》について」『福岡地方史研究』三八号、二〇〇〇年六月

「巻頭言　加冠の祝儀」・「軸帳のなかの銀と銭」・「福山長四郎についての覚書」（『福岡地方史研究』三九号、二〇〇一年六月）

「井上忠先生と福岡地方史研究会」（『福岡地方史研究』四〇号、二〇〇二年七月）

「創立40年に寄せて――草創期の福岡地方史研究会」・「田中一郎さんを悼む」（『福岡地方史研究』四一号、二〇〇三年七月）

「福岡城の喰違門をめぐって」（『福岡地方史研究』四二号、二〇〇四年七月）

「座談会　江戸期の寺子屋・藩校にみる学びの場のエッセンス」（合津栄敏・村井実・田口佳史・武藤佳恭・近藤典二・武藤為一）・近藤典二「お師匠様と子どもたち――「学校」の原点を考える」（『アガトス』二八号、アガトスの会〔教育の原点を求める研究会〕、二〇〇四年一二月）

＊『アガトス』二五号（二〇〇三年一一月）には高橋文彦「（書評）近藤典二著『教師の誕生――草創期の福岡県教育史』（海鳥社）」掲載。

「伊能忠敬と九州測量」（『地方史ふくおか』一二五号、二〇〇五年二月）

「伊能忠敬と福岡藩――三人の付き廻り代官を追う」・「金印考をめぐる誤解」（『福岡地方史研究』四三号、二〇〇五年七月）

「座談会　福岡の地方史研究――思い出の中の先人たち」（近藤典二・佐々木哲哉・秀村選三・古田鷹治）・「薩摩宰相と薩州若殿とは誰か――筑前山家宿の大福帳から」（『福岡地方史研究』四四号、二〇〇六年七月）

「敬止義塾の門弟たち」（『福岡地方史研究』四五号、二〇〇七年八月）

「福岡警察署の新任巡査が見た明治十年代の福岡・博多」・「由比章祐さんとの出会い」（『福岡地方史研究』四七号、二〇〇九年八月）

「郡役人の在住制について　在住所と宿場――幕末福岡藩の場合」（『福岡地方史研究』四八号、二〇一〇年八月）

「読み解き・山家宿エビス石神の銘」（『福岡地方史研究』四九号、二〇一一年九月）

「筑前福岡藩における街道と宿駅の整備」（『福岡地方史研究』五

○号、二〇一二年九月）

「播州山崎の城主宇野祐清とその遺児山崎茂右衛門」（『福岡地方史研究』五一号、二〇一三年九月）

▼**新聞**

「明治14年の博多どんたく　憂さはらす庶民――四等巡査森祐之助氏の手紙から」一九七六年五月一五日

「南関の通行手形――眼医者求めて」一九七九年二月三日

＊二件とも「筑前古ばなし――研究室から」の欄（「朝日新聞」西部本社版土曜日朝刊の別刷「ふくおか特集」C面）に掲載。複数人による連載で、他にも掲載されているかもしれないが不明。

▼**gooブログ**「長崎街道の今昔――日々の研究の中での、ちょっとした発見を綴っていきます。」

ブログを作ってみました。（二〇〇四年一一月一三日）

アメリカ伊能大図里帰りフロア展（二〇〇四年一一月一四日／伊能忠敬について）

伊能忠敬が出会った人々　その1（二〇〇四年一二月三日／伊能忠敬について）

原左太夫（二〇〇四年一二月七日／伊能忠敬について）

原左太夫は亀井昭陽の友人だった（二〇〇四年一二月一九日／伊能忠敬について）

三人の付廻り代官出揃う（二〇〇四年一二月二八日／伊能忠敬について）

境目受持の上野小八（二〇〇五年一月一九日／伊能忠敬について）

分間方の山本源助（二〇〇五年一月二三日／伊能忠敬について）

山本源助の墓誌（二〇〇五年一月二四日／伊能忠敬について）

横川流だった筑前の分間方（二〇〇五年一月二五日／伊能忠敬について）

埋没した星野助右衛門の墓石（二〇〇五年一月二六日／伊能忠敬について）

第Ⅱ部　①原田宿と『測量日記』（二〇〇五年三月二八日／伊能忠敬について）

②原田宿の年寄山内卯右衛門（二〇〇五年四月二日／伊能忠敬について）

③酒造屋・薬種屋でもあった山内卯右衛門（二〇〇五年四月三日／伊能忠敬について）

④原田宿の代官杉山平四郎（二〇〇五年四月四日／伊能忠敬について）

播州山崎の城主宇野祐清と山崎茂右衛門（二〇〇五年一一月一三日）

咸宜園の門下生――秋重与のこと（二〇〇六年三月二六日）

水城跡から出土した千年木に書いた采蘋の書（二〇〇六年六月一一日）

二村《ふたむら》と大又《おおまた》（二〇〇七年四月四日／街道雑話）

原田宿から山家宿までの実測距離（二〇〇七年四月七日／街道雑話）

【本誌一九〇頁に著作目録の「追記」を収録】

追悼　早舩正夫氏

早舩正夫氏，2012年撮影

大正13年	福岡市姪浜にて出生
昭和12年	県立中学修猷館入学
昭和18年	満州国建国大学入学
昭和19年	久留米予備仕官学校入隊
昭和21年	九州帝国大学法文学部経済科入学
昭和23年	九州大学法文学部学士入学
昭和24年	福岡銀行入社
	福岡銀行を退職後、複数の会社に勤務
平成30年1月15日	死去

（鶴原美紀さん提供）

早舩さんの万歳三唱

別府《べっぷ》大悟《だいご》

*二〇一三年に或るブックガイド誌に寄稿、その後ブログにも掲載。思い出深い文章なので再録させていただく。新年第一冊目として、早舩正夫著『儒学者 亀井南冥・ここが偉かった』を上梓した。

亀井南冥（一七四三〜一八一四）は筑前国姪浜（現福岡市）生まれ。二十歳《はたち》そこそこで朝鮮通信使と詩文の応酬をし、さらに志賀島にて発見の金印を鑑定（「金印弁」）したことで、広く世に知られた福岡藩の儒学者・医師。

三十六歳で藩の儒医、四十一歳の時に藩校が創設されるや、東学問所修猷館《しゅうゆうかん》（館長竹田定良）に対し、西学問所甘棠館《かんとうかん》の館長に抜擢される。広瀬淡窓、原古処らを輩出するも、「寛政異学の禁」の余波が及び在職八年で失脚、蟄居禁足処分となる。一七九八年、甘棠館は焼失を機に廃止され、教官は解職、生徒はすべて修猷館に編入となる。南冥は一八一四年、自宅失火により焼死。

その六代目の孫にあたる早舩氏は、一九二四年、姪浜生まれ。福岡県立中学修猷館、満州国建国大学（作家上野英信も一歳上の同窓）、九州大学法文学部を卒業。銀行を定年退職後、会社経営の傍ら郷土の歴史研究をなさってこられた。

早舩氏と初めてお会いしたのは二〇〇五年、私が手掛けた『福岡市歴史散策』（福岡地方史研究会編、海鳥社）の著者のお一人としてだった。当時、新聞コラムに書いた記事（「撮影行」）を転載させていただく。

このところ福岡市内の歴史散策を編集中で、執筆者の一人早舩正夫さん（81）と早良・西区関係分の写真撮影に出かけた。寺社や遺跡、古墳、石碑など三十数カ所。早舩さんは元銀行員で、取引相手から家系にまつわる話などを聞くことが多く、次第に歴史に関心を持つようになったとのこと。

道中、色々な話を伺えるのがこうした機会の楽しみ。郷土史を学ぶ時、我田引水に陥らず、日本史全体の流れの中で、かつ現代の目で捉えたい、そしてそういう視点で、いつか地元姪浜（西区）の地域史をまとめたい、と早舩さんは言われる。

最終撮影地は元寇古戦場跡・祖原公園。夕暮れ間近の頂の展望所では、若者三人が坐り込んで占拠状態、大音量で談笑中だった。注視される中、やや身構えつつ無視してかかろうとした私の横から、早舩さんが「ちょっとお邪魔しますよ」とひとこと。「いいえ、こちらこそ」という声が返ってきた。

私は言葉の「力」ということを思った。恐怖に駆られた者が争いを引き起こすのが世の習い。けれど、その前にすべき努力があるのではないか、と。

補足するなら、これを書いたのは、「大量破壊兵器の捜索」、「先制的自衛権の行使」などと唱えアメリカが主体となって始めたイラク戦争が泥沼化していた時期である（今更言うまでもないことだが、古今東西、「自衛／防衛」を標榜せずして戦争を仕掛ける輩は、いない）。

甘棠館長を罷免された後、悲憤慷慨したであろう南冥は、自身の正当性を明かすためにも、三十年の蓄積を基に「孔子の言をもって孔子を語らせた」とされる、『論語』の注釈書『論語語由《ろんごごゆう》』を一気に書き上げる。それが、明治期に入り〝日本資本主義の父〟とも称される渋沢栄一に再評価され、その著作『論語講義』に大きく採り入れられる。渋沢は自身の手で同書復刊もなした。

この渋沢の評価を具体的に検証し、南冥による『論語』解釈の本質を摑みたいと考えたことが、早舩氏の研究の出発点となる。「幼時より『南冥は偉かった』と聞かされ続けてきた。しかしどこが偉かったのか、客観的に掛け値のない、時代を超えた評価について、ついぞ納得しないまま、馬齢を貪ってきた」が、これではならじと少しずつ書きためてきたものが本書の土台となった。ただし、「本書は後世へ遺しておくためのものである。従って、私の祖先や血縁者に関して身贔屓に類することは、できるだけ避けようと心掛けたつもりである」と。

あれこれの点検や修正作業、それに『論語』を専門とする方にも監修をしていただくなどで、入稿から完成まで一年八カ月を要した。この間、四十回程はお会いしたと思うが、それは、八十歳を超えてパソコンで一千枚近くの礎稿を書き上げた上、幾度も推敲を重ねる早舩氏の、

〝子孫の情熱〟に打たれ続ける機会でもあった。

本が出来上がり、いかにも旧家の風情をたっぷりと遺すご自宅の玄関で、誰もが立ったままの中お披露目をした時、早舩さんは、立ち会われたお嬢さんとともに拍手し、万歳三唱をされた。私にも初めての光景であった。


【追記】

長くなるのと、結論を明かしてしまうことにもなりそうなので書かなかったが、肝心なのは、では「亀井南冥はどこが偉かったのか」ということ。同書の最終テーマについて、論理的かつ実学的な精神に富んでいた早舩氏は、終章にてご自分の回答をきちんと纏めている。
①学者、漢詩人としての天稟《てんぴん》――朝鮮通信使との詩文応酬
②強烈な個性と教育機構（塾）の形成
③『論語語由』の先駆性
④家学（亀井学、亀門学）形成を主導
⑤教育者としての迫力

筑前福岡が生んだ儒学者として、南冥は、貝原益軒（一六三〇～一七一四）と双璧とされる。だが、「全国区」としてはいま一歩、益軒に後れを取っている感は否めない。また、研究者も相対的に少ないようだ。


だからこその、この度の早舩氏のご努力なのだが、そうしたことについて、同書に「序」を寄せていただいた町田三郎九州大学名誉教授によれば、当時の福岡という地のハンディキャップは措くとしても、益軒『養生訓』のような一般に読みやすい著述がなかったこと、何より「全集」刊行が遅れたことが大きかった、と。テキストがなければ、知られて広まることがないのは当然だろう。

亀井南冥と長男・昭陽の著述を輯《あつ》めた『亀井南冥・昭陽全集』全八巻は、一九七八～八〇年、亀井南冥・昭陽全集刊行会／葦書房により刊行された（一九七七年葦書房入社の私も編集のごく一端を手伝った）。

『亀井南冥・昭陽全集』刊行までの経緯は、先に触れた町田先生の文章に詳しいが、この大事業に関わった人たちの中でも庄野寿人氏の尽力は大きい。亀井関係の史資料を収集・展示していた「亀陽文庫」（朝倉市秋月）を、一九八九年に能古島（福岡市）へ移し「能古博物館」としたのも庄野氏である。

そして、当時私は、この〝再出発〟する博物館には、それこそ能古島在住の高田茂廣氏（海事史研究家）も「深く関わるはずであった……」と、その顚末をご本人より聞いた。

とにもかくにも――早舩氏との一年八カ月は、私にとっても様々な巡り合わせを思わせせられる時間だった。

■歴史散歩：2018年４月21日

全国住吉神社の元宮

現人《あらひと》神社と裂田溝《さくたのうなで》を歩く

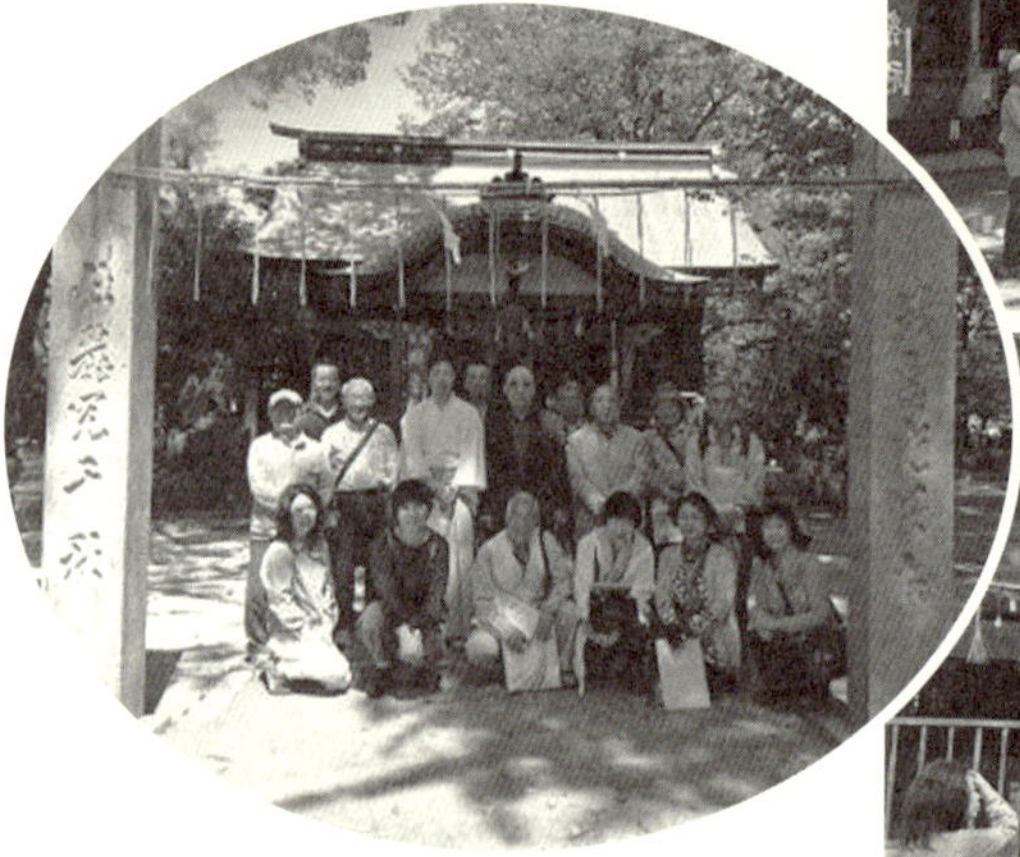

写真：安藤政明

４月21日（土曜日）晴天28度の初夏並みの暑さの中，団長安藤政明はじめ10名の会員諸氏は，「全国住吉神社の元宮」とされる現人神社においで頂き町内を散策しました。現人神社は，今年の10月１日に誕生する「那珂川市」の観光の目玉です。

まず現人神社の起こりと境内の摂社を学び，江戸時代に青柳種信が「伊弉諾が禊祓いされたとする」立花木を通り，伏見神社，一ノ井手から「疎水百撰」の一つ古代の人工水路裂田溝を歩きました。終着のカワセミ公園では，探訪を癒やすかのようにカワセミが川面を何度も飛び交いました。　（藤野辰夫）

歴史随想

『東海道中膝栗毛 初編』の不思議

第55号での酒井忠輔説の補足として

下《しも》畑《はた》博《ひろ》明《あき》

一 はじめに

まず、前号（第55号）の「十返舎一九における手鎖五十日の影響についての一考察」の要約をする。

十返舎一九は、駿河町奉行所同心の重田与八郎鞭助の長男として生まれ、母りへは一九の養母のようであり、家督はりへの子、弟の義十郎が継いだ。本名は重田貞一で、幼名は市九という。大坂において香道の志野流で名をなした（十返舎の号は黄熟香の十返しから取った）。

若い頃、江戸の小田切邸に住んだ後、大坂東町奉行として小田切直年が赴任した時、家臣として大坂に行った後、大坂材木商人の女婿に入り、それから婚家を出て、道頓堀に移り住んだ。婚家の後始末がついた後、勤めを辞めた江戸の小田切邸に再び出入りし、蔦屋重三郎と知り合ったと考える。一七九一（寛政三）年に洒落本で身上半減の重過料の刑を受けていた蔦屋重三郎は、翌年より北町奉行となった小田切土佐守直年と関係を持つことを喜んだと考えられる。従って、蔦屋重三郎の食客になって江戸に住み、草紙に文や画を書くようになった。蔦屋重三郎死亡の前後に長谷川町の町人の家に入夫している。しかし、そこでもまた離縁となった。

従って、武士の新規採用は厳しく、江戸の無宿改を免れ、二度の縁組ができ、文人との知遇を得て、蔦屋重三郎の食客になれたことは、小田切土佐守の関係者（一九の姉か親戚が奉公か、以後、土佐守の関係者という）の庇護を考えねばならない。

そして一八〇四（文化元）年、『化物太平記』により幕府の咎めを受け、手鎖五十日の刑を受けた一九は、もはや北町奉行の小田切邸に出入りすることは叶わないため、翌年『滑稽しつこなし』を書き、たみを女房にもらって無事に過ごし、作家仲間と楽しく暮らしていることを知らせた。

一八〇二（享和二）年作の『東海道中（正しくは浮世道中、以降略す）膝栗毛　初編』が大人気作品となり、一九は人気作家の仲間入りをした。しかし、なぜか翌年、『東海道中膝栗毛　後編（乾・坤）』を書き、一九は、これで東海道中膝栗毛を終わらそうとした。しかし、人気が高く皆から書くよう求められて、また次の年、三編を書いた。その本文の冒頭に、初めて喜多八が書かれた。『輪講道中膝栗毛　上編』の中には、上州伊勢崎藩主の三男酒井忠輔が書いた「膝栗毛」と題する草稿を一九がもらった、と書いている。以上が要約である。

前号で、酒井忠輔の草稿を土台にして書き直したのかもしれないと述べたが、根拠が薄いという批判もあり、『東海道中膝栗毛　初編』の不思議を述べる。

二　『東海道中膝栗毛　初編』の不思議

『東海道中膝栗毛　初編』には「書目」と題する目次があり、その順番通りに本文は記載されているが、どうしても目次が抜けていると思えるのが三カ所ある。

二番目「川崎万年屋咯奈良茶話」の次に「大名行列での話」。

八番目「一寸加礼坊主過而貪波鋥話」の次に「親仁江の島への道を聞く話」。

九番目「駕舁自固無如在話」の次に「謎かけ話」。

最初に酒井忠輔を述べて、次に一番目「発端鹿島立之話」の内容について述べ、最後に書目に記載されていない三つの話について順に述べる。

三　酒井忠輔について

『輪講道中膝栗毛　上編』によれば、酒井忠輔は伊勢崎藩主酒井駿河守忠温侯の三男であり、文武両道に秀でていたようである。宗家姫路侯に預けられ、改名し、「供頭役《ともがしらやく》となして五十人口を給せらるゝも、放逸にして勤務に堪へず、再び実家へ帰り邸内に蟄塞せらる、天保元年正月五日卒す」

忠輔の遺書に、一九かつて忠輔を訪ね、「名を当世にうらんとするに未だ目的《あて》なし」と嘆いた。忠輔自らが綴った膝栗毛と題する草稿を出して一九に示したところ、一九は熟視して大いに驚き、自分にこの書を賜わらば平素の志望必ず達せんと言って、忠輔諾して之を与えるとある。そして、一九の忠輔に宛てた謝状もあるという。

四　「発端鹿島立之話」について

「発端鹿島立之話」本文の冒頭は、和歌の修辞である枕詞、序詞、縁語が多く使用され、初々しい感じがする。一七九五（寛政七）年より毎年作品を出し、一八〇二（享和二）年三十八歳の『南総記行　旅眼石《すずり》』と比べると、和歌の修辞が多く元気である。

「ふたりの友どちいざなひつれて」の表現については、穏当に現代語に訳すならば、「二人の友達が、誘いあって」であろうが、しかしこれを酒井忠輔の草稿と見れば、「二人の友達を誘い連れ」の三人旅と読むことも可能ではないだろうか。和歌の修辞が多く用いられ、洒落もあり、弥次郎兵衛という名は、忠輔を大事に思っているが、藩主やその家族や忠輔との間を絶妙の平衡感覚で仕える、忠輔にとっては少し物足りない重臣を表していると考える。

弥次郎兵衛という釣合人形の玩具については、「与次郎売」という画が『英一蝶画譜』（一七七〇＝明和七年）にあり、与次郎→与次郎兵衛→弥次郎兵衛への名前の変化があったと考えるが、『東海道中膝栗毛　初編』を執筆時、一九は、弥次郎兵衛が洒落であることに気づいていないのであるから、まだ一般的な名前ではなかったのではないかと考える。

二人旅と解釈しても同様であるが、北八という名は、由来が見えないのである。三人旅ならば忠輔以外の二人は絶対に洒落がなされていると考える。北八とは一九のことであり、北の八丁堀すなわち北町奉行所同心になれたのにという、一九に宛てた悪戯心ではないだろうか。忠輔は藩主の家族であり、滑稽な話に登場することは、藩の名誉のためにも許されなかっただろう。従って、草稿には忠輔は登場しなかったため、一九は二人の旅と理解し、北八の由来については最初気がつかなかったと考える。

「ゆるがぬ御代」や「堯舜のいにしへ。延喜のむかしも。まのあたり見る心地になん」の表現は、一九は避けていたように思うのである。新潮古典文学アルバムの『江戸戯作』神保五彌によれば、黄表紙『文武二道万石通《ぶんぶにどうまんごくどおし》』の作者朋誠堂喜三二は、秋田佐竹藩士であり、作品は寛政の改革政治の批判諷刺というものではなかったが、幕府の政策の戯画化であることは間違いなかったので、主君の命で黄表紙作者としての筆を折った、と。

一九は、先輩たちの失敗は知っていたであろうし、北町奉行や土佐守の関係者に迷惑がかかることを恐れていたと考える。

五　「大名行列での話」について

「とのさまはいゝ男だ。さぞ女中衆がこすりつけるだろふ」の表現は、前号の通り、一九は、殿様の記載を避けており、お咎めがあれば、藩主の家族の忠輔の文章を使わせてもらったと言えば大丈夫、という気であったかもしれない。

「アレお道具(槍のこと)を見ねへ。アノとふりにたちづめだ」の表現も、前号の通り、大名行列において槍二本の黒田藩が黒田騒動により、大名行列において槍一本の時期があったことを一九は知っていたはずである。

六　「親仁江の島への道を聞く話」について

弥次郎兵衛「去年おらが山へいつた時とまつた」の表現については、二年続けて旅をしたことになる。

一八〇二(享和二)年、一九作の『深窓奇談』によれば、「去年の季秋。相模なる筥根の温泉に至れり」とあり、取材旅行に出掛けたと考える。同年の一九作の『美男狸金箔』には「去年中より独身となりまして」とあり、一八〇一(享和元)年に離縁になったと考える。そして翌一八〇二年の一九作の『南総記行 旅眼石』の本文の冒頭に「ことしむつきの末つかた。俄にしもあらず。おもふことのありて」とあり、一八〇一年のことと考えられ、またしても一九不在の状態で離縁の話し合いが行われたと考える。

山とは、相模の大山であり、石尊大権現社がある。『東海道名所図会』で石尊大権現社は、毎年六月二十七日より七月十七日まで参詣を許し、「常は本堂の傍なる中門《ちゆうもん》を閉ぢて登山なし」とある。従って、一八〇一年の前年のことであり、登山期日も限られており、一九が円満に旅行に出かけられる環境だったかどうか、疑問を抱かざるを得ない。

弥次郎兵衛「村はづれに。茶やが弐軒あるところがある」

北八「ほんにそれよ。よくくさつたものをくはせるちや屋だ」

弥次郎兵衛「ソリヤア手めへのいふのは右側だろふ。左側の内はいゝはな。去年おらがいつた時」の表現については、一方の茶屋の非難に相違なく、もし特定できたら大変な営業妨害であり、一九が書いたのか疑問を持たざるを得ない。

七　「謎かけ話」について

北八の「外は白壁中はどん〳〵ナアニ」という謎かけの表現については、答えが書かれていない。弥次郎兵衛の「べら坊め」で終わっているのである。答えは行灯である。江戸の名物といわれる火事の危険が高い行灯が、べら坊めと言われるほど普及していたのであろうか。その上、答えを言わないという上から目線を感じ、酒井忠輔の草稿かなと考えてしまう。

「おいらふたりが国ところとかけて。是を豚が二疋。犬ころが拾疋ととく。其心は。ぶた二ながらきやんとうもの。これを又。色男がじぶんの帯をとつて。女にも帯をとらせるととく。又其心は。といたうへでとかせるから。サァ是ナァニ」の問いに対して、「衣桁のふんどしとときやす」その心は、「といてはかけ〳〵」と言い、きりのない謎かけ合戦を終わらせる高級な手段であり、酒井忠輔の知性を感じる。

八　まとめ

『東海道中膝栗毛　初編』は、一番目「発端鹿島立之話」の冒頭の部分や、書目に記載されていなかった三つの［大名行列での話］、［親仁江の島への道を聞く話］、［謎かけ話］については、酒井忠輔の草稿を使ったと考える。七番目「聞長持唄而懐女房所謂之話」は、実質四行半の話であり、書目に書いた段階では構想されていたのであるが、書く段階では話としては成立しなくなり、書目にある以上は省略することができず四行半で話にしたのではないだろうか。

従って、浄瑠璃の合作者としての経験から出発し黄表紙作者や狂歌作者などの経験を生かし、酒井忠輔の草稿を参考にし、一九が、自力で書目を構想し、大部分を書き上げたと考える。

九　おわりに

『東海道中膝栗毛　初編』における酒井忠輔説を紹介したのは、ひとえに、江戸時代ナンバー・ワンのベストセラーをオリジナルで読むということに挑戦してほしいからである。

先祖たちが一生懸命に生きてきた歴史を、簡単に理解できるものではない、ということへの試みの一つとして原文で読むことは、歴史観に一つの重みを増すことができると思う。

中国から漢字が入る前から、日本人は言葉を持っていたと思うし、漢字が入ってきた段階で、「万葉仮名」が生まれたと考える。それが、親子や地域によって変化しながら、庶民の中で長く続いて江戸仮名の大河になったと考えている。

高齢者の方は認知症対策として、『東海道中膝栗毛』、『続膝栗毛』は二十一年かけて作られた長編なので、のんびり鉛筆と消しゴムを使い、ノートを作り、疑問に思った点などをメモしながら、先祖が歩いた道に立ち止まり、子孫がこれから歩く道を考えていただければと思う。

そして、江戸仮名満載の本であり、多くの漢字には振り仮名が付いており、江戸仮名さえ理解できれば読めると思う。A４判に拡大でもして読んでいただきたい。原本は早稲田大学がインターネット上で公開しているので参考にしてほしい。

◇参考文献

『輪講道中膝栗毛 上編』三田村玄龍編、春陽堂、大正十五年
『英一蝶画譜』英一蝶、明和七年、国立国会図書館デジタルコレクション
『江戸戯作』神保五彌著作、新潮古典文学アルバム24、一九九一年
『東海道名所図会』秋里籬島、日本資料刊行会、昭和五十一年
『南総記行 旅眼』（『十返舎一九の常陸道中記』鶴岡節雄校注、千秋社、昭和五十九年）
『深窓奇談』（『十返舎一九集 10』中山尚夫編、古典文庫第六六〇冊、平成十三年）
『美男狸金箔』国立国会図書館デジタルコレクション

■第55号の正誤

「もう一人の渡り陶工高原五郎七を追って」（80ページ）の筆者名を、表紙と目次で「副島邦宏」としたのは、本文の通り副島邦弘氏の間違いです。訂正してお詫び致します。

随感

古文書蒐集折々譚 その2

宮《みや》 徹《てつ》男《お》

「宮さんお久しぶりです。お元気ですか」

今から二十年も昔、桜も散り終わり新緑がまぶしい頃であった。草香江（福岡市中央区）の店舗に顔を出したのは、湯布院岳本で古美術商を営んでおられるH氏である。妙齢の御婦人を伴い、福岡市博物館に顔を出された帰りとかで、「宮さん、これどうですか」と差し出されたのは、縦横五〇センチ以上もあろうか、時代を感じさせる正方形の布表装の折帖で、手鑑を思わせる大きなものであった。

中央に張られた布地の題簽には「生氣傳芳」と読める。手元に引き寄せ一葉目を開くと、幕末の動乱を駆け抜けた勤王家・野村望東尼らしき筆跡の書状が目に飛び込んできた。

H氏曰く、「宮さん、馬場文英という人ご存じですか？」と。馬場文英？　昔、小野則秋・磯邊實の『野村望東尼傳』を読んだ時の記憶が浮かんできた。

H氏曰く、「この資料は馬場文英が持っていたものです」と。これは只ものではない、と私は気を引き締めた。刮目して帖を繰り始めると、望東尼の長文の書状を含め、福岡藩における勤王の志士たちの名前が次々と出てくる。幕末の激動の中を駆け抜け、禁門の変に際して京都六角の獄で斬首された平野国臣の書状も、久留米水天宮の祠官でありながら倒幕・王政復古をいちはやく唱えた、真木和泉守の書状もある。

瞠目した私は、これは幕末における福岡の一級資料だ、これだけの維新資料に今後邂逅することはおそらくない、と確信した。このような資料を扱えることは古本屋冥利に尽きるの一言で、この時は欣喜雀躍の体となった。

H氏は、大分の骨董商仲間では広く知られた勉強家で、以前から私が密かに尊敬している一人でもある。世に骨董屋さんは数多《あまた》おられるが、H氏は単なる骨董屋ではなく、古美術商の分野に属されると思う。その古美術商の中でも書画に造詣が深く、とりわけ豊後の文人・画人についての知識は抜群であり、他の追随をゆるさない力量を有しておられる。

これまで「廣瀬淡窓と帆足万里を取巻く人々」というサブタイトルをつけた『宜園と帆門』や、『大分県文人画人辞典』(いずれも一九九二年)なるB5判一九〇ページの立派な画人名鑑を自費で上梓された。この辞典には古美術商ならではの知識が生かされ、実寸の印影集のセルロイド版を附録とし、書画幅の落款にこのセルロイド版を重ね合わせることによりその印影の真贋を判定できるなど、実用的な工夫もなされている。まさに学究肌の慧眼な古美術商であると申しても過言ではない。

近年H氏は、鳥栖市近郊で骨董の競り市場を主宰されている。この競り市場の特徴は、骨董品といわれる道具類はほとんど出品されず、俗に言う「紙」類——書画幅・色紙・短冊・画帖・本・古文書などを取り扱うことを主とした競りを、毎月開催していることだ。

またH氏は、そこを若い同業者の修行の場とも捉えていて、珍しいものが出品されると商売そっちのけで、H氏とその若き同業が、競りの発声を忘れたかの如く、侃々諤々と意見を述べ合っている姿を見る機会がよくある。これを私らは、後の方から「ほらまたH氏の勉強会が始まった」と揶揄している。そのくらいこの競り場に集う若き業者は書画をこよなく愛していて、主宰者たるH氏から貪欲に、未知の知識を吸収しようとしているのを垣間見ることができる。

そのH氏のご好意により、この度の「生氣傳芳」を手に入れることができたのである。骨董屋さんには二タイプの人たちがおられ、骨董屋さんから言わせると、まず買ってもらう人——つまり相手に値を付けさせて商談を成立させる人、もう一方は、ご自分で買ってもらいたい値を示す人がいる。H氏は後者の方で、あっさりとして、私からすれば非常にありがたく、商売人としての取引は綺麗な人である。

しかし、売る方も相当の知識を持っていて、〇〇〇万でどうですか、と言うのであることを考えると、すべてが安価に買えると思うのは大間違いである。また、前者の業者は、当方に値を付けさせておいて、ほぼ間違いなく売値を引っ張る人が多いということも、その特徴のような気がする。

さて「生氣傳芳」とは「生きいきとした勢い・その趣、生動の気の美名を後世に残す」として、文英がこの帖に名前を与えたものであろう。では、馬場文英とはどのような人物であるか、福岡市総合図書館文書資料課発行の『平成十二年度古文書資料目録6』に「生氣傳芳」の解説中、馬場文英の履歴を記述している前段の部分を一部引用する。

馬場文英は、京都府下山城国愛宕郡二ノ瀬村郷士、今江藤左衛門の末子。幼名徳次郎。文政四（一八二一）年六月二十五日に誕生。弘化二（一八四五）年に福岡藩御用達、京都の馬場家を相続した。馬場の本家、京都の比喜多家は、屋号を大文字屋と称し、同家の五三郎は「慶応分限帳」によれば、「三十人扶持、銀一貫目筆墨代」とあり、京都の商人では鎰屋民之助の百人扶持に次ぐ三十人扶持と銀を福岡藩より賜っていたことがわかる。また、大文字屋は『新訂黒田家譜』に「京都の富商にて、代々当（黒田）家の呉服所也」とある。呉服所は、江戸時代、公武諸家の衣服の御用達をした呉服屋で、呉服調達のほかに金銀の融通や、内密事の連絡役も担った。本資料には文英を「大文字屋徳次郎」と称する資料が垣間見られる。馬場家も、比喜多家の分家として大文字屋を名乗り、同様の商売を行っていたのであろう。京都を訪れた勤王志士たちは、金銭の援助者として文英を頼ってきた。このことは、文英が安定した資産を持つ呉服所を営み、自らも勤王派に同調していたことを意味している。

文英と野村望東尼の邂逅のいきさつについて、文英が明治二十八（一八九五）年九月、七十五歳の時、馬場文英履歴書として認めている中にそれを詳述した記載が、前出の『野村望東尼傳』の中にあるので書き写してみる。

「黒田家ノ臣野村貞貫ハ馬場ノ本家比喜多五三郎親戚也。仍テ野村三郎貞貫後家望東尼文久元年（辛酉）冬、親子内親王御方御東輿首途拝観ノ為併セテ都ノ風俗縦覧ノ為本国（福岡藩）ヨリ登京ス。然ルニ海路始終逆風之為ニ遅着シテ不得拝観夫ヨリ数日比喜多ニ滞留ス。望東兼テ歌道ニ熱心ナルヲ以テ近衛公、千種公ニ拝謁ノ手続ヲ請索ス、仍テ文英其手続ヲ索メ両貴館ニ望東ヲ誘引シテ公ニ謁ヲ請フ（近衛公ハ障リアルヲ以テ謁ヲ允サレス千種有文朝臣ニ謁ス）。望東自詠ノ和歌ヲ献シテ大ニ賞誉ヲ得ル。或ハ大内舞御覧節分ノ式闘鶏節会等ニ誘引シテ禁廷ノ御祭事ヲ拝観セシム。望東感拝喜悦無堪、尚又文英愚著ヲ以テ官武沿革誌ノ書ヲ著ハシテ、元来天幕君臣タルノ名義ヲ説明シ、或ハ過去戊午己未ノ際東西紛紜ノ混乱及ヒ庚申弥生ノ動乱ニ至ル始末ヲ委詳シケレバ、望東大ニ感激シテ当今御英断ノ難有ト幕府ノ横政ナルヲ憤懣シ、我国ノ藩士等斯ル未曾有ノ枢機ニ接シナカラ弁別ナク、幕府アルヲ知テ天朝アルヲ知ラサレハ何ソヤ、アラ勿体ナシアラ慙愧ヤト激涙慟哭慨歎ス。是ヨリ尚又大ニ慷慨心ヲ発起シテ帰国ノ後迚モ大内ノ御儀式等ヲ紹会シテ、京都ノ情態ヲ問ヒ、又ハ本藩ノ情実ヲ報知シタル往復ノ消息数十通ニ及ヒ悉皆慷慨ノ文辞ナラサルナシ（其消息今尚四十余通望東尼直書存ス、其要文タルモノ唯維新史料第四十七号ヨリ百四十八号ニ亙ル）。望東ノ勧奨大ニ進蔓シ是ヨリ一藩勤王ノ志気頗ル奮フ。而シテ後、有志カ文英ヲ訪問スル者多シ。且ツ平野二郎国臣、中村円太無二等モ望東尼ノ紹介ヲ経テ訪来ス」（筑紫衛、早川啓造以下来ル者多シ略之）。

文英はこのようにして、望東尼をはじめとする福岡藩勤王志士たちとの絆を強めていったことがわかる。文英はのちに本、「生氣傳芳」の望東尼書状などをもとに「野村望東尼行状」（野史台維新史料叢書）を著す時、書状を抜粋などで使われたこともわかっている。

『野村望東尼』の中で谷川佳枝子氏は、「（略）重要であったのが、通信手段としての手紙の役割である。手紙は、それを受け応えしてくれる適当な相手さえいれば、極めて有効な通信手段であった。望東尼の場合には、その最も重要な相手が馬場文英であった」と記されている。

このようにして勤王商人馬場文英と望東尼は結ばれ、さらに同志としての福岡藩勤王派の志士たちは、望東尼と断ちがたいつながりをもって尊王攘夷を願ったのかもしれない。

さて、この「生氣傳芳」は、野村望東尼や平野国臣など、数多くの福岡藩勤王関係者たちの書状・遺墨など約百数十点が、文英自身の手により手鑑《てかがみ》状に貼り込まれたものである。入手した時のコンディションはかなり湿気を帯びていて、このままでは商品として提供できず、私は四巻に分けて巻子として表装した。

四巻に分類するにあたり、編集は私が短い時間に行ったため、今考えるとかなり粗雑なものとなったのはやむを得ない。第一巻は望東尼書状と和歌、国臣の書状、第二・三巻は勤王志士の他、文英周辺の人たちの書状など、第四巻は勤王志士たちの手になる絵画・書跡、資料となるものなどをまとめた。

これから「生氣傳芳」の資料的価値を判断する前に、そのほとんどが、維新の成就を見届けることなく、非業

筆者が四巻の巻子に分けた「生氣傳芳」（『西日本文献目録』33号より）

の死を遂げた志士たちの声とするならば、どのような若者が幕末を駆け抜けたか、望東尼の書状から馬場文英と志士たちの交流があったかを見てみたい。

貼り込まれている書状のほとんどは文英自身に宛てられたもので、中でも二十二通に及ぶ野村望東尼の書状は、未発表分も多く含まれ、また発表されていても中略され、完全な姿では未発表に近く、本資料で初めてその全貌を知ることができる重要なものとなっている。

中には極々長文なものも含まれ、先の「野村望東尼行状」に十余通使用されているが、文英が意図的に改竄したものや、書状の抜粋なども見られ、本資料における望東尼自筆書状によって、望東尼の勤王志士へ託す心情を読み解くことができる。内容は平野国臣、中村円太ら福岡藩勤王志士の動向、高杉晋作らを通じて得た長州藩の状況、福岡で見聞できた事件の顚末など、禁門の変や五卿落ちなど幕末の事件に関する情報を文英に報知するものが多い。

それでは望東尼書状の中でその名前が出てくる人物を若干紹介しよう。

山中ぬしとは山中成太郎のこと。大坂鴻池の一門で、両替商および大名貸を業とした。国事に奔走するため居を京都に移し、水戸藩士鵜飼吉左衛門らと親交を深め、慶応元（一八六五）年には筑前太宰府に赴いて五卿に会い、さらに西郷と会談して時局の収拾に務めたりした。国臣が望東尼の紹介で文英に初めて京都での一宿を頼んだ時、泊めてもらったのも木屋町の山中宅であった。

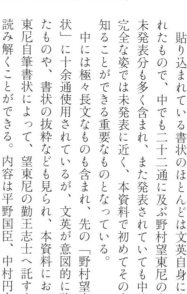

加藤大夫は加藤司書のことで、司書は二八〇〇石を領する藩の中老、福岡藩における勤王運動の中心人物である。長州滞在中の五卿は太宰府へ移ることとなり、司書はこれを迎えることに奔走し、慶応元（一八六五）年二月五卿が太宰府に移るや、その保護に心を注いだ。爾來、福岡藩における太宰府は、勤王運動の中心地の観を呈した。同年十月以降、「乙丑の獄」と呼ばれる藩内の勤王派弾圧事件が起こり、司書は罪を得て家に禁固され、博多の天福寺で自刃を命ぜられた。

矢野六太夫は矢野相模（諱は幸賢、号は梅庵）。矢野も福岡藩では正義派の家老で、元治元（一八六四）年再び執政に任じられ、人材登用、藩政刷新を行い、この執政時代が福岡藩における尊王運動最盛期であった。慶応元年「乙丑の獄」に連座、黒田播磨ら三人の重臣にも咎めがあり、尊王派藩士とともに捕らえられて幽閉され、明治元（一八六八）年二月、赦された。

中村円太は藩の祐筆を務めていた中村兵助の次男で、名は無二、東州と号し、李不言堂と称した。円太は筑前勤王の先駆者として活躍したが、万延元（一八六〇）年月形らとともに藩主に建白書を出した罪で、文久元（一八六一）年遠島となる。二年後の文久三年に釈放されたが、翌元治元年三月、福岡枡木屋の獄に投ぜられていた時、同志の手引きによって脱獄に成功し、長州に逃亡した。帰藩後、元治二年正月、博多報光寺において同志らにより自刃を強要され、命を絶った。

喜多岡は喜多岡勇平（元道）で、福岡藩士。喜多岡元賢の三男である。平野国臣とはよき友の間柄で望東尼らとも親交があり、文久二（一八六二）年四月、福岡藩祐筆用掛中頭に抜擢され、藩の機密にも触れるようになったと思われる。また望東尼は、喜多岡の正体を「隠れ目付け」であると認識していた（谷川佳枝子『野村望東尼』）。文久三年、福岡藩世子黒田長知の参府に随行し、帰途、長州小郡での世子と長州藩主との会見に尽力した。喜多岡は藩内の保守・勤王両派の和解を目指して活動をしていたが、勤王派から誤解されて、慶応元年六月、勤王派の伊丹慎一郎、藤四郎、戸次彦之助の三名によって暗殺された。

野村助作は望東尼の長男貞則の次男で、幼名は駒男、駒次郎で字は子威。諱は貞省（省とも）。望東尼の孫にあたる。京都勤めののち、元治二（一八六五）年二月、下関の功山寺から太宰府への入筑には助作が五卿の接待役を任じられもした。慶応元年六月、藩内の志士たちとともに、望東尼も含め三十九名が「戒め」を受けることとなった時には、自宅での部屋押し込めとなり、更に大島に流罪の宣告をされたが、獄舎の準備のため、枡木屋の獄に繋がれたままであった。二年近くの獄の過酷な生活がたたり、獄中でその若き二十四歳の命を落とすこととなった。

「生氣傳芳」中に、国臣が初めて文英に送った書状を見ることができる。国臣が望東尼の紹介を経て、京都伏見より文英に宛てた自筆書状を見ると、「未得拝眉候得共、愈御壮健被成御勉強、欣然之至に御座候。陳者同藩野邨家之老尼には、御懇意にて兼而鄙名をも御聞及の由。同人より承り申候、扨此節は内命に因て出京仕候処、御地不案内の上、未旅館の当処も無之何方江歟暫く立宿相頼、重役引合之上は落着之場も可有之。夫迄之処乍御迷惑貴宅にても他家にても御世話被成下候儀は相叶間敷哉、初発依り失礼に御座候得共此段宜奉滄候書余拝顔之上、万々可奉謝候。匆々頓首　八月九日　平野二郎国臣」と、国臣が文英と初めて応接する時のものである。

では、「生氣傳芳」の中に書状が貼り込まれている志士たちにはどのような人物がいたか。

筑紫衛、字伯義、福岡藩士。中村円太が仲間の手引きによって脱獄した時も加勢をした一人であった。

筑紫衛は元治元（一八六四）年、第一次長州戦争に際し藩主の命により長州へ赴いて恭順を説く。十二月、月形洗蔵とともに萩へ行き、長州藩士楢崎弥八郎らの助命に尽力。「乙丑の獄」に連座して自宅の座敷牢から脱走したが、途中那珂川で溺死した。

伊藤清兵衛、福岡藩士。幼少より月形洗蔵に学んだ。元治元年、藩より京都警護の命を受け上京、ついで幕命を受け武田耕雲一行の囚獄を警護した。この時、諸藩の論議が勤王・佐幕に分かれて決し難く、清兵衛は諸藩の志士と結び勤王の説を唱えた。藩主長溥は慶応元年十月以降、謹慎中の志士たちの処分を断行、加藤司書や月形洗蔵らに切腹・斬罪また流罪を、精兵衛は鷹取養巴らとともに枡木屋の獄で斬罪に処せられた。

藤四郎は福岡藩士で、諱は茂親。武術を修め、国臣と意気投合して、勤王倒幕の論を唱える。安政年間（一八五四～六〇）平野国臣と前後して脱藩、薩摩へ向かったが、万延元年、脱藩の罪により捕らえられて大島へ流罪。のち長州へ脱し、高杉晋作を頼った。但馬生野の変に参加して敗れ、奇兵隊に属した。帰藩して藩吏に捕らえられ、再び大島へ流されたが、同志の尽力により特赦、再び長州に脱した。慶応二年九月、高杉と相計り、小藤四郎、対馬藩の多田荘蔵、博多商人権藤幸助ら六名で、当時姫島配流中の野村望東尼を救出、下関へ送致した。

森安平、福岡藩士。筑前国那珂郡春吉村六軒屋に生まれる。文久三（一八六三）年、福岡藩世子黒田長知の上京に当たり、随行する藩士の一員に挙げられた。長知の帰藩途中、長州藩に潜入し、長州藩世子との会見に尽力した。第一次長州征伐の時には藩主長溥の命により長州へ向かい、長州藩主へ長溥の意向を伝えた。すでにして藩政が佐幕派の専治に帰し、慶応元年「乙丑の獄」で捕らえられて獄に下り、福岡正香寺で自刃を命ぜられた。歳三十八であった。

真木和泉、久留米水天宮の祠官で尊攘派の志士。天保三（一八三二）年、京都において官位従五位下和泉守を受け、大宮司真木和泉守朝臣保臣と称した。弘化元（一八四四）年、江戸に出て水戸に向かい、会沢正志斎に面会、尊攘思想の影響を受け、また安井息軒・塩谷宕陰・橘守部らと往来する。嘉永五（一八五二）年五月、「三里構い」となって水田村の実弟大鳥居啓太の家に蟄居されること十一年に及ぶ。幽閉中、青年たちを教え、諸国の志士で密かに訪れる者も多かった。文久二（一八六二）年二月、ついに鹿児島に脱出する。元治元（一八六四）年七月、禁門の変に敗れ、天王山で同志十六名とともに自刃した。

以下、名前だけ列記すると、森山大、住吉一臣、牧一内、飯原喜内、三木有吾、長野誠、西原守太郎、吉田左内、和田義亮、楢林正則、太田広留、比喜多助三郎、関葛真七、原市之進、太田源二、佐原右四郎、三国幽眠、藤井尚弼、等々。

幕末に多くの志士たちが登場するが、必ずしも皆が表舞台に立ったわけではない。これらの志士たちの多くは望東尼とともに志を同じくして、私利私欲なく純粋に天下国家を思っていたであろう。

こうして「生氣傳芳」を俯瞰して見ると、幕末における福岡藩は、実にさまざまな志士たちが、若くして自分の志を遂げることなく秀でた人材を犬死させたことがよくわかる。このこと一つとってみても、「生氣傳芳」のその価値は、どのような福岡藩維新資料をも凌駕すると言っても過言ではないであろう。

四の巻子は志士の遺墨をまとめたもの。小河一敏の碑文（豊後国直入郡。岡藩士）、宇喜多一蕙の絵（京都の画家。画を描く傍ら国事に奔走する）、本間精一郎（越後国三島郡出身の勤王志士）、田中河内介（丹波国出石郡の人、西国の志士と通じ国臣らと国事を談ず。海路、鹿児島へ護送中船中で斬殺される）、児島強介（下野国宇都宮の商人、藤田東湖に師事し、多くの志士と交わった）、来原良蔵（長州萩藩士。藩老長井雅楽を除くため奔走し、江戸に上り外国人襲撃を謀ったが藩主に戒められ、桜田藩邸の自室で自害）、斎田要七の布票（福岡藩士。禁門の変で鷹司邸外で戦った時の着用肌衣の布票）、他には堀小太郎（薩摩藩士）、藤原一敏、頼三樹、吉村一（但馬国出石藩士）、大神壱岐（糸島郡前原村老松神社祠官、変名三輪松之助）、湯浅神荅、藤田東湖、村山松根（薩摩藩士）、中村恒次郎（福岡藩士、円太の弟、西郷政之助を刺殺）、忍慶（月性の弟子）、小田尚義、戸原卯橘（秋月藩士）等々四十六点を数える。

実はこの四巻の巻子には含まれずに、「生氣傳芳」に収まっていたものがある。国臣が発明したとされる紙縒《こより》文字といわれる書状である。国事犯であれば、獄中では筆や硯が許されない。そこで、獄中の粗末な和紙で作った紙縒で字形を表して、米粒で別の紙に手紙の文面として、貼り付けたのである。

平野国臣の紙縒文字の嘆願書（『西日本文献目録』33号より）

紙縒文字の書状は文久二（一八六二）年八月十七日、福岡荒津浜枡木屋にある獄より、書見と筆墨の許可を、藩の刑法庁に求めたもの。その文を書き起こしてみる。

謹嘆願於
刑法庁下僕自繫
獄于今五月逃無暮
雨秋風之嘆而倚露
命獄卒之亡徒貧
生聊非無慚矣然而
政府垂憐　官亦
扶之故獄卒ふ蹴然
是厳錮中之一幸也
俯請　官告
政府以許双願之一
為宣減午食更無
憾焉言副（カ）由加弁令
僕得切望幸甚不
宣再拝
文久二年八月十七日　　国臣
刑法庁床下
書見
筆墨

とあるが、これは却下された。

国臣は文久二年四月十三日「寺田屋事件」当日夜、薩摩藩により捕縛され黒田家へ引き渡される。同三十日、枡木屋の獄へ収監され、翌年の三月三十日出獄を許されるまで入牢。福岡藩枡木屋の獄は、安政六（一八五九）年十月十一日に橋口町より移されたもの。かつて荒津の浜辺の、元寇防塁がある海側松林の中に、枡の製造所（枡木屋）が置かれていたが廃止され、その跡地へ獄を移転したのでその呼び名がついたといわれる。

国臣は驚異的な根気をもって紙縒文字を編み出し、歌、論策また手紙などすべて紙縒文字で記した。しかし紙縒文字を作る時間の無駄が苦痛となり、昼飯を抜いてもよいから読書と筆、墨をと嘆願書にして藩に願い出たのが前記の文である。しかし国臣の願いは叶わず、筆・墨は与えられなかった。

国臣の最期は、禁門の変で京都市街に火の手が広がり、近藤勇の新撰組隊士が、六角の獄にまで火の手が及ぶのを恐れ、囚人たちをことごとく処刑、この中に国臣もいて斬首された。

さて、このような維新資料が、馬場文英死後、百余年の星霜を経て、京都から湯布院までどのような経路で辿り着き、更に資料の発信地である福岡の地へ舞い戻って来たのかと考えると、奇跡の一言に尽きる。星霜を潜り抜けた資料が、一番活躍できるであろう福岡へ生還できたことのめぐり合わせは、今考えても不思議でならない。

また、古書業者として過去にもさまざまな資料を発掘して目録で発表してきたが、この度の「生氣傳芳」はまさにその価値のランク付けとしては五指に入る。一生に一度、邂逅できるか否かと言っても過言ではない貴重な資料を、私自身の手で扱えたことを畢生の喜びとしたい。

今、この「生氣傳芳」は福岡市総合図書館の貴重書資料室の奥深くで眠っていることであろう。

◆参考文献

日本歴史学会編『明治維新人名辞典』吉川弘文館、一九八一年

小野則秋・磯邊実『野村望東尼』文友堂書店、一九四三年

『平成十二年度古文書資料目録 6』福岡市総合図書館文書資料課、二〇〇一年

谷川佳枝子『野村望東尼――ひとすじの道をまもらば』花乱社、二〇一一年

古文書入門講座 その七

潜伏キリシタン、福岡藩への配流

鷺《さぎ》山《やま》智《とも》英《ひで》

今年七月に「長崎および天草潜伏キリシタン関連世界遺産登録」が発表されました。それにちなんで、今回は明治二年十二月に浦上キリシタン二三四名が福岡へ配流されていたことを取り上げます。

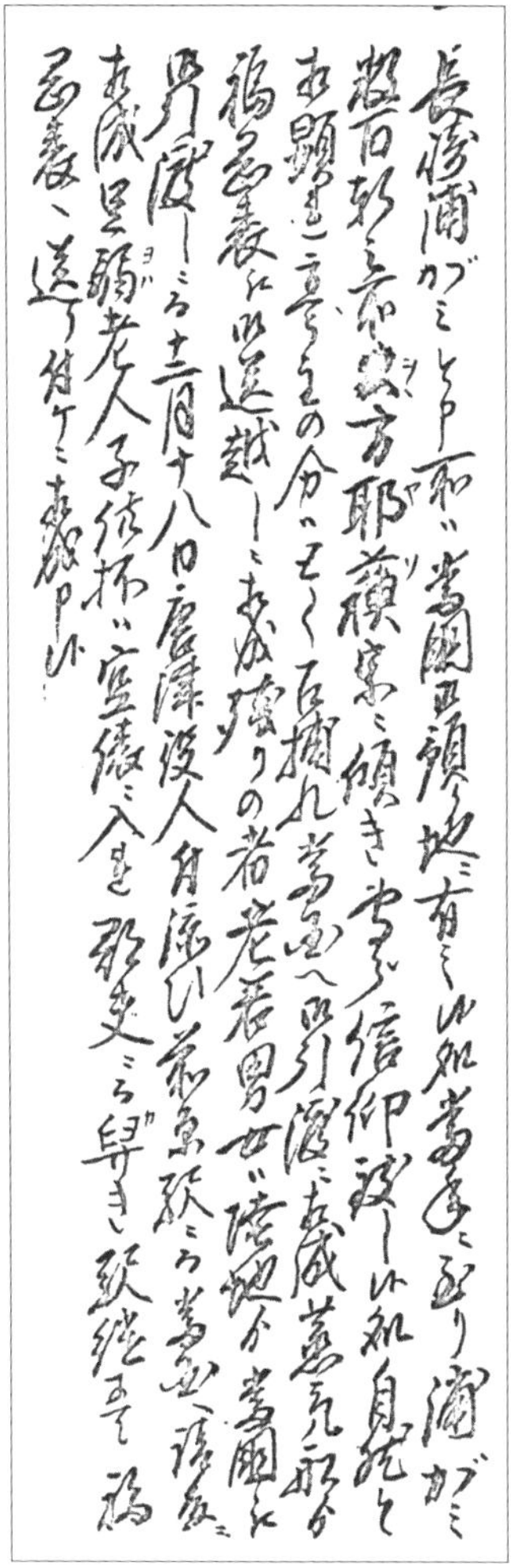

「見聞略記」巻之九（福岡県立図書館蔵「三角（隆）文書９」）より

【史料読み下し】

長崎浦がミと申所ハ、当国御預リ地ニ有之候処、当年ニ至リ、浦がミ数百軒之所、大方耶蘇宗ニ傾き、専ら信仰致し候処、自然と相顕れ、亭主の分ハとく召捕れ、当国へ御引渡ニ相成、蒸気船ヨリ福岡表江御送越しニ相成、残リの者老若男女ハ陸地ヨリ当国江御引渡しニ而、十二月十八日、唐津役人付添ひ、前原駅ニ而当国へ請取ニ相成、足弱・老人・子供抔ハ空俵ニ入れ、郡夫ニ而舁き、駅継にて福岡表へ送リ付ケニ相成申候

（『見聞略記』高田茂廣校注、海鳥社、一九八九年）

この史料は「見聞略記」の記事です。この記録は、現在の福岡市西区宮浦に居住していた津上悦五郎という人が、天保十一（一八四〇）年から明治四（一八七一）年までの出来事を記したものです。原本は福岡県立図書館に保管され、すでに『見聞略記』として翻刻出版されています。

今回引用したこの史料の前半は、いわゆる「浦上四番崩」といわれる潜伏キリシタンが一斉に検挙されたこと、後半はその一部のキリシタンが福岡藩へ蒸気船、あるいは徒歩で移送されてきたことについて述べています。

「浦上四番崩」について『国史大事典』（吉川弘文館）で調べると、「浦上教徒事件」および「浦上崩」の二項目が挙げられています。「浦上崩」とは長崎浦上村での「キリシタン発覚事件」を指し、「崩」とは「検挙事件をいう」と説明されています。

「浦上教徒事件」は「浦上崩」のうち、「最後のキリシタン大検挙事件」であり、「浦上四番崩」のことであるとしています。

浦上四番崩

「浦上教徒事件」の説明によれば次のように書かれています（抄）。

慶応元（一八六五）年、大浦天主堂の神父に浦上村の潜伏キリシタン信徒が信仰を告白した後、信徒が三月頃に檀那寺の僧侶を呼ばず自分たちで葬式を行い、長崎奉行所に檀那寺の寺請けを拒否する旨の申立書を提出した。同年六月、信徒六十八人が検挙されたが、一人を除いて転宗を誓ったこと、信徒弾圧を人道問題とする外国公使などからの強硬な抗議もあり、幕府は問題を終結させた。

ところが、転宗を誓った信徒たちは「改心もどし」の届けを提出した。まもなく明治維新となったが、政府はキリシタンについては従来通り厳禁とした。長崎裁判所総督沢宣嘉は、浦上キリシタンのうち二十六人を呼び出し転宗を命じたが拒否されたので、御前会議で浦上全信徒を諸藩に配流することを決定した。配流信徒三三八四人、配流先二十藩という大規模なものであった。

福岡藩への配流

『見聞略記』の記述によれば、早い時期に検挙されていた「亭主分」は蒸気船で福岡藩へ送られてきています。残りの「老若男女」は陸路で福岡へ連れてこられました。前原宿で唐津藩の役人から引き渡しがあり、その日が明治二年十二月十八日でした。足が悪くて歩けない者や老人や子どもは空き俵に入れて郡夫が担いで運んだということです。

『物語福岡藩史』（安川巌著、文献出版、一九八五年）によれば、送られてきた人数は二三四名でした。その内三十七名が「亭主分」だと思われます。「亭主分」とは信仰が固くリーダー的な男性を指すと考えられます。同書によれば「亭主分」だけではなく、残りの老若男女も蒸気船に乗せ、福岡へ移送しようとしていたのですが、平戸で座礁したためにやむなく陸路をとったということです。

また当初は山口藩に送られる予定だったらしいのです

が、山口藩ではすでに信徒を受け入れていたので再度の受け入れを拒否したため、急遽福岡藩への配流が決まったとのことです。

一方、石川卓美氏は、山口藩としてはやむなく受け入れを承諾し、受け入れ体制ができるまで一時的に福岡藩に待機させていたものである、としています(「キリスト教解禁への道程―山口藩の長崎浦上宗徒預りの顚末―」『梅光女学院大学紀要Ⅶ』)。

明治三年三月には信徒たちが福岡藩から山口藩へ移送されていることから考えても、一時的な配流であったものと考えられます。

福岡藩の対応

福岡藩では、突然受け入れなければならない状態で困惑したことだと思われます。『見聞略記』によれば、「耶蘇宗の者共福岡御山ゲン光院の本堂作リ継致シ、牢家出来仕リ、其内ニ追込れ、男女別ニいたし、士十余人宛番被致候よし」とあります。また「一日の食物纔宛ニて、日毎々々ニ食物減し、追々飢渇ニ及ひ、干シ殺しに相成可申風説も有之」との記述があり、かなり非人道的な取り扱いをしていた様子がうかがえます。

「ゲン光院」とは源光院であり、荒戸にありましたが、当時はすでに廃寺となっていました。

配流されたキリシタンへの教諭

配流されたキリシタン(以下、信徒とする)たちを受け入れた藩では、神道や仏教によって転宗させようと、さまざまな手立てを取っています。

たとえば、津和野藩では小藩にもかかわらず一五三人もの信徒が割り当てられていますが、これは藩主の亀井茲監が神祇事務局判事であり、藩士の福羽美静が神祇官権判事であったことによるものと思われます。したがって、信徒への教諭の方法も神道において行われています。

山口藩では、明治元(一八六八)年に六十六人の信徒が配流され、隣の津和野藩を模範として、神道で教諭しようとし、視察のために役人を派遣しています(『乙女峠とキリシタン』沖本常吉、津和野歴史シリーズ刊行会、一九七一年)。また、金沢藩では最初、藩の方から真宗僧侶に対して信徒への教諭を要請していますが、のちには神道による教諭に転換させたということです(『東本願寺と明治維新』奈良本辰也・百瀬明治、河出書房新社、一九八七年)。

明治元(一八六八)年七月、西本願寺ほか真宗五派は連名で、捕らえられた信徒の教諭を政府に願い出ています。しかし政府は翌月、「九州表耶蘇ノ徒教諭ニ尽力シ度趣尤ニ候へ共、（中略）其ノ宗ニテハ教誨ノ儀及バズ」と出願を退けています。これは、政府は神道の国教化をめざしているので、神道をもってキリシタンの教誨の実をあげなければならない、したがって、仏教勢力の介入は歓迎できないということです（『東本願寺と明治維新』）。

福岡藩預かりの信徒への教諭

一方、福岡藩では一時的な短期間の配流であるとの認識があったのでしょうか。特に信徒に対して転宗させようという手立ては特にとっていませんでした。

明治三年二月、藩内の東西両派の真宗僧侶は連名で、配流されてきた信徒の教諭を藩に請願しています（「筑前諸記」龍谷大学・本願寺史料研究所蔵）。趣意は、邪徒と言えども国民、皇民であり、すなわち国にとっては「おおみたから」であるから、改宗すればかならずや良民となり、国に尽くすことであろう、したがって彼らの教諭をまかせてほしい、というものでした。

請願には教諭にあたっての具体的方策について述べられています。主な事項をまとめると、

①信仰の浅い者、深い者を見極め、信仰の浅い者から教諭を行う。

②改宗の兆しが出てきた者が引き戻されないよう部屋を別にする。また、まだそれほどキリスト教に感化されていないと思われる十歳以下の子どもも親から離して別の部屋に置く。したがって、信仰が深い者、浅い者をそれぞれ男女別にして収容するために四部屋必要なので、あと二部屋を使わせてほしい。

③キリスト教は天下の大罪なので、キリシタンには背中に南無阿弥陀仏の六字を入れ墨してほしい。万一牢破りをして脱走しても目印になる。

④教諭に対する態度や改宗の兆しの度合いによって食事や夜具などについて差をつける。改宗の兆しが出てきた者には、食事の量を増やしたり、寒いときは布団、夏には蚊帳を与え、逆に教諭に全く応じない者には食事などを減らしていく。

⑤キリシタンの中には信仰が深い者やそれほど深い信仰は持ってないようだが強情に改宗を拒否する者がいるが、どれだけ時間がかかろうとも全員を改宗させるつもりである。

としています。すべての項目が実施できたかどうかはわかりません。

この請願の結果、藩は男子三十七名のみの教諭を許し

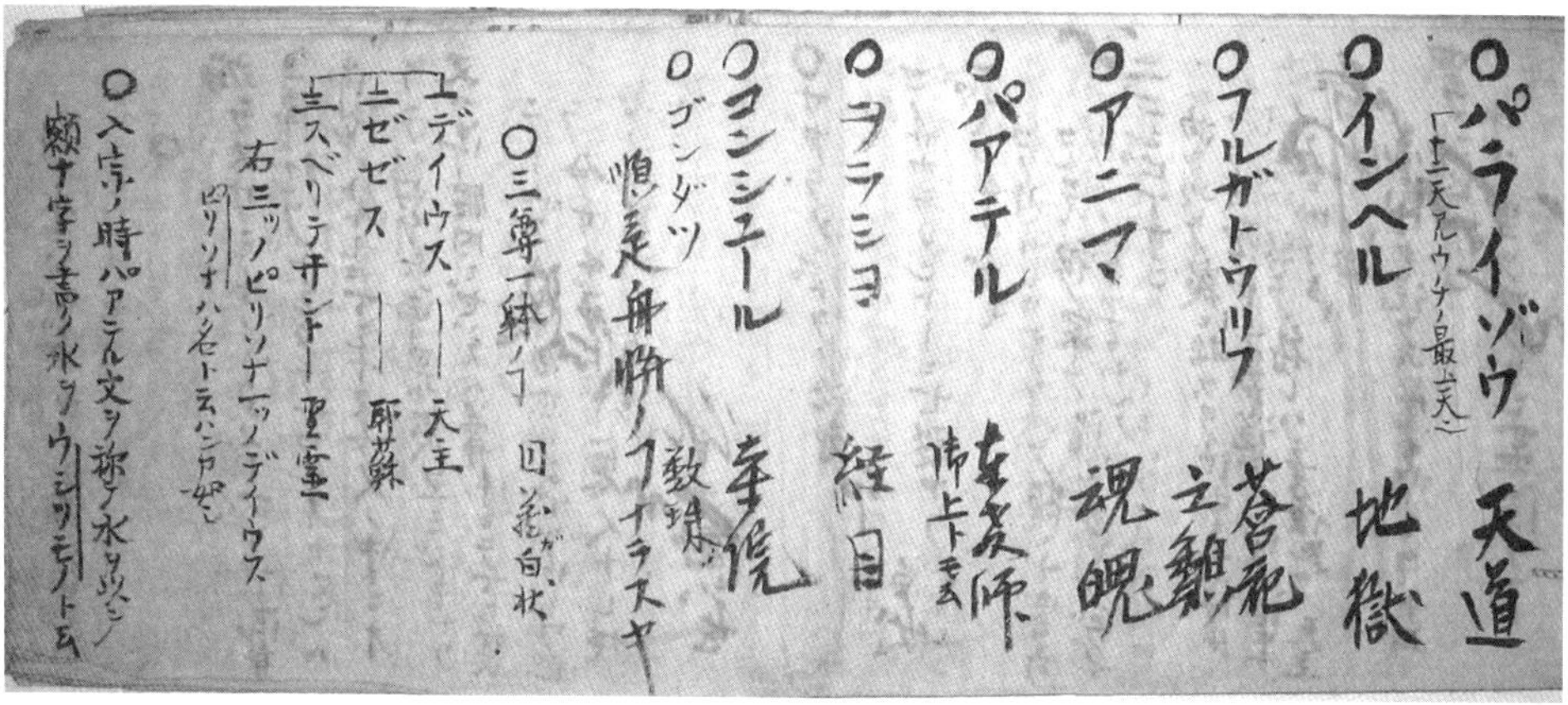

「糺邪下問日誌」より，明治３年２月に真宗僧侶が潜伏キリシタンから聞き取りした時のメモ

ました。この三十七名は『見聞略記』に「亭主分」と記されていた信徒です。信仰の固い、容易には転宗しないと思われる者たちです。しかし、二度、三度と教諭を行っている間に、改宗の兆しが現れてきた者が五名でてきました。その五名を別の牢に入れ、さらに教諭を加えようとしていました。

ところが同年三月、福岡藩に預けられていた信徒たちは、山口藩へ移されることになったのです。

信徒のその後

信徒たちは萩へ送られました。到着したのは三月二十八日でした。その途中で十一名が死亡し、三名の新生児が生まれ、実際に受け入れられたのは二二六名でした。この中には、既に明治元年に送られてきていたものの家族もおり、山口藩府の配慮により涙の対面をしました。

彼らは萩の岩国藩邸に収容され、神道による教諭を受け、半数以上の者が改宗しました。その後明治五（一八七二）年四月、第一次（明治元年）預かりの者六十三名も含めて、改宗した者一六二名が長崎へ送還され、翌明治六年四月、明治政府のキリスト教の黙認に伴い、残留していた一〇二名も郷里に帰還しています（「キリスト教解禁への道程―山口藩の長崎浦上宗徒預りの顚末―」）。

◆参照

鷺山智英「明治二年福岡藩のキリシタン預かり――真宗僧侶による教諭をめぐって」（『福岡地方史研究』第三三号、福岡地方史研究会、一九九五年）／「糺邪下問日誌――流配キリシタンの教諭史料」（『福岡地方史研究』第四五号、二〇〇七年）

例会卓話記録

■平成29年８月～30年７月

回	卓　話　題　目	卓話者	年月日	会　場
599	【総会記念講演】 シーボルトと黒田斉清の異文化交流	宮崎克則	29. 8.27	県立図書館別館研修室
600	宰府鋳物師平井氏についての二、三の問題 福岡藩において継承された数学探しの旅	朱雀信城 後藤ミドリ	29. 9.16	県立図書館別館研修室
601	藤本隆士さんのお話を聞く会（２回目）	藤本隆士	29.10. 7	県立図書館別館研修室
602	【福史連筑前地区研究集会】 秋月藩 草莽の志士戸原卯橘のこと 八幡の歴史と八幡製鐵所の誘致について ―旧八幡市制100周年を記念して― 村に戦車が来た話 ―(鞍手郡)若宮町に駐屯した戦車部隊始末記―	 師岡司加幸 尾崎徹也 牛嶋英俊	29.11.18	県立図書館地階レクチャールーム
603	銅像と記念碑について 現代銅像建設苦労話 ―那珂川町出身の国士舘大学創立者・柴田徳次郎伝―	石瀧豊美 藤野辰夫	29.12.16	県立図書館別館研修室
604	スサノオが上陸したのは福岡だったのか⁉ ―渡来人玄界灘制圧史＝国生み神話説から読み解く八岐大蛇伝説―	山口哲也	30. 1.20	県立図書館別館研修室
605	太閤様の造った道（再考）	中村修身	30. 2.18	県立図書館別館研修室
606	全国住吉神社の元宮（発祥の地）、那珂川町の現人神社について	藤野辰夫	30. 3.17	県立図書館別館研修室
607	歴史散歩：全国住吉神社の元宮・現人神社と裂田溝（さくたのうなで）を歩く ＊地元の「歴史ボランティアなかがわ」が支援	案内： 藤野辰夫	30. 4.21	集合場所：筑紫郡那珂川町「ミリカローデン那珂川」
608	古文書（地方文書）にみる農民の暮らしぶり ―筑山会記念誌より、女性に関する文書を中心に―	今村公亮	30. 5.26	県立図書館別館研修室
609	【第52回福岡県地方史研究協議大会】 テーマ「世界遺産・沖ノ島」 ①古代宗像氏と沖ノ島祭祀 大高氏▶福岡県文化振興課世界遺産室宗像・沖ノ島遺産係 主任技師 ②世界文化遺産「宗像大社」の歴史と由緒 葦津氏▶宗像大社権宮司 ③「神宿る島」宗像・沖ノ島と神社・古墳 西谷氏▶海の道むなかた館長 ＊福史連（福岡県地方史研究連絡協議会）創立50周年記念大会 同時開催：第13回地方史フェア	 大高広和 葦津幹之 西谷正	30. 6.23	県立図書館地階レクチャールーム
610	「日本四大眼科」筑前須恵の田原眼科について	上園慶子	30. 7.28	県立図書館別館研修室

＊卓話者欄は会員・非会員とも敬称略。

■投稿規定

〔２００８年８月改訂〕

【投稿資格】

○本会会報『福岡地方史研究』への投稿の資格を有するのは本会会員である。ただし、特集テーマなどによっては編集委員会が会員外の人へ寄稿を依頼することがある。

【原稿内容】

○投稿原稿は、他の刊行物で未発表のもの（あるいは投稿中でない）に限られる。

○投稿原稿は、論文／研究ノート・研究余滴／史料紹介／歴史随想／卓話抄／報告／短信往来（もしくは他の適切なもの）に分類する。

①**論文**は、テーマの明確さ、論旨の厳密性、史料を踏まえた正確さなどが求められる。

②**研究ノート・研究余滴**は、研究途上のアイデア、中間報告、ある特定の研究テーマや人物についての文献目録や年譜などを含めることができる。

③**史料紹介**は、単に史料の翻刻だけではなく、史料の内容、成立過程、所蔵者についても解説する。

④**歴史随想**は、広く歴史に関わり、自由な論旨を展開したもの。

⑤**卓話抄**は、本会の例会で報告した内容の要旨をまとめたもの。

⑥**報告**は、本会に関わる活動や史料（発掘）調査、現地踏査などについての報告。

⑦**短信往来**は、会員の身辺雑記や会員が関係する他の研究グループの活動状況、公にした研究・著作についての情報など。

【原稿提出要領】

○投稿原稿は、原稿用紙、或いはフロッピーディスク、ＣＤ、メールにて提出すること。なお、フロッピーディスク、ＣＤの場合はプリントアウトしたものを添付すること。また、手書き原稿の場合は事故に備えて必ずコピーを取っておくこと。

○投稿原稿は原則として返却しない。

【原稿分量】　＊以下、１ページは１０００字で換算

○論文は15ページまでとする。

○研究ノート、史料紹介は10ページまでとする。

○歴史随想は8ページまでとする。

○卓話抄、報告は4ページまでとする。

○短信往来は2ページまでとする。

＊以上のページ数には図・表・写真を含む。大部の場合は連載が可能である。

【投稿締切と採否】

○投稿締切については別途定める。

○原稿の採否は編集委員会において決定し、投稿者に通知する。

【校正】

○執筆者校正は原則として1回とする。

【著作権など】

○掲載された原稿の著作権は原則として本会に帰属する。

○著作者人格権は執筆者が保有する。執筆者が自己の論文などを複製、転載などを行うのは自由である。

○他者の著作権や財産権に関わる問題が生じた場合は、執筆者の責任において対処すること。

【原稿送付先】

○花乱社内（住所は奥付参照）『福岡地方史研究』編集委員会宛

○メール送信の場合のアドレス：fukuoka.chihosi@gmail.com

【本の紹介】

近代科学の功罪を撃つ

師《もろ》岡《おか》司《し》加《か》幸《ゆき》

山本義隆著
『近代日本一五〇年——科学技術総力戦体制の破綻』
岩波書店、二〇一八年、一〇一五円

一九六九年九月五日、潜行中の山本義隆は、日比谷公園での「全国全共闘連合結成大会」に現れ、逮捕された。巣鴨に拘置された山本を、上京の折に訪ねた滝沢克己（当時九大教授・倫理哲学）は、十五分の面会を許可され、「根本的な感覚の鋭さ」を持つ山本に、「全人生の根底——人間的主体〈自己〉そのものの最も暗い奥底——にまで透徹する」思索、つまり哲学への変向を強く勧めたが、山本義隆は、少し考えてからこう答えた。「やっぱり自分は物理学をやるつもりだ」（「山本義隆潜行記」最首悟編より）。

六月に滝沢と山本は、『朝日ジャーナル』誌上で、往復書簡を二度ずつ、都合四回にわたって取り交わしていた。それは一九六八年九大構内への、米軍戦闘機ファントムの墜落事故を契機に激しくなった九大闘争に、常に学生側に立ち、ハンストを行うなど積極的な行動を取る滝沢克己への、山本の共感と問い掛けから始まっていたが、会ったことはなかった。しかし山本は、滝沢克己の著書『カール・バルト研究』他数冊を読んでもいた。

山本義隆は、一年程東京拘置所にいて、そこで物理学と哲学の本を読み続けた。その後もう一度逮捕され、小菅に三カ月収監されたが、出所後は大学に戻らず、予備校の物理担当教師を勤めながら、近代科学批判のための研究を続け、まず力学と熱学の歴史に関する本を二冊書き上げた。そして西欧近代科学成立の根底を探求し、『熱学思想の史的展開』三部作を始めとする全八巻の科学思想史を書き上げている。本書は、その労作を基に、近代日本の科学技術受容の歩みを、批判的に検証したものである。

黒船来航以来、欧米との軍事力の圧倒的な差を知らされた幕府は、西欧近代科学の導入を積極的に進めた。それは軍事に限られ、武士の洋学といわれたが、西欧近代科学の達成を現実に見せ付けたペリーの贈り物に象徴されていると著者は言う。すなわち蒸気機関車の模型と電信機である。西欧では十七世紀に、「観測と実験にもとづく実証科学」が形成され始めたが、まだ技術と科学は別物だった。人間と自然の関係を、共存（技術）から人間による自然の克服へとする近代科学の理念は、自然学を解釈から「法則を読み込み、現象の行く末を予測する術へと変化し（略）自然への働きかけの指針を与えるものとして」（三一頁）著者には捉えられ、科学は技術に接近し、専門化されていったとする。その科学技術とイデオロギーの成果、それがペリーの贈

り物である。たとえば蒸気機関は熱力学、つまり熱の動力使用であり、電信機は運動エネルギーの電気エネルギーへの変換、電磁気学の応用であった。

　私たちは、ふつうエネルギー革命を、石炭から石油へと考えがちだが、著者は物理学者の視点で、熱力学と電磁気学に産業革命の本質を見ている。これは維新政府の国策である富国強兵と殖産興業路線となって、近代科学移入のため、西欧への留学を促進し、多くの技術士官や技術官僚を輩出することとなった。その使命は兵部省（後の陸軍省・海軍省）と工部省（後の逓信省・農商務省）が担った。前者は軍工廠を作り、兵器の自給と工業化を追求し、後者は、官営工場を創設して、産業基盤の整備を図ったのである。そのため、工部大学校（後の東大工学部）を設立し、テクノクラート（高級専門的技術官僚）養成の機関とし、同時に社会制度の変換を必要としたが、当時欧米で進行していた科学研究の制度化に、運よく歩調を合わせることができ、「科学の習得や研究が国家の枠組みの中で組織的に能率よく行われ」（五八頁）得たのである。ここに軍官学の相互補助的産業構造が成立し、民間資本蓄積の遅れを補ったと著者はいう。産軍複合体の初発であるが、軍事は国策の中核として存在したため、絶えず対外戦争を繰り返し、植民地を広げて行かざるをえなかった。

　日清日露戦争を経た後、第一次世界大戦を総力戦と認識した軍部は、蒸気から電気への動力変換を図りつつある産業界に、総力戦体制のための不足資源の科学的補填を求めた。日本窒素肥料はその要求を受け入れて、朝鮮半島の北東部に巨大なコンビナートを建設し、また軍と官僚の傀儡国家である満州国に、関東軍の要請を受けて進出した日産コンツェルンは、科学技術の実験場として、重化学工業を起こし、新興国家の基礎を築こうとした。しかし、敗戦により軍部も財閥も解体され、軍産学複合体も総力戦も破綻したように見えたが、科学者たちは戦後民主主義に寄り添うように生き返った。戦争末期に実戦配備された原爆に対して、唯一の被爆国として平和と反戦を唱え始めたのである。そこには、彼らの戦争協力に対する自己批判は微塵もなく、原子力の平和利用の名の下に科学技術の進歩思想が、形を変えた総力戦体制の構造を温存させたのである。そして著者は言う。「明治と共に始まった日本のエネルギー革命は、一九七〇年代中期の高度成長の終焉でどん詰まりを迎え、福島の事故でオーバーランしたのである」（二八六頁）と。

　かつて秋田明大と共に学生運動のヒーローであった山本義隆は、自然界の力として、重力と電磁力と核力の三つを挙げ、その最後のエネルギーとしての核原子力を、制御不能の物質として封印し、再生可能エネルギーへの転換を求めている。それが本書執筆の動機ではなかったろうか。

短信往来

▼入会のきっかけは石碑の拓本だった！　福岡市の隣、新宮町（糟屋郡）の沖合い7・6キロに浮かぶ小さな島が、今脚光を浴びている。一つはネコの島として、もう一つは朝鮮通信使である。ネコは米CNNのおかげで、東アジアをはじめ欧州やカナダなどからネコ好きの来島で賑わっている。一方通信使は、江戸時代にこの島で11回饗応したが、一部の歴史好きが知るのみであった。しかし、昨年10月末にユネスコの世界の記憶に登録が決まり、にわかに注目されはじめた。

私と通信使の出会いは、1990年5月から、宮中晩餐会での韓国の盧泰愚大統領による天皇陛下への答礼から、雨森芳洲の「誠信交隣」と通信使を知り、対馬に足繁く通った。

その後、相島で福岡藩が通信使を饗応していたことを知り、福岡で縁地連通信使第17回大会が開催される2010年10月に通信使関連史跡はないものかと、百合越浜の石碑に着目し相島歴史の会で拓本を採った。石瀧豊美本会会長の助言を得て「朝日新聞」に掲載され、この縁で福岡地方史研究会に加入し早や6年目を迎えている。

今年7月22日、相島で61名溺死者の三百回忌供養会を実施予定である。この61名の尊い犠牲をもって福岡藩は朝鮮通信使一行の饗応を無事に終え、幕命を遂行できた。影の部分も多々あったが、平和の使節が260年間続き、これが世界に普遍的価値があると認められた。今後も相島の通信使関連研究をして各所に発信していきたい。

（今村公亮《いまむらこうすけ》）

▼ライフ・ワークバランスを整えて　初めまして、この度は福岡地方史研究会に加えていただきましてありがとうございます。

私は福岡市に生まれ、幼稚園から大学まで全て福岡市内、就職も地元の大学で、生粋の福岡人です。小学生の頃から昔（私にとって、古代から近世位まで）の物語や出来事を面白いなぁと感じていましたが、特に深く関わることもなく、在職中は仕事中毒の毎日を過ごし、数年前に定年退職を迎えました。

健康教育や健康管理の業務に携わっていたのに自分の健康は管理できず、退職後も仕事に追われる生活を続けた結果、過労で体調を壊し情けない思いをしました。そこで遅まきながら、仕事中心の生活を見直し、今まで希望しながらできなかった歴史の勉強時間を増やしてライフ・ワークバランスを整えるべく、仕事は半分以上整理し、少し休養した後、福岡市主催の古文書講座に通い始めました。
　一字も読めなかったくずし字が分かるようになって興味が広がり、もう一度日本史全般を学び直したいと昨春地元のS大学の大学院博士前期課程に入学しました。現在、江戸時代を中心に福岡地域の医学・医療関係の史料を調べています。福岡地方史研究会員の方々のキャリアの長さ・深さに比べ、まだまだ初心者で、見聞きするもの全てが新鮮な驚きです。研究会の活動を通して郷土の歴史を種々学べることを大変嬉しく存じます。今後久しく宜しくお願い致します。（上園《うえぞの》慶子《けいこ》）

▼調べていることあれこれ　はじめまして、北九州市八幡西区に住んでいる大林です。以前、巌流島イベントを行ったことがあり、そこで宮本武蔵と岩流小次郎による巌流島の決闘の内容が資料によって違うことに興味を持ち、そこからいろいろと福岡の歴史について調べ始めました。

　福岡藩には宮本武蔵を始祖とする筑前二天一流が伝わっていたのですが、その流れも大まかに把握できるようになりました。筑前二天一流は宮本武蔵が記した『五輪書』を使った相伝を行う特徴のある剣術の流派です。筑前二天一流大塚派では五輪書に加えて、直方藩士（のち福岡藩士）の吉田太郎右衛門実連が記した兵法書「月影之巻」も相伝に使用します。この「月影之巻」は今まで都立図書館蔵のものと福岡市総合図書館の伊丹資料の中にある二本が知られていましたが、私の調査で遠賀町にお住まいの武道家が所蔵しているものと、福岡市博物館の月成資料の二本を新たに発見しました。このことについてもいつか発表できたらと思います。

　巌流島の決闘に関して詳しく書かれた記述で一番古いとされる『江海風帆草』という書物があります。「豊前叢書」に引用され、武蔵の研究者の間ではよく知られたものです。これに関して調べてみたのですが、実は現在目にできる『江海風帆草』には巌流島の記述が全くありません。私も一時は「豊前叢書」の引用自体が誤りなのではないかと判断したのですが、ひょんなことから今まで知られていなかった『江海風帆草』第三巻（正式名は『海路記』下巻）を発見し、ここに例の巌流島の決闘の記述があることを確認しました。これも私の大きな発見ではないかと思います。

　今は資料を見ている過程で見つけた「播州豊前筑前筮仕諸臣名簿」について調べています。これは筑前二天一流とは関係ありませんが、黒田家の初期（播磨時代からおおよそ寛永初期まで）に仕えた武士の１５７１名もの名前が載せられている名簿です。明治中期にまとめられたものですが、黒田家中初期の武士の名簿としてまとまっているものであり、広く知られれば福岡県の近世研究に役に立つものだろうと確信します。これについてもいつかは発表できればと思っております。

（大林《おおばやし》憲司《けんじ》）

▼創立当時の大先輩、齊藤様宅訪問　２０１７年11月14日に、福岡地方史研究会創立時のメンバーである齊藤俊彦様のご自宅を訪ねました。私（河本）は田中久重の研究をしているのですが、久重研究の偉大な先達として故今津健治先生がいらっしゃいます。私はご存命中に何回かお会いすることができました。齊藤様は今津先生と懇意にされていた方です。この二つのことをご存じの石瀧豊美会長の橋渡しにて、訪問しました。

当日は11時過ぎに神奈川県の藤沢駅に着きました。藤沢駅は小田急線とＪＲ東海道線・湘南新宿ラインが走り、そして鎌倉界隈を走る江ノ電のターミナル駅です。いわゆる湘南に位置し、都会でありながらとても環境の良い街です。ご自宅はその藤沢駅から歩いて20分ほどの閑静な住宅地にありました。齊藤様は玄関先で私を出迎えてくれていました。

齊藤様はＮＨＫに勤務されていたのですが、結婚したてのころ福岡在勤でした。番組資料担当をなされていたこともあり、福岡ではいろいろな歴史関係の方々とお知り合いになられて、福岡地方史研究会の前身である福岡地方史談話会（以下、会と略します）の創立に事務局として尽力されました（設立は昭和37〔１９６２〕年）。

お食事をご馳走になりながら、楽しいお話をお聞きしました。会の創立のころの話もありました。会を始めたころは、秀村選三先生とともに中村浩理氏（当時、福岡銀行調査役）、木村秀明氏（同、県文化会館図書部長）の貢献度が大きかったこと、残業が多く仕事が終わるのはいつも八時ごろだったが会社を退出したのちに打ちあわせのために会の幹事役のお宅に訪問したこと、齊藤様は会では一番の若手でなおかつ事務局は一人だったので帰宅してからガリ版作業を行ったこと、当時は電話も今のように普及しておらず齊藤様のご自宅にも電話はなかったこと、仕事以外のほとんどの時間を会の運営にあてたこと、などなど。

このように苦労は多かったのですが、福岡は気候・風土が良く、食事が美味しく、とりわけ人々の気質がとても素晴らしいので、齊藤様は奥様ともども福岡の街を愛されていました。転勤先（つまり職務場所）希望をいつも「福岡」と書いていたら、ある年、課長に注意されたので「東京」と書いたら、翌春、転勤となってしまった、とのエピソードなどもユーモアも交えて話して下さいました。

齊藤様はＮＨＫ在勤中より人力車の研究をされており、退職直後に博士号を取得されています。サラリーマンでしたので、このために費やす時間は通勤時の電車の中であったこと、そして必ず（眠たくなってしまうので）座ることなく立ったままで勉強されていたとのことです。齊藤様はこの分野の研究に関しては第一人者です。代表的な著作物として『人力車の研究』（三樹書房、２０１４年）があります。また、多方面にわたり活躍されており、藤沢市よりの依頼にて、同市編纂の『藤沢市教育史』の幼児教育の箇所も執筆されています。

書斎も拝見させていただきました。書棚には書籍の他に、インデックスナンバーがふられたファイルボックスが見事に整然と並んでいました。ファイルボックスには史料や新聞・文献よりのコピーがファイルされています。そしてなんとその全てが、パソコンにてデータベース化されていました。キーワード検索もできるようになっており、検索にて現れるインデックスナンバーとファイルボックスのインデックスナンバーを照らし合わせれば、即座に見たい史料・コピーが取り出せるようになっているのです。

齊藤俊彦様（右）と筆者
（2017年11月14日撮影）

感嘆しました。下手なアーカイブ施設より優れたシステムであるように見受けられました。また、バックアップもしっかりとなされているとのことでした。

３時間半ほど滞在しましたが、歴史に造詣の深い奥様も交えての楽しい会話だったので、あっという間に時間が経ってしまいました。奥様は薬剤師の経験がおありで、そしてかなり以前より古文書読解の勉強をなされている方でした。30年ほど前に医学史をご専門とされている順天堂大学酒井教授（当時）の幕末明治初期の医学者たちの書簡解読を行う会に入られ、現在でも、月２回、このために東京に行かれているとのことです。

齊藤様は昭和４（１９２９）年生まれで御年88歳（訪問時）です。足は少し悪くなされているようですが、かくしゃくとされていました。目は光り輝いていました。きっとこれからも歴史に携わり、そして意欲的な執筆活動をされると感じました。（河本信雄《かわもとのぶお》）

▼歴史編纂に関わって　初めまして。私、この度、福岡地方史研究会に入会させて頂きました後藤と申します。

さて、私のことですが、昭和56（１９８１）年４月、（財）西日本文化協会福岡県地域史研究所（所長：秀村選三先生）の助手（事務局）として、凡そ２年間、福岡県史編纂のため県内の歴史資料の調査、収集、整理、保存などの業務を、研究所の先生方指導のもと従事致しました。

その後、福岡大学創立五十周年を機に大学史編纂が始まり、同大学の五十年史編纂室にて編集作業（資料収集、保存）を務めました。主に、資料収集でした（所属総合研究所）。さらに、七十五年史編纂にも関わりました。その間、『五十年史』4巻、『七十五年の歩み』2巻（全3巻）まで関わることができました。

現在は、同大研究推進部（総合研究所の後身）に属し、古文書室において、福岡藩、秋月藩、福岡県を中心に西日本地域の史料収集、整理、保存を行い、同部所蔵文書の公開にむけて目録作業を続けています。

最後になりましたが、私の研究テーマは商人（博多商人・甘木商人など）の研究（藤本隆士先生指導）をスタートとして、西日本地域における櫨蠟の研究です。櫨蠟取引の商人に博多・瀬戸惣右衛門、甘木・佐野半平、杷木・熊谷藤五郎などがいますが、まだまだ研究が進んでいないのが現状であります。

今まで、福岡県域の市町村史編纂にも関わらせて頂きました。8年ほど前から筑前町史に関わり、『筑前町史』資料編近世・近代が近く刊行予定であります。町史編纂を通して、危惧していることがございます。法的にも守られていない古文書（特に江戸時代）、歴史資料（明治期～昭和前期）が散逸していることです。県域所在の資料に対して、史料所蔵者の世代交代が加速し、価値意識の変化、他県への転出が顕著に表れ、凡そ30年程前から約3割の史料が散逸しているという悲鳴に近い報告がなされています。目録化されても原本廃棄になっています。以前から言われていることですが、次の世代に史料を繋げていくかが大きな課題だと思います。

最後の最後になりましたが、私、生まれが筑前国夜須郡上秋月（現朝倉市上秋月）です。ご承知のように秋月（城下町）は、重要伝統的建造物群保存地区（全国117地区の一つ）に指定されていますが、過疎化と居住地の文化的生活の共存において、地区の支援に注意をはらい市上げて保存体制を強化しなければならないと痛切に感じています。城下町秋月が保存されていくことを祈りながら。会員の皆様のご指導をよろしくお願い申し上げます。

（後藤正明《ごとうまさあき》）

▼住吉三神を祀る最古の神社　はじめまして、福岡県筑紫郡那珂川町にあります現人神社の権禰宜佐伯久美子です。福岡地方史研究会に加えていただき、ありがとうございます。郷土の歴史を学ばせていただき、氏子さんや参拝者の皆さんと共有していけるようお勉強させていただくのを楽しみにしています。

現人神社についてお話しいたします。現人神社は住吉三神を祀った最初の神社です。やがて全国に2000以上も住吉神社を産み出した、歴史ある神社です。元は神話の時代までさかのぼります。男神・イザナギノミコトは、女神・イザナミノミコトが亡くなったことを悲しみ、黄泉の国（死んだ人がいく国）を訪ねます。しかし女神・イザナミノミコトの体は腐って崩れており、男神・イザナギノミコトは怖くなって逃げだしました。黄泉の国に行き、死んだ人たちに触れてしまった穢れを祓うために禊を行ったところ、三柱の神様が生まれました。この三柱、底筒男命・中筒男命・表筒男命をあわせて、「住吉三神」と呼びます。この三神は穢れを祓う神様で、その他にご神託を授けて導く神、現世に姿を現す神としても知られています。

当社の近くに、禊祓いの場所とされる場所があります。江戸中期の著名な国学者青柳種信は、『筑前国続風土記拾遺』の中で、神代の昔、筑紫日向といったのは西隈の那珂川のほとりの立花木であると考察しています。古代の海岸線は現在よりもかなり内陸に入れ込んでいたと考えられています（九州大学名誉教授山崎光夫博士の弥生期の博多湾沿岸の図によると福岡市内のほとんどが海中となっています）。創建の時期は不明ですが、遙か昔から住吉三神は、この那珂川の地にお祀りされていました。

その後、１８００年前の仲哀天皇の御世に神功皇后が大陸遠征されたとき、住吉三神が「人の姿になって現れ」嵐をしずめ、水先案内をしました。嵐がしずまった海を渡り、無事に大陸遠征を果たした神功皇后は、神恩に感謝し、祈請《うけい》によって当地をお知りになりました。神功皇后は、「人として姿を現した」ことから住吉三神を「現人神」と呼び、那珂川の水を引いて神田を潤し五穀豊穣を祈念して、「現人大明神」の尊号を授けられました。

また、神功皇后は那珂川町だけではなく、真住吉之国（住みよい国）と呼ばれた大阪の地にも住吉三神をお祭りしました。「住みよい国」という言葉から、「住吉三神」と呼ばれるようになったのです。博多の住吉神社へも御分霊したと伝えられております（吾妻鏡から住吉神社の神官が佐伯氏であったことが見受けられます）。住吉三神をお祀りする神社は、全国に二千余社ありますが、現人神社はその住吉信仰のルーツであり、住吉三神を祀る最古の神社なのです。

（佐伯久美子《さえきくみこ》）

▼杉山茂丸の人物像の転回　歴史ある福岡地方史研究会の末席に加えていただいたことに感謝申し上げます。

わたしは大阪府出身奈良県在住で、福岡とは何の所縁もありません。また地方史に造詣があるわけでもありません。唯一の関心は杉山茂丸という人物にあります。

歴史社会学者のエリック・ホブズボームは『創られた伝統』（テレンス・レンジャーとの共著、紀伊國屋書店、

1992）において、一般に長い伝統を持つと考えられている事象の多くが、近代以降にナショナリズムとの関連性の中で創り出されたものに過ぎないことを論証しました。わたしの杉山茂丸研究は、ホブズボームらが提示した視点から多くの示唆を得ています。

黒田家の家臣の家に生まれた杉山茂丸という人物が、明治20年代末以後に東京に定住して、明治・大正の政財界の暗部でいったいどんな活動をしていたのか。自身の手になる著作のほかに、近年著わされた伝記を標榜する本もありますが、歴史学的な実証性に基づいた伝記的研究は、室井廣一氏の論考を除き、いまだほとんど存在しません。一般に流布している杉山茂丸像というのは、無私無欲で国家に隠忠を尽くした国士、アジア諸国の独立運動を援助した大アジア主義者というようなものであろうと思いますが、これらは何らかの実証性を持つ言説でしょうか。

諸家の日記や文書中にのこされている杉山茂丸の発翰を読むと、現在通説のように思われている杉山茂丸の人物像に転回を強いられることは間違いないように思います。そうすると、現在流布している通説はどのようにして形成されたのかということも問われなければならないでしょう。

そうした点に、何らかの足がかりでも付けられたらと思っています。諸先生方からのご指導ご批判を期待しています。

（坂上知之《さかうえともゆき》）

▼医学史から見た地方史の研究

東京都在住の高場と申します。25歳まで福岡で育ち、現在も実家は福岡にあります。数年前に受講した酒井シヅ先生の医学史の授業に感銘を受け、学生時代は全く興味のなかった歴史分野を学ぶために、法政大学通信教育学部の文学部史学科に編入学しました。また医学史の研究会に所属し、勉強や研究発表を行っています。通信教育での勉強は想像以上に大変で、何気なく「日本の医学史を」と思って入ったものが、東洋史も西洋史もすべて学ぶのかと愕然としました。おかげさまで、東洋思想史や西洋哲学史、日本仏教史など、時代の背景にある思想も学ぶことができ、興味の幅が大きく広がりました。仕事をしながらの勉強はハードで進捗状況もノロノロとマイペースですが、知識を入れる楽しさ、歴史を通じて出会えるご縁の繋がりに魅力を感じております。

研究発表のテーマを探すため、石瀧先生の講演を受講しに福岡へ帰省したのがきっかけで入会いたしました。その時の講演は、高場流眼科の高場乱でした。そのご縁から、石瀧先生の論文をたくさん読ませていただき、現在勉強をしている中津藩医・村上玄水に行きつきました。村上玄水は江戸後期、医学のための人体解剖を行い、それを確かな記録で残した九州では初めての人です。大分県中津市の村上医家史料館にその原稿が残されています。
先日、村上玄水の原稿を見に、中津を訪問しました。自筆の原稿からは、儒学者でありながら、西洋医学を積極的に学び、医学だけでなく天文学などの多様な分野において、嬉々として知識を取り込んでいた様子が伝わってきました。草稿という形で彼の残したメモの一つには、解剖記録としてまとめていた原稿の下書きのほか、私には理解できない地球と月のようにも見えるイラストもありました。「このイラストは何を表しているのだろう」、「彼は何を考えていたのだろう」と想像するだけで、村上玄水という人物が興味深く、石瀧先生を通じて、この人物に出会えたことに感謝です。
まだ、私は勉強を始めたばかりですが、日本各地に残された医学に関わる痕跡を探しながら、勉強を続けたいと思います。

（高場《たかば》　彩《あや》）

＊2018年４月21日実施，筑紫郡那珂川町での歴史散歩には本会から安藤政明さんに統率をお願いしました。以下は安藤さんからの報告です。156頁，歴史散歩報告と合わせてご覧下さい。

▶歴史散歩報告

参加者＝福岡地方史研究会から10名（事前申込の分）／那珂川町郷土史研究会から藤野会長，井上さん，佐伯さん，廣瀬さんの４名／歴史ボランティアなかがわから山下さん，白水さんの２名

コース＝現人神社（佐伯宮司ご説明）→伏見神社（白水さんご説明）→一の井手（白水さんご説明）→神功皇后お立ち石（白水さん，山下さんご説明）→裂田神社～カワセミ公園（白水さん，山下さんご説明）

感想＝藤野会長をはじめ，皆様に大変親切にしていただきました。移動は車四台に分乗させてもらい，各車内でも移動中にご説明をいただきました。現人神社，そして近くに「橘」の地名，かつて近くまで海だったことなど，伊邪那岐大神の禊祓候補地の一つのようです。現人神社の宮司家・佐伯さんにお尋ねしまして，やはり源頼朝の頃に一緒に行動していた佐伯氏の家系の方でした。あまり付き合いはなさそうですが，住吉神社の横田家（佐伯横田家）と遠縁のようです。那珂川は，まだ十分な研究がなされておらず，これからどんどんと興味深い歴史がわかってくるような期待が感じられます。個人的に，那珂川の歴史について調べた経験がなく大変勉強になりました。

（安藤政明《あんどうまさあき》）

「近藤典二氏主要著作目録」追記

締切り間際にまとまった情報が判明したので、「追記」として収録します。

▼論文・コラムなど（発行所は初出のみに記載）

「伊能忠敬の歩いた道再訪　「街道今昔」の苦と楽」（旧制筑紫中学校十回生同窓会報『筑寿』八号、同窓会「筑寿会」、一九九〇年八月）

「紙屑に埋もれた歴史　明治40年の補習科生」（『筑寿』一一号、一九九二年一月）

「紀元節　なぜ二月十一日か」（『筑寿』一三号、一九九三年一月）

「コインが語りかけるもの」（『筑寿』一四号、一九九三年九月）

「学校図書館の思い出」（『筑寿』一五号、一九九四年一月）

「「斑鳩の里」今昔」（『筑寿』一六号、一九九四年九月）

「歴史のナゾ解き」（『筑寿』一七号、一九九五年一月）

「懐かしの山　宝満考」（『筑寿』一九号、一九九六年一月）

「背振に寄せる憶い」（『筑寿』二〇号、一九九六年八月）

「湯町　御前湯の由来」（『筑寿』二一号、一九九七年一月）

「旅順館――筑中入試の頃」（『筑寿』二二号、一九九七年八月）

「九マイルの長距離競走」（『筑寿』二七号、二〇〇〇年一月）

「黒田藩士　福山長四郎のこと」（『筑寿』二八号、二〇〇〇年九月）

「オリンピックと『民族の祭典』」（『筑寿』二九号、二〇〇〇年一二月）

「「天保老人会」という会」（『筑寿』三一号、二〇〇一年一二月）

「「おらび坂」の伝説」（『筑寿』三二号、二〇〇二年八月）

「斎藤千利先生のこと」（『筑寿』三三号、二〇〇三年一月）

「福岡城の「喰違門」のこと」（『筑寿』三四号、二〇〇三年八月）

「姫島の望東祭」（『筑寿』三五号、二〇〇四年一月）

「潮煮塚と石投地蔵」（『筑寿』三八号、二〇〇四年八月）

「出土した水城大堤の木樋と原采蘋の書額」（『筑寿』四〇号、二〇〇六年一二月）

（二〇一八年八月、石瀧豊美作成）

『修猷館二百年史』修猷館二百年史編集委員会、1985年（51-53頁、高橋達著「回想「藩学時代の修猷館」」）
上野健爾著『円周率が歩んだ道』岩波書店、2013年
遠藤利貞著『大日本数学史』庚寅新誌社、1896年
遠藤利貞遺著、三上義夫編、平山諦補訂『増修日本数学史』恒星社厚生閣、1971年
大熊浅次郎「幕末福岡藩の偉材 金子才吉事蹟（下）其十」（『筑紫史談』復刻版、第41集、福岡県文化財資料集刊行会、1927年）
小川束・佐藤健一・竹之内脩・森本光生著『建部賢弘の数学』共立出版、2008年
小川束著『股勾弦鈔』／［星野助衛門尉実宣著］小川束校注、江戸初期和算選書、下平和夫監修、第８巻；３、研成社、2007年
小倉金之助著『中国・日本の数学』小倉金之助著作集 第３巻、勁草書房、1973年
嘉数次人著『天文学者たちの江戸時代』ちくま新書、2016年
川原秀城訳『劉徽註九章算術』藪内清編集、朝日出版社、1980年（科学の名著２、中国天文学・数学集）
川村博忠著『江戸幕府撰国絵図の研究』古今書院、1984年
久間修文著『算法麓逕』翫古堂、1832年（福岡市博物館蔵）
久間修文著『股勾弦鈔術百五十』1820年（九州大学附属図書館・桑木文庫）
久間修文著『小器表並用例』翫固堂、1848年（日本学士院蔵、請求番号6308）
久間修文述『御問答測量法』1847年（日本学士院蔵、請求番号6238）
佐々伊佐美著『福岡県の算学者と算額』全日本珠算教育連盟福岡県支部、1970年
佐藤健一監修『和算の事典』朝倉書店、2009年
佐藤賢一著『近世日本数学史』東京大学出版会、2005年（分間、206頁）
下平和夫著『江戸初期和算書解説』江戸初期和算選書 第１巻、下平和夫・佐藤健一監修、研成社、1990年
田中由利子著「脊振弁財嶽国境争論にみる国絵図と地域信仰」（『福岡地方史研究』第48号、５-16頁、2010年
星野実宣著『新編算学啓蒙註解』1672年（東北大学附属図書館・林文庫）
星野実宣著『股勾弦鈔』1672年（東北大学附属図書館・林文庫）
『三上義夫博士研究集録』社団法人全国珠算教育連盟収集出版委員会編、1960年
三上義夫著『日本測量術史之研究』恒星社厚生閣、1947年（科学史研究選書；１）
藪内清著『中国の数学』岩波新書、1974年
吉田光由著『塵劫記』大矢真一校注、岩波文庫、1977年
『福岡県碑誌 筑前之部』大道学館出版部、1929年

・築城や治水などの土木工事における測量およびその基礎たる図形、とくに直角三角形の諸性質の研究（股勾弦）

以上の九つの章から構成されている。農業国中国の社会の様子が覗われる。含まれている主な数学は

第１章方田に、掛算、分数計算

第２章粟米に、割算を含む比例計算

第３章差分に、比例配分

第４章少広の前半に方田章に見える算法の逆問題、後半に開平・開立

第５章商功に、立体の体積

第６章均輸に、応用問題

第７章盈不足の前半に過不足算、後半に複仮定法

第８章方程に、連立一次方程式の解法、正負数計算（但し（－１）×（－２）などは無い）

第９章股勾弦に、股勾弦の術（ピタゴラスの定理）、相似比

などである。『九章算術』の時代から負数が計算に登場し、多元連立一次方程式や２次方程式の解法があり、ピタゴラスの定理が使われていたことなどをみて、中国の数学が古くから高度な発達を遂げていたことに驚かされる。

ピタゴラスの定理といえば、今から約4000年前に、すでに存在していたといわれている。紀元前300年頃成立した『ユークリッド原論』にはその証明も登場する。この書は聖書に次いで世界的ベストセラーとして知られている。この書と全く独立に、中国には紀元前より『九章算術』があった。その中にピタゴラスの定理があり「股勾弦の術」と呼ばれていた。『九章算術』は生活に密着した実用的性格を持つ計算技術の（しかし低級ではない）数学である。これに対して、『ユークリッド原論』では論理的に構成する数学をみることができる。どちらも後世の数学に大きな影響を与えた。

◘参考文献

『福岡県史資料』第五輯、福岡県、1935年

『福岡県教育百年史 第五巻 通史編(一)』1980年

『福岡藩分限帳集成』福岡地方史研究会、1999年

『横川流免状写』日本学士院所蔵（請求番号・6045）

『明治前日本数学史』第一～五巻、日本学士院・日本科学史刊行会、1954年

料金受取人払郵便

福岡中央局
承　認

3146

差出有効期間
2019年2月9
日まで

●切手不要

郵便はがき

810-8790

272

福岡市中央区

舞鶴1丁目6番13号 405

図書出版 花乱社 行

通信欄

編集後記

★本号の特集は「歴史の転換点――明治維新一五〇周年に思う」と題した。大は誰もが認める歴史的な一大転換点もあれば、小は個人的な転換点もある。自分自身を振り返ってみると、立花実山の事蹟を追いかけるようになって久しい。

★私が郷土福岡の歴史研究の分野に手を着けたのは、三十代中半の頃ではなかったかと思う。妻が表千家の茶道をしていた関係で家にあった『南方録』の解説書を見ていると、実山は茶の湯や書画・詩文に秀でた文化人であったが、福岡藩三代藩主光之の後継者争いに巻き込まれ、幽閉されて殺されたと紹介されていた。このとき初めて立花実山を知った。千利休の秘伝書と評された『南方録』を後世に残した功績は大きいが、何故に幽閉されて殺されたのか、一体どんな罪を犯したのか、これが最初の疑問であった。

★以来、実山の事績を追いかけてきた。地元福岡の刊行物では、実山は光之が廃嫡した嫡男綱之の忠臣に位置づけられ、その廃嫡に反対したがため幽閉されたというのが、一般的な見方であったと思う。

★ところが、実山関係の資料を集めながら、年表作りをして気付いたことは、実山は生涯、三代藩主光之の側近であって綱之に仕えたこともない、むしろ綱之廃嫡と弟の綱政襲封を推進していることが判明した。しかも実山幽閉は綱之廃嫡より三十年ほど後の出来事であり直接の関係もない。

★その後、年表は「茶書『南方録』の発掘者立花実山略年譜」と題して本誌第31号（一九九三年）に投稿した。これが地元の歴史研究・調査との関わりの初めであった。振り返ってみれば、立花実山との出会いは私にとって「ささやかな転換点」であったと思われる。（松）

＊本誌バックナンバー目次は左記のサイトでご覧になれます。
花乱社⇩福岡地方史研究
http://karansha.com/tihosikenkyu1.html

福岡地方史研究　第56号　定価（本体一六〇〇円＋税）
二〇一八（平成三十）年九月十日発行
発行人　石瀧豊美
編集委員　石瀧豊美・浦辺　登・竹川克幸・松岡博和＊（＊は編集委員長）
発　行　福岡地方史研究会
〒八一一–二一一三
福岡県糟屋郡須恵町須恵八二〇–二　石瀧豊美方
電話・FAX　〇九二（九三三）〇四二六
制作・発売　合同会社花乱社
〒八一〇–〇〇〇一
福岡市中央区天神五–五–八–5D
電話　〇九二（七八一）七五五〇
FAX　〇九二（七八一）七五五五
印刷・製本　有限会社九州コンピュータ印刷

■研究ノート

福岡藩において継承された数学探しの旅

後藤《ごとう》ミドリ

『明治前日本数学史』や『増修日本数学史』などの歴史書に「横川流」という欄がある。その横川流は『塵劫記《じんこうき》』の著者吉田光由《よしだみつよし》を師にもつ横川玄悦《よこかわげんえつ》によって興され、星野実宣《ほしのさねのぶ》の帰郷とともに福岡藩にやって来た。横川流は、竹田定直《たけださだなお》を経て福岡藩測量方の廣羽一門という極めて小範囲に限られ、筑前福岡の地方に伝わったものであるという（『明治前日本数学史』第３巻、487-89頁）。福岡では大正６年の火災、昭和20年の戦災により、重要書類のほとんどを焼失した。が、筥崎宮の絵馬殿には算額が公開されている。福岡市博物館には久間修文《くまひさぶみ》著の数学書『算法麓逕』があり、日本学士院には彼の遺品がある。『福岡県碑誌筑前之部』や『筑紫史談』などには数学関連の資料が含まれている。佐々伊佐美《さっさいさみ》著『福岡県の算学者と算額』には、今では見ることができない算額や、算学者の情報が集められている。

数学は、自然現象や科学を記述するための世界共通のことばであり、止まることなく進化・発展を続けている。門外不出のものなどありえず、人々の思惑に束縛されずに自由に宇宙を駆けまわっていると思われる。ところが、上の歴史書を見れば、江戸時代には数学のいろいろな流派があり、その間の論争も見受けられる。横川流において、どのような数学が継承されてきたか探してみたいと思う。

13世紀頃に中国で生まれ育てられた数学により、算木《さんぎ》と算盤《さんばん》を用いて、数字係数の一元高次方程式を解くことが可能になった（藪内、74-90頁）。その数学は天元術《てんげんじゅつ》と呼ばれ、元代に授時暦《じゅじれき》を作る際にも用いられたという。元の朱世傑《しゅせいけつ》による『算学啓蒙』(1299) は、天元術の紹介書の一つとして知られている。16世紀末頃、その『算学啓蒙』が秀吉軍に伴われて、朝鮮から日本に渡来したといわれている。その書名が幕末の福岡藩で著された『算法麓逕』や『筑紫史談』に登場する。

この小文は、久間修文著『算法麓逕』の解読中に出会ったことばに触発されて、考えたことをまとめたものである。『算学啓蒙』とともに、横川流数学者が

こだわりを持っていた数学があるように思われる。

福岡における江戸時代の数学関連資料をご教示してくださった石瀧豊美先生、久間修文著『算法麓逕』の閲覧・写真撮影に協力してくださった福岡市博物館、および、くずし字解読を手伝ってくださった大阪教育大学名誉教授・数学者菅原邦雄先生や、福岡地方史研究会の方々、和算研究所の方々、私の質問に快く応じてくださった方々に心より感謝したい。

1　横川玄悦の数学、および、『算学啓蒙』に関する記事

横川玄悦の著書は残されていない。横川玄悦について、佐藤賢一《さとうけんいち》氏の調査結果（392頁）を超えるものは見当たらず、今後の調査・研究を待ちたい。三上義夫《みかみよしお》の研究を通して横川玄悦の数学を探ってみよう。

「荒木村英先生茶談《あらきむらひで》」（佐藤賢一、67頁）に次の文がある。

「吉田光由カ門人に横川玄悦ト云フアリ。後ニ算盤級聚《きゅうしゅう》ノ術ヲ作ル。此術之祖也。……横川玄悦、『算学啓蒙』ニ依テ級聚ノ術ヲ発明ス。門人星野助右衛門『啓蒙註解』ヲ作ル。」

『三上義夫博士研究集録』（68-69頁）から下記を抜粋・引用する（以下、引用に際し漢数字を算用数字に改めた）。

「大正７年５月18日に、（三上は）淡路由良において中村貞明遺蔵の『算学級聚抄』を調査した。その序文に……『算学啓蒙』の釈鎖門を考試して、赤黒の算木を以て算法を施すこととし之に算学級聚抄と名づけた。これには1673年西川勝元序としてある。

私（三上）は越後磐城等において『算法指南』を見ることを得たが、1684年の序があり、前の『算学級聚抄』の異名本であることを知る。……

算木代用の算盤ともいうべきものは『算学級聚抄』または『算法指南』所載の図式と直接の一致を有するものであり、横川玄悦の算盤級聚の術というのも、またこれに関するものであったろうことは、少しも疑うことを要せぬ。」

上の文中に現れた算盤《さんばん》は、普通のソロバン（珠算）とは異なり、ソロバンをいくつも重ねて合成したようなもので、算木の盤が算盤と呼ばれていた。算木や算盤は、たとえば『和算の事典』16頁にその例がある（註：上記の「算木代用の」における「代」は誤りで、正しくは「台」であろう）。

『算学啓蒙』には「立天元之一」という表現が説明無しで登場する。その意味を理解するのに人々が苦しんだ様子が『明治前日本数学史』第一巻などに記されている。天元術を正しく理解して使った最初の日本人は沢口一之《さわぐちかずゆき》であるとい

う。彼の著書『古今算法記』(1671)の存在に拠る(『増修日本数学史』91頁)。

『算学啓蒙』の解説書として、星野実宣著『新編算学啓蒙註解』(1672)が簡単な註釈付きで刊行され、その後、関孝和《せきたかかず》の高弟・建部賢弘《たけべかたひろ》(1664-1739)により『算学啓蒙諺解大成』(1690)が詳細な註解付きで著わされた(『建部賢弘の数学』8頁)。

2　福岡藩における横川流数学者の役割や著書など

数学の得意な星野実宣(1638-99)は秋月藩主に仕えていたが、退職して関東へ行き、横川玄悦に師事して天元術を学び、『新編算学啓蒙註解』と『股勾弦鈔《ここうげんしよう》』を刊行した。股勾弦とは直角三角形のことである。2書の出版から6年後、星野は帰郷して福岡藩主黒田光之《くろだみつゆき》に仕えることになった。そのとき、星野は40歳だった。

元禄初期、福岡藩は佐賀藩との間の国境をめぐって境界争いという事態に直面した。正保年間献上の肥前国絵図には脊振山山頂に上宮弁財天が載せてあるのに、筑前国絵図にはそれがなかったことが決定的な証拠になり、幕府評定所の採決で、福岡藩側が全面敗訴となった(川村、402頁、田中、5-16頁)。元禄の国絵図調達の際、福岡藩は有能な数学者を積極的に登用して国絵図の改訂に全力を挙げた。そのときの役職について、『福岡藩主記録』の「元禄十四年」の項に星野に関する次の記述がある(『福岡県史資料』第五輯、243-47頁)。

「分間(測量)の惣裁は星野助右衛門高畠《たかばたけ》武助《ぶすけ》に命し給ひ、無足の士、其機に堪えたる者、……星野助右衛門は我邦算道の中興横川玄悦に相ついて、天元正負の妙術を発揮せる者なり。高畠武助は其高弟なれば、両人に惣裁を掌らしめ給ふ。両人分間の役人を数輩従へ、……」(割注を省いた)

『増修日本数学史」(173頁)によれば、星野は、「郭守敬《かくしゆけい》の授時暦に依りて、進歩の術に長じぬ」と。郭守敬の授時暦(太陰太陽暦)は中国暦のうち特に優れた暦として有名である(藪内、104頁)。この授時暦が日本に輸入され、渋川《しぶかわ》春海《はるみ》によって日本の地理的状況に合わせて調整され採用されて「貞享暦《じようきよう》」と呼ばれた。施行されたのは1685年であった。それまでの約800年の間、日本では古い輸入品の暦が使われていた(嘉数次人《かずつぎと》、26頁)。

久間修文述『御問答測量法』に、大堀水面と友泉亭の堀水面の高さの差を測る問答がある。その答に対する久間修文の評論(第四)の中に、星野が元禄国絵図仕立ての節に作成した測量器具が登場する([付録1]を参照)。三上義夫著『日本測量術史之研究』(185-86頁)にその問答の一部分が引用されている。

以上より、福岡藩における星野の生活は暦の計算、測量などの実務や測量機器の作成・実用化などに主軸が置かれていたと思われる。

日本学士院に『九数新書』(1689) というタイトルの書２冊が所蔵されている。そのうちの一冊は上巻だが、他は別物と思われる。上巻には総論、方田《ほうでん》、粟米《ぞくべい》の章がある。中巻には差分、少広《しょうこう》、商功《しょうこう》の章が、下巻には均輸《きんゆ》、盈不足《えいふそく》、方程《ほうてい》、股勾の章があったという。中巻と下巻が見つからず残念である。この書は星野実宣の遺嘱により竹田定直編撰であり、高畑敬徳（高畠武助)、井手伊房、福山義敏同輯である。『九数新書』の貝原益軒《かいばらえきけん》による序に、「……（横川玄悦には）一子あれども僧門に入り、之（数学）を高弟　星野実宣に授く……星野の門人の数は……」など。

九州大学附属図書館の桑木《くわき》文庫に、マイクロフィルムの形で『股勾弦鈔術百五十』が所蔵されている。その奥付に、

横川流後学

久間修文

改稿

文政三（庚）辰年晩春（収）

とある。この書には、『股勾弦鈔』の中の股勾弦の問題150問に、傍書法《ぼうしよほう》（算木と漢字を融合して文字式を表す方法）による解法が記されている。星野の『股勾弦鈔』は出版から約150年経た後にも福岡の地で学ばれていた。

その後、久間修文（1797−1861）は江戸へ行き（1827−29)、長谷川《はせがわ》寛《ひろし》道場に入門して関流数学を学ぶ。日本学士院にある久間の遺品の中に藤田貞資《ふじたさだすけ》著『神壁《しんぺき》算法』(1789) などもあるので、久間は江戸へ行く前に福岡で関流数学を学んでいたかもしれない。帰郷後の1832年、初学者向けの著書『算法麓逕』を刊行した。その「附言」の中に引用されているのは江戸で入手した最新の数学書ではなく、『九章算術』や『算学啓蒙』であった。『福岡県教育百年史 第五巻 通史編（１)』(44頁）によれば、『算法麓逕』は明治初年まで算学の入門書として使用されていた。

『筑紫史談』の中の大熊浅次郎「金子才吉事蹟」によれば、帰郷後の久間は門人に数学を教えるのに極めて深切で、老に至っても倦むことなかったという。久間の私塾では10歳位の子供たちも『算法麓逕』をテキストとして数学を学んでいた様子が記されている（『修猷館二百年史』51頁も参照)。才吉測量術の修業は修文の教に負ふ所多かるべきなり、という記述もある。久間の碑文の中に「先生は乾龍公大谷氏の測量術を好む。先生の志篤きを聞き、特に命じてその

秘書を賜ふ」と。ここで乾龍公とは黒田斉清《なりきよ》を指す。久間修文の塾に入門した人数は千人を下らなかった。久間から印可を受けた門下生の中に、大穂能一、金子才吉《かねこさいきち》などがいた。

日本学士院所蔵『横川流免状写』より、横川流の流れは

横川玄悦

星野助衛門尉実宣

三伝 竹田助太夫定直―四伝 廣羽八之丞元古―五伝 廣羽曾蔵佳古―六伝 廣羽八之丞言古 および 廣羽八太夫元教―七伝 廣羽曾蔵修古―八伝 久間宅平修文。

さらに、第九伝隠題一同免許状が、久間修文から大穂徳治（能一）、竹末喜太夫、野中幸右衛門、永井甚一、森新八の５名へ授与された旨の記録が続く。第九伝に「横川流」の文字は無い。

佐々伊佐美著『福岡県の算学者と算額』（15頁）には、「廣羽家は世々黒田家の測量方であるから規矩術には長じていたであろうが、横川流がどのように広まっていたかわからない。久間修文は廣羽修古に入門し、その伝を承けた」とある。

久間修文は、星野実宣と同様に、『大日本数学史』（1896）や『増修日本数学史』、『明治前日本数学史』に登場し、大穂能一（1819-71）は後者の２書に登場する。『筑紫史談』の「金子才吉事蹟」によれば、大穂は久間から印可を受けた後、江戸へ行き、長谷川道場で数学を学ぶ。太陽暦を作ったと『増修日本数学史』にある。

4 『股勾弦鈔』における星野のアイデア

星野と久間の著書には図形問題が多い。星野の『股勾弦鈔』には直角三角形（股勾弦）に関する問題が150問、その後に数物３條や魔法陣などが続く。直角三角形に関する問題は、ピタゴラスの定理を適用して図形を定めるというもの。久間の『算法麓逕』は表巻、裏巻、附編の３巻からなる。全部で300問ある問題のうち図形に関するものは、裏巻勾股弦門の91問を含めて、160問余りある。『股勾弦鈔』や『算法麓逕』の各問が、問・答・術の３点セット構成である。この構成は後に登場する『九章算術』と同様である。久間が『股勾弦鈔』の直角三角形に関する問題150問に別解を与えたように、筆者もそれらの問題を現代

風に解き、高次方程式を解かなければ答が得られない問題がいくつかあることを確かめた。継承された数学探しの旅では「術」も読まねばならない。

『股勾弦鈔』第30問の「術」解読に挑戦しよう。原文は漢文である。

第30問　積54歩アリ。只云フ、股勾ノ差ヲ以テ勾弦和ヲ除カハ、8箇ヲ得ル。股勾弦各オノ幾何ヲ問フ。○答テ曰ク、股12歩、勾9歩、弦15歩。

術ニ曰ク、8箇自因シテ1箇ヲ減シテ余リ63箇、実ト為。8箇に1箇ヲ加、之ヲ倍シテ18箇従方ト為、1ヲ以テ廉ト為。平方ニ之ヲ開カバ3箇ヲ得、勾法ト為。8箇ヲ減シテ余リ5箇ヲ弦法ト為、自因シテ25箇。勾法自因シテ9箇。相減シテ余リ16箇、平方ニ開カバ股法4箇ヲ得。股勾ノ法3箇ト4箇ト相乗シテ折半シテ6箇、法ト為、積ヲ除カバ9歩ヲ得。平方ニ之ヲ開カバ3歩ヲ得。

股法4箇ヲ因スレバ、股12歩ヲ得。勾法3箇ヲ因スレバ、勾9歩ヲ得。弦法5箇ヲ因スレバ、弦15歩ヲ得、問ニ合ス。

ここで、いくつかの用語を説明しよう。「積」は面積を指す。直角三角形（股勾弦）の斜辺は「弦《げん》」、直角を挟む2辺のうち短い方の辺は「勾《こう》」、長い方の辺は「股《こ》」という。

割り算をスラッシュ［/］で、掛け算を［×］で表すことにする。上の問題は「直角三角形の斜辺をa（弦)、直角を挟む2辺をb（股)、c（勾）（b＞c＞0）とするとき、条件

$(b\times c)/2=54$ および $(a+c)/(b-c)=8=8/1$

を満たすa、b、cを求めよ」

である。説明を追加して、術を書き直してみよう。

条件 $(b\times c)/2=54$ は残して、次の条件 $(a+c)/(b-c)=8/1$ を、文字を変えて $(\alpha+\gamma)/(\beta-\gamma)=8/1$ とし、さらに、この分数式を二つの式

（#）　$\alpha+\gamma=8$、$\beta-\gamma=1$　$(\beta>\gamma>0)$

に書き換える。これより、$\alpha=8-\gamma$、$\beta=\gamma+1$ を導き、ピタゴラスの定理：$\alpha^2=\beta^2+\gamma^2$ に代入すれば、γ の2次方程式 $(8-\gamma)^2=(\gamma+1)^2+\gamma^2$ を得る。この式を、γ について昇べき順に書き直す。つまり、

$$-(8^2-1)+2(8+1)\gamma+\gamma^2=0$$

この式を見ながら「術」を読み進めていく。「術」を読むのに、ここまでの準備が必要だった。文字を書き換えた理由は以下に記す。

定数項（実）は $8^2-1=63$ とする（註：符号の問題が残る）。

（8箇自因シテ1箇ヲ減シテ余リ63箇、実ト為）、

1次の係数（方）は（8＋1）×2＝18 とする。

（8箇に1箇ヲ加、之ヲ倍シテ18箇従方ト為）、

2次の係数（廉）は1とする。

（1ヲ以テ廉ト為）。

得られた2次方程式　$-63+18\gamma+\gamma^2=0$ の左辺を因数分解して

$(\gamma+21)(\gamma-3)=0$

これより、勾法（γ）は3となる。

（平方ニ之ヲ開カバ3箇ヲ得、勾法ト為。）

（#）に戻る。$\alpha=8-3=5$ を弦法（α）とし、2乗して 25。

（8箇ヲ減シテ余リ5箇ヲ弦法ト為、自因シテ25箇）

$$\beta^2=\alpha^2-\gamma^2=25-9=16$$

（勾法自因シテ9箇、相減シテ余リ16箇）

16の平方根をとり、股法（β）は4となる。

（平方ニ開カバ股法4箇ヲ得）

3辺が $\alpha=5$、$\beta=4$、$\gamma=3$ である直角三角形の面積を求めると

$$(\beta\times\gamma)/2=(3\times4)/2=6$$

（股勾ノ法3箇ト4箇ト相乗シテ折半シテ6箇）

となる。ここで、残したままの条件、$(b\times c)/2=54$ を使い、相似比を求める。54/6＝9となり、平方根をとれば3を得る。したがって、弦法（α）、股法（β）、勾法（γ）のそれぞれを3倍すれば、答の弦（a）、股（b）、勾（c）が得られる。

（法ト為、積ヲ除バ9歩ヲ得、平方ニ之ヲ開バ3歩ヲ得）

3×股法4＝股12を得る。

（股法4箇ヲ因スレバ、股12歩ヲ得。）

3×勾法3＝勾9を得る。

（勾法3箇ヲ因スレバ、勾9歩ヲ得。）

3×弦法5＝弦15を得る、問に合う。

（弦法5箇ヲ因スレバ、弦15歩ヲ得、問ニ合ス。）　　　　以上

上の「術」において、条件の一部「積＝54」を使わずに得た解には「法」を

付けて弦法（α）、股法（β）、勾法（γ）と呼び、その条件も使って得た答は弦（a）、股（b）、勾（c）である。用語の区別に応じて文字を変更した。

（#）における２式とピタゴラスの定理：$\alpha^2=\beta^2+\gamma^2$を満たす解$\alpha$、$\beta$、$\gamma$を三辺とする直角三角形（$\alpha$、$\beta$、$\gamma$）は、この問題において、特別なただ一つ定まる解なので「特定解」と呼ぶことにする。残した条件をみたすように、「特定解」を相似形に拡大または縮小して答（問題文中の、弦a、股b、勾c）を得る。「特定解」の直角三角形（α、β、γ）と答の直角三角形（a、b、c）は相似である。

書き換え（#）をすれば、扱う方程式の次数を下げることができる。書き換え（#）をしない場合、上の問題では４次方程式を解かねばならない。

『股勾弦鈔』の150問のうち、上の（#）のように書き換えて解くことができる問題が約20％もある。そのうち16問の「術」中に股法、勾法、弦法という用語があり書き換え（#）を示唆している。易しい問題も多々あり、それらの術は簡単で股法などは登場しないが、この結果は星野のこだわりを示すと思われる。

この問題を現代風に解いた場合、「術」を読むのに苦労する。下平和夫氏（89頁）は、例として『股勾弦鈔』の第114問の「術」を取り上げて「これでは式の変形の意味がよく分からない」と記している。第114問の「術」を理解するためには、条件式の一部を（#）のように書き換える必要があったのである。

書き換え（#）に関連する先行研究があった（小川、75-79頁）。小川《おがわ》東《つかね》氏も条件の一部を書き換えれば「術」の式変形が理解可能なことに気づき、「このような解法が『股勾弦鈔』における典型である」と述べている。上述の『股勾弦鈔』第114問について、条件の一部を書き換えた解法を与えている。

[註]「算木と算盤」から「紙上で筆算」へ

上の**第30問**で見たように、『股勾弦鈔』の「術」では、「立天元之一」ということばが陽に現れることはなく、「２ヲ以テ廉ト為ス」、「１ヲ以テ隅ト為ス」などが登場して方程式の各項の係数が一つ一つ順に定められ、解かれていく。その「術」中の省略部分の復元は、一般に、簡単ではない。

複雑な問題を解くとき、式変形は紙上で、筆算でおこなった方が分かり易い。傍書法と點竄術《てんざんじゅつ》の説明を、『建部賢弘の数学』（４頁）と『和算の事典』（82頁）より引用する：関孝和（1640頃-1708）により、算木の計算法が筆算化され、さらに係数に文字を含む代数方程式も扱えるように工夫されて傍書法と呼ばれるようになった。傍書法による方程式論、つまり、筆

算による代数が発明されて點竄術と呼ばれた。點竄術では未知数の個数がいくつあってもよく、このことが発展して、文字式への道が開かれた。問題を解くということは、文字式を駆使して天元術で解ける一元高次方程式の形を導くこととなった（語尾の一部を変更した）。

久間の『股勾弦鈔術百五十』はこれらを踏まえて著わされたのであろう。

5　久間修文著『算法麓逕』の附言の解読

数学者は日頃、自他の論文に目を通す。たいていの数学者が序文は見ずに、本文から読み始めるという。理由は、そこだけ読んでも分からないから、と。『算法麓逕』にも序があり、附言があり、本文はその後にある。その附言の中に『九章』や『算学啓蒙』などを見つけると避けては通れず、解読に挑戦しようと思う。

久間修文著『算法麓逕』附言の解読文を次に書く。

久間修文著『算法麓逕』

附言

一、凡《およそ》算法は九章の法を明らかにし、問題乃義、詳にして、五旨を失ふべからず。五旨とは宗（主となる考え）親疎佐（助け）棄（用いない）をいふ也。

一、此書、初学乃輩、解し安からん事を欲して、仮名字を用ひ、或は言葉のいやしきも有。又、勹殳玄（勾股弦の略）の如く畧《りやく》字を用ゆるもの少からず。但し、文例を示さん為、附編三十門は楷書にするといへども、もし文義を正さんと思ふ輩は、算学啓蒙の文例に倣べし。

一、表巻少広門の末六問及商功門の末円材は、其術原、高遠なり。故に、初学には定率を以て、本術のみを示すべし。

一、裏巻の差分門等は視除乃術これ有といへども、點竄《てんざん》を専にして、能《よ》く、寄消乃法を示すべし。

一、裏巻の少広門の末八問は術原をなす故、勹殳門を学びて後に授くべし。

以上

ここで、『算学啓蒙』が明記されていることに注意を喚起したい。

上の附言に含まれているいくつかのことばを解説しよう。その中に、説明を附けられないものがあり、この小文を書くきっかけになった。

九章　中国の最初の数学書『九章算術』を指す。『九章算術』は九つの章から構成されている。文末の［付録２］に、その内容などの解説を置く。

差分門、少広門、商功門、勺役門　『九章算術』の九つある章名の一部。前出の竹田定直編撰『九数新書』には、上巻に総論、方田、粟米の章があった。そして、中巻に差分、少広、商功の章が、下巻に均輸、盈不足、方程、股勾の章があったという。これら十ある章名から総論を除いた残りの九つが『九章算術』の章名である。『算法麓逕』の表巻、裏巻の両方がそれぞれ独立に、その九つの章から構成されている。

定率　円周率として３をとること。円周率の歴史等に関する詳細は上野健爾著『円周率が歩んだ道』に譲る。

寄消乃法　「寄」の代わりに「倚」も使われる。江戸時代の数学書において、式を変形するとき「左ニ寄テ」や、「相消ス」、「相減シテ」などの語が使われる。これら、および、これらを適宜組み合わせたものと思われる。

視除乃術　和算書や和算関連書、辞典などにこのことばを見つけることはできず、和算に造詣の深い方々に原文を示して問い合わせたが「分からない」という答えが返ってきた。今からこの小文の最後まで、上のように「視除乃術」と表記する。もしも表記のように、「視」が合っていれば、「視る」、「めのこ算」などが思い浮かぶ。また、「除」が合っていれば、割算に関することかもしれない。

「視除乃術」の意味探索の旅に出かけることにしよう。附言の第四文「裏巻の差分門等は視除乃術これ有といへども……」が手掛かりになる。後半の「……」で方程式の扱いに習熟することを奨励している。前半について、附言の第一文「凡《およそ》算法は九章の法を明らかにし、問題乃義、詳にして」に従い、この方針で行こう。「差分」の検討から始める。その数学的特徴をみた後に、「差分門等」の最後の語「等」に含まれるものを探すという行程の旅になる。

6　「差分」について

「差分」の代わりに、「衰分」とも書く。『九章算術』では「衰分」が使われている。読み方はどちらも「しぶん」が多いが、藪内（27頁）には「衰分《さぶん》」とある。この小文では、原典に従うことにする。従って両方を使うことになる。

差分門といえば、『塵劫記』の「ひにひに一倍のこと」という問題群が思い出される。ここで「一倍」とは、現代のことばでは「２倍」を意味する。『塵劫記』の著者は吉田光由であり、星野実宣の師は、吉田光由の門人の横川玄悦

だった。例として、『九章算術』の衰分門から**第４問**を選び検討する。川原秀城訳『劉徽註九章算術』(科学の名著２、120頁）より引用する。

第４問　いまよく機織りする婦人が、日々織る量を倍にしていき、５日で５尺織った。問う、日々いくらずつ織ったか。

答：初日目　１寸と（31分の19）寸
　２日目　３寸と（31分の７）寸
　３日目　６寸と（31分の14）寸
　４日目　１尺２寸と（31分の28）寸
　５日目　２尺５寸と（31分の25）寸

計算法：１、２、４、８、16を置き、「列衰」とする。それを加え合わせて「法」（除数）とする。加え合わす前の「列衰」に５尺をかけ、それぞれの値を「実」とする。「実」を「法」で割り、尺数を得る。「法」に満たない部分（余り）は「法」を分母とする。

以上が引用文である。答に続く計算法が「術」である。計算法を詳に検討する。この問題を解くためにすることは、配分の仕方（比）を求めること、および、それに応じて総量の５尺を分けることである。[／] で割算を、[×] で掛け算を表す。

「法」は１＋２＋４＋８＋16＝31である。総量を１とする。総量１を31個のパーツに等分する。パーツ１個は織る量１／31を表す。１日目にパーツ１個をとり、その残りから２日目にパーツ２個をとる。その残りから３日目にパーツ４個をとる。さらに、その残りから４日目にパーツ８個をとる。そして、残る16個のパーツが５日目の分になる。

（＊）総量が１のとき、日々織る量は次のようになる：

１日目　１／31、２日目　２／31、３日目　４／31、４日目　８／31、５日目　16／31。

日々織る量の比は　１／31：２／31：４／31：８／31：16／31（＝１：２：４：８：16）である。

（＊＊）総量が５尺のとき、日々織る量を「計算法」にしたがって求めてみよう。５尺を、加え合わす前の数１、２、４、８、16に掛けてそれぞれを実とする。たとえば、３日目の実は５尺×４＝20尺となる。３日目に織る量は、実を法で

割り20尺/31である。他も同様。総量が5尺のとき、日々織る量は次のようになる：

1日目　5尺×1/31＝5尺/31＝0.1尺と（19/31）寸＝1寸と（19/31）寸

2日目　5尺×2/31＝10尺/31＝3寸と（7/31）寸

3日目　5尺×4/31＝20尺/31＝6寸と（14/31）寸

4日目　5尺×8/31＝40尺/31＝1尺2寸と（28/31）寸

5日目　5尺×16/31＝80尺/31＝2尺5寸と（25/31）寸

言い換えると、総量が5尺のときの日々織る量は、（＊）で得た（総量が1のときの）解を日ごとに5尺倍して得られるのである。

7　「視除乃術」の意味

次に、附言の第四文にある差分門の次の語「等」に含まれているものを探す旅に出かけよう。すぐ上で見た**第4問**と同じ数学的特徴をもつものがあれば、「視除乃術」の意味が浮上するだろう。

前述の『股勾弦鈔』の**第30問**の術を思い出してみよう。答（a、b、c）は相似な「特定解」（α、β、γ）を経由して得られた。その方法を使えば、扱う方程式の次数を下げることができたのだった。答を、「特定解」経由で得るというアイデアがどこで生まれたのか気懸りだった。ここに至って、上述の**第4問**の計算法と類似なことに気づかされる。**第30問**の「特定解」は、**第4問**の総量が1のときの解に相当する。

再び、[付録1]にある大堀水面と友泉亭の堀水面の高さの差を問う問題を思い出してみよう。紙上に測量対象と相似な図形を描き、それを用いて計算し、答を得ていたのであろう。久間修文の小冊子『小器表並用例』には三角関数表のほかに様々な図形が描かれている。これらの図形は実際の測量時に役立ったものであろう。測量対象と相似な（紙上の）図形の役割が、**第30問**の「特定解」の役割に相当する。「特定解」経由の解法は、星野実宣亡き後も『股勾弦鈔』や測量術とともに、測量方の廣羽家を経由して継承され、久間修文に届いていた。

第4問の「計算法」と**第30問**の「術」に共通する数学的特徴は、答を、予め求めた特別な解を定数倍して得るところである。ここで、特別な解とは、条件の一部を残して得た解をいう。この解法を指す語として「視除乃術」が生まれ、『股勾弦鈔』の傍で活用されたのであろう。次の結論に行き着く。現在、このように記した資料は未発見である。

結論：「視除乃術」とは、予め（条件の一部を残して）特別な解を求め、その解を定数倍して答を得る解法。

8　終　章

『股勾弦鈔』の出版から160年後に著わされた『算法麓逕』の裏巻の股勾門で扱う図形は、円と円の組み合わせ、または、直角三角形と直線や円や正方形との組み合わせなどいろいろである。どれもが「直角三角形一つ」より複雑である。相似比やピタゴラスの定理は、どちらの書においても図形解明のための必要不可欠なツールである。だが、後者の図形問題に限れば、図形全体の相似形がツールとして扱われているものが見当たらず、上の意味での「視除乃術」の出番は無いと思われる。一方、比例配分（衰分）は現代においても活躍中である。

江戸で数学を学んだ久間修文は、附言第四文の「裏巻の差分門等は視除乃術これ有といへども」の次に、方程式の扱いに習熟することを促すことば

「點竄《てんざん》を専にして、能《よ》く、寄消乃法を示すべし」

を置いた。時代とともに進化・発展を続けている数学の将来を予見しての配慮であろう。横川流免状の第九伝に「横川流」の文字が見当たらないのも同様な理由であろう。

最後になったが、『股勾弦鈔』の序を開いてみよう。星野は下記のことばを残していた（小川、81頁より引用）。久間の上記のことばに込められた数学への思いは、星野のそれを引き継いだものだった。

「予、これ（『算学啓蒙』）を註解するの序《つい》で、股勾弦の難好一百五十を以てして法術を記す。……『啓蒙』の闕《かけ》たるを補うにあらず。これを拡充するの一端を見《あら》わすのみ。」

付　録

[付録１]

久間修文述『御問答測量法』、または、三上義夫著『日本測量術史之研究』（p.185-86）より、次の文を抜粋・引用する。

「弘化３年丙午３月、江戸大殿様より測量御自問御自答之書御差下に相成。

……

丙午３月15日写　　　　久間修文」

とある。問と云ふのは

「大堀水面と友泉亭堀の水面と高さ如何程差あるや……測量するには如何」

と云ふ如きものである。或問（第四）に対する答は

「那多浦の南海辺より、勾股の形をなして方位は小方儀を以て遠近を知るべし、あるいは八円儀を平にして遠近を知る可し。那多の北海辺はその他の測器を以て測る可し。此外仕方あるや如何。」

……第四評論に於ては

「……独尺器尤然るべし、……」

［是より下、本書には省之］と朱書して、

「又曰、元禄年中御国絵図仕立之節、星野助右衛門序発に造りし規（マルカネ）一具、郡役所に埋れ有りしなり、……」

［付録２］

『九章算術』自体を見ることができなかった江戸時代の数学者にも、中国の他の数学書を通して、『九章算術』の各章の名はよく知られていたという（上野、８頁)。『九章算術』の名前の由来を、古代中国における数学の役割に遡って調査・研究した結果が上野健爾著『円周率が歩んだ道』（７－８頁）にある。
小倉金之助著『中国・日本の数学』（166-180）を参照して、『九章算術』の概要を紹介しよう。

この書のある部分は先秦時代にすでに存在していた。秦（西暦紀元前246-紀元前207)、漢（紀元前206-紀元220）の時代に幾度となく増訂を経て成長し、魏の劉徽により263年に注が付けられて完成。完成までに500年もの長い年月を要したのであった。その内容は

・田地の面積の求め方（方田）
・物や食物の交換比率（粟米）
・給与や納税額が貴賤により異なるように等級別の比例配分など（差分）
・面積や体積に付随する諸問題（少広）
・土木工事関連の数学で、城や溝の容積を求めて作業の工程を併せ考える計算など、および、立体図形の体積（商功）
・輸送問題を含めた租税の遠近を考えて労力費用を等しく徴発（均輸）
・過不足（盈不足）
・収穫の秋に一束からどれだけの実が得られるかなど（方程）

❖ 読者カード ❖

小社出版物をお買い上げいただき有難うございました。このカードを小社への通信や小社出版物のご注文（送料サービス）にご利用ください。ご記入いただいた個人情報は，ご注文書籍の発送，お支払いの確認などのご連絡及び小社の新刊案内をお送りするために利用し，その目的以外での利用はいたしません。

新刊案内を［希望する／希望しない］

ご住所　〒　　— 　　☎　（　　　）	
お名前　　（　　歳）	
本書を何でお知りになりましたか	
お買い上げの書店名	福岡地方史研究　第56号

■ご意見・ご感想をお願いします。著者宛のメッセージもどうぞ。